A ILHA DOS DALTÔNICOS

Obras do autor publicadas pela Companhia das Letras

Um antropólogo em Marte
Enxaqueca
Tempo de despertar
A ilha dos daltônicos
O homem que confundiu sua mulher com um chapéu
Vendo vozes
Tio Tungstênio
Com uma perna só
Alucinações musicais
O olhar da mente
Diário de Oaxaca
A mente assombrada
Sempre em movimento

OLIVER SACKS

A ILHA DOS DALTÔNICOS
E
A ILHA DAS CICADÁCEAS

Tradução:
LAURA TEIXEIRA MOTTA

3ª reimpressão

COMPANHIA DAS LETRAS

Copyright © 1996 by Oliver Sacks
Proibida a venda em Portugal
Grafia atualizada segundo o Acordo Ortográfico da Língua Portuguesa de 1990, que entrou em vigor no Brasil em 2009.

Título original:
The Island of the Colorblind

Capa:
Hélio de Almeida
sobre ilustração de Zaven Paré

Índice remissivo:
Maria Claudia Carvalho Mattos

Preparação:
Denise Pegorim

Revisão:
Ana Paula Castellani
Carmem S. da Costa
Ana Luiza Couto
Nana Rodrigues

O autor agradece a Douglas Goode a permissão para reproduzir a ilustração da página 251, à John Johnston Ltd. a permissão para reproduzir o desenho de Stephen Wiltshire nas páginas 70-1, a Neil M. Levy a permissão para reproduzir a ilustração da página 104 e à biblioteca do New York Botanical Garden, no Bronx, Nova York, a permissão para reproduzir as ilustrações das páginas 122 e 123.

Dados Internacionais de Catalogação na Publicação (CIP)
(Câmara Brasileira do Livro, SP, Brasil)

Sacks, Oliver W.
A ilha dos daltônicos e a ilha das cicadáceas / Oliver W. Sacks ; tradução Laura Teixeira Motta. — 1ª ed. — São Paulo: Companhia das Letras, 1997.

Título original: The Island of the Colorblind
ISBN 978-85-7164-682-7

1. Antropologia médica — Micronésia 2. Daltonismo — Micronésia 3. Micronésia — Descrição e viagens I. Título.

97-3113
CDD-617.75909966
NLM-WW 150

Índices para catálogo sistemático:
1. Micronésia : Acromatopsia : Oftalmologia : Ciências médicas   617.75909966
2. Micronésia : Daltonismo : Oftalmologia : Ciências médicas   617.75909966
3. Micronésia : Doença de Guam : Oftalmologia : Ciências médicas   617.75909966

2017

Todos os direitos desta edição reservados à
EDITORA SCHWARCZ S.A.
Rua Bandeira Paulista, 702, cj. 72
04532-002 — São Paulo — SP
Telefone: (011) 3707-3500
www.companhiadasletras.com.br
www.blogdacompanhia.com.br
facebook.com/companhiadasletras
instagram.com/companhiadasletras
twitter.com/cialetras

Para Eric

SUMÁRIO

Prefácio... 9

Parte I
A ILHA DOS DALTÔNICOS

1. No Gafanhoto das Ilhas............................ 19
2. Pingelap... 41
3. Pohnpei.. 68

Parte II
A ILHA DAS CICADÁCEAS

1. Guam... 101
2. Rota.. 171

Notas... 191
Artigos em publicações periódicas.................... 253
Bibliografia.. 261
Lista de ilustrações.................................. 269
Índice remissivo...................................... 271

PREFÁCIO

Este livro, na verdade, contém dois livros, narrativas independentes sobre duas viagens à Micronésia, paralelas porém autônomas. Minhas visitas a essas ilhas foram breves e inesperadas; não fizeram parte de um plano ou programação, não se destinaram a provar ou refutar uma tese, mas simplesmente a observar. Porém, apesar de impulsivas e assistemáticas, minhas experiências nas ilhas foram intensas e ricas, ramificando-se em direções tão diversas que continuamente me surpreendem.

Fui à Micronésia como neurologista ou neuroantropólogo, com a intenção de ver de que maneira indivíduos e comunidades reagiam a condições endêmicas incomuns — uma cegueira total e hereditária para as cores em Pingelap e Pohnpei, um distúrbio neurodegenerativo progressivo e fatal em Guam e Rota. Mas também me prenderam a atenção a vida cultural e a história dessas ilhas, sua flora e fauna únicas, suas origens geológicas singulares. Se a princípio examinar pacientes, visitar sítios arqueológicos, perambular por florestas tropicais e mergulhar com *snorkel* nos recifes pareciam atividades sem relação umas com as outras, depois fundiram-se todas em uma experiência única e indivisível, uma imersão total na vida da ilha.

Mas talvez tenha sido só na volta, quando as experiências juntaram-se e refletiram-se umas nas outras vezes sem conta, talvez só nesse momento sua ligação e significado (ou alguns de seus significados) tenham começado a ficar claros — e, com isso, o impulso de pôr tudo no papel. Escrever, nesses meses que se passaram, permitiu-me revisitar aquelas ilhas na memória, forçou-me a isso. E como a memória, segundo nos alerta Edelman, nunca é um simples registro ou reprodução, mas um processo ativo de "recategorização" — de reconstrução, de imaginação determinada por nossos valores e perspectivas —, recordar levou-me de certo modo a reinventar essas visitas, construindo uma visão pessoal, idiossincrática e talvez excêntrica, moldada em parte por toda uma vida de fascínio pelas ilhas e pela botânica insular.

Desde criança tenho paixão por animais e plantas, uma biofilia alimentada de início por minha mãe e minha tia, depois por meus professores favoritos e pela companhia de colegas de escola que tinham as mesmas paixões — Eric Korn, Jonathan Miller e Dick Lindenbaum. Saíamos juntos à caça de plantas, caixa de botânico nas costas, em frequentes expedições pelos rios ao nascer do sol e, a cada primavera, para uma quinzena de biologia marinha em Millport. Descobríamos e compartilhávamos livros — em 1948 (vejo na página de rosto) ganhei de Jonathan o *Botany* de Strasburger, meu favorito, e inúmeros livros de Eric, já na época um bibliófilo. Passávamos centenas de horas no zoológico, em Kew Gardens, e no Museu de História Natural, onde podíamos imaginar que éramos naturalistas, viajar para nossas ilhas preferidas sem sair do Regent's Park, de Kew ou South Kensington.

Muitos anos depois, em uma carta, Jonathan relembrou essa paixão da juventude e o caráter um tanto vitoriano que a permeava: "Vivo suspirando por aquela era de tons sépia", escreveu. "Lamento que as pessoas e a mobília ao meu redor tenham cores tão vivas e nítidas. Fico desejando ardentemente que o lugar todo mergulhe de repente na monocromia arenosa de 1876."

Eric tinha sentimentos semelhantes, sendo esta, sem dúvida, uma das razões pelas quais ele acabou combinando as atividades de escrever, colecionar, comprar e vender livros com a biologia, tornando-se um antiquário com vastos conhecimentos sobre Darwin, sobre toda a história da biologia e das ciências naturais. No fundo, éramos todos naturalistas vitorianos.

Assim, ao escrever sobre minhas viagens pela Micronésia, voltei aos velhos livros, aos velhos interesses e paixões que me acompanharam por quarenta anos, e os conciliei com os interesses mais recentes, com o eu médico que veio depois. Botânica e medicina não são inteiramente desvinculadas. O pai da neurologia britânica, W. R. Gowers, como adorei descobrir recentemente, escreveu certa vez uma pequena monografia botânica — sobre musgos. Em sua biografia de Gowers, Macdonald Critchley conta que Gowers "levava para a cabeceira dos doentes todos os seus conhecimentos de história natural. Para ele, os doentes neurológicos eram como a flora de uma floresta tropical".

Ao escrever este livro, viajei para muitos reinos que não são os meus e contei com grande ajuda de muita gente, especialmente pessoas da Micronésia, de Guam e Rota, de Pohnpei e Pingelap — pacientes, cientistas, médicos, botânicos — que encontrei no caminho. Sou grato sobretudo a Knut Nordby, John Steele e Bob Wasserman por partilharem comigo a viagem, em muitos aspectos. Entre os que me acolheram no Pacífico, devo agradecer em particular a Ulla Craig, Greg Dever, Delihda Isaac, May Okahiro, Bill Peck, Phil Roberto, Julia Steele, Alma van der Velde e Marjorie Whiting. Também sou grato a Mark Futterman, Jane Hurd, Catherine de Laura, Irene Maumenee, John Mollon, Britt Nordby, à família Schwartz e Irwin Siegel, por suas discussões sobre acromatopsia e sobre Pingelap. Tenho uma gratidão especial para com Frances Futterman, que, entre outras coisas, apresentou-me a Knut e me deu conselhos inestimáveis a respeito da escolha de óculos de sol e equipamento para nossa expedição a Pingelap, além de dividir conosco sua própria experiência com a acromatopsia.

Sou igualmente grato a muitos pesquisadores que contribuíram investigando a doença de Guam ao longo dos anos: Sue Daniel, Ralph Garruto, Carleton Gajdusek, Asao Hirano, Leonard Kurland, Andrew Lees, Donald Mulder, Peter Spencer, Bert Wiederholt, Harry Zimmerman. Muitos outros ajudaram de várias maneiras, inclusive meus amigos e colegas Kevin Cahill (que me curou da amebíase que contraí nas ilhas), Elizabeth Chase, John Clay, Allen Furbeck, Stephen Jay Gould, G. A. Holland, Isabelle Rapin, Gay Sacks, Herb Schaumburg, Ralph Siegel, Patrick Stewart e Paul Theroux.

Minhas visitas à Micronésia foram muito enriquecidas pela equipe de filmagem de documentários que nos acompanhou ao local em 1994 e compartilhou conosco todas essas experiências (registrando a maioria delas em filme, apesar de muitas vezes enfrentar condições adversas). Emma Crichton-Miller providenciou um farto material de pesquisa sobre as ilhas e seu povo, e Chris Rawlence produziu e dirigiu as filmagens com infinita sensibilidade e inteligência. A equipe de filmagem — Chris e Emma, David Barker, Greg Bailey, Sophie Gardiner e Robin Probyn — animou nossa visita com desenvoltura e companheirismo, e não menos como amigos que têm me acompanhado em muitas aventuras diferentes.

Agradeço a todos que ajudaram no processo de escrever e publicar este livro, em especial Nicholas Blake, Suzanne Gluck, Jacqui Graham, Schellie Hagan, Carol Harvey, Claudine O'Hearn e Heather Schroder e principalmente Juan Martinez, que, com habilidade e inteligência, organizou a obra em inúmeros aspectos.

Embora o livro tenha sido escrito mais ou menos de um fôlego só, em julho de 1995, ele depois cresceu como uma cicadácea rebelde, ganhando um tamanho muitas vezes maior que o original, com ramos e bulbilhos brotando em todas as direções. Como as ramificações, em termos de volume, começaram então a competir com o texto, e como julgo crucial manter a fluência da narrativa, apresento muitas dessas ideias adicionais juntas, na forma de notas no final do livro. O trabalho complexo de escolher o que inserir e o que deixar de fora, de orquestrar as cinco partes desta narrativa, deve muito à sensibilidade e ao discernimento de Dan Frank, meu editor na Knopf, e a Kate Edgar.

Tenho uma dívida especial para com a versão de Tobias Picker de *The Encantadas*. A fusão da música de Picker, do texto de Melville e da voz de Gielgud tiveram um efeito perturbador e misterioso sobre mim; sempre que, no processo de escrever, a memória me falhava, ouvir essa composição funcionou como uma espécie de mnemônica proustiana, transportando-me de volta às Marianas e às Carolinas.

Por dividirem seus conhecimentos e seu entusiasmo sobre os temas botânicos, em especial sobre samambaias e cicadáceas, agradeço a Tom Mirenda e Mobee Weinstein, a Bill Raynor, Lynn Raulerson e Agnes Rinehart na Micronésia, a Chuck Hubbuch, do Fairchild Tropical Garden, Miami, e a John Mickel e Dennis Stevenson, do New York Botanical Garden. E finalmente, pelas leituras pacien-

tes e atentas dos originais deste livro, minha gratidão a Stephen Jay
Gould e Eric Korn. É a Eric, meu amigo mais antigo e mais querido,
companheiro de todos os tipos de entusiasmos científicos ao longo
dos anos, que dedico este livro.

Nova York, agosto de 1996
O. W. S.

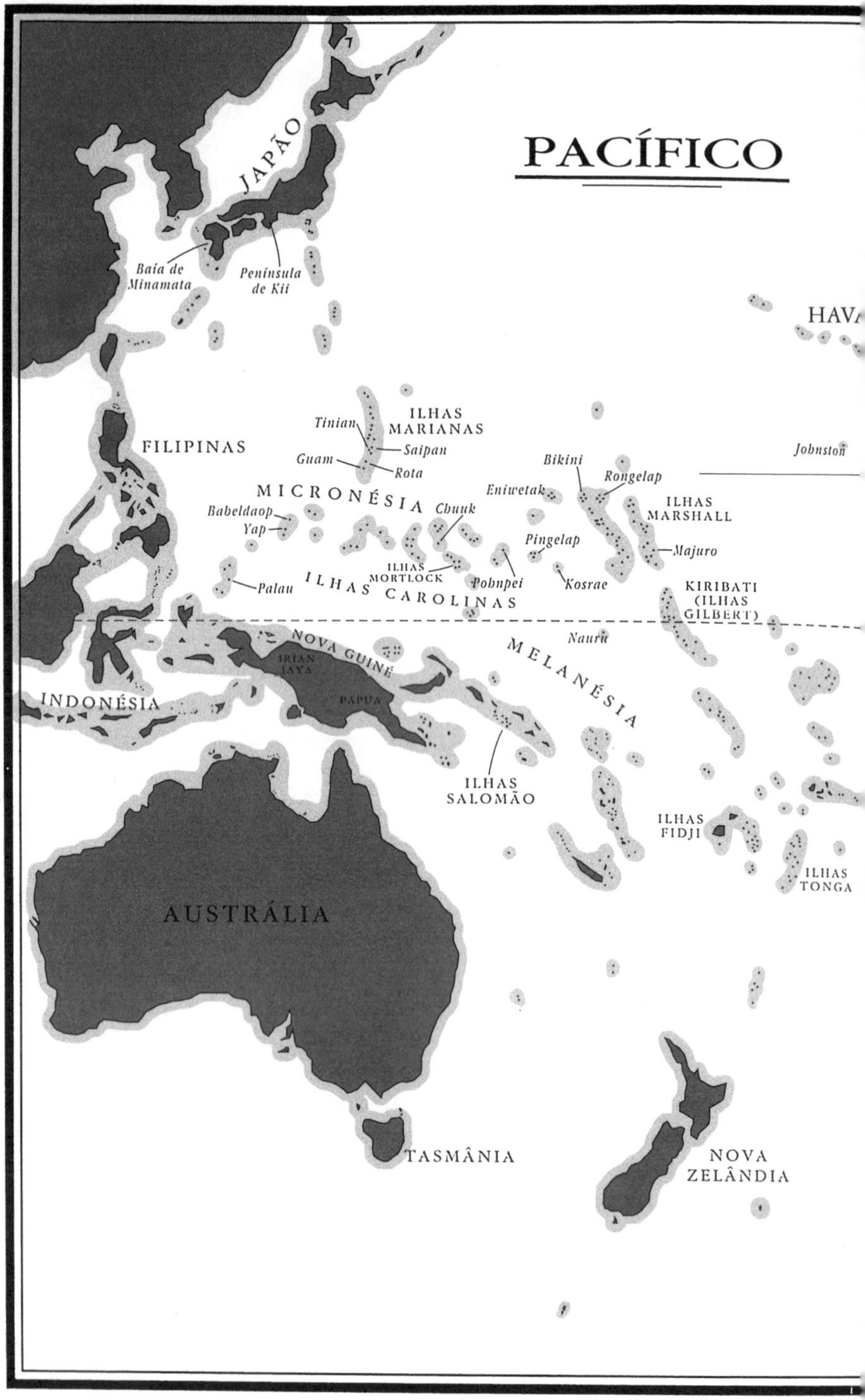
PACÍFICO
JAPÃO
Baía de Minamata
Península de Kii
ILHAS MARIANAS
Tinian
Saipan
Guam
Rota
FILIPINAS
MICRONÉSIA
Babeldaop
Yap
Palau
ILHAS CAROLINAS
Chuuk
ILHAS MORTLOCK
Pohnpei
Eniwetak
Bikini
Rongelap
ILHAS MARSHALL
Majuro
Pingelap
Kosrae
Johnston
KIRIBATI (ILHAS GILBERT)
Nauru
MELANÉSIA
NOVA GUINÉ
IRIAN JAYA
PAPUA
INDONÉSIA
ILHAS SALOMÃO
ILHAS FIDJI
ILHAS TONGA
AUSTRÁLIA
TASMÂNIA
NOVA ZELÂNDIA

ESTADOS UNIDOS

MÉXICO

POLINÉSIA

Clippertown

Equador

ILHAS GALÁPAGOS

Nuku Hiva (Typee)
ILHAS MARQUESAS

Bora-Bora
AS
ETY
Taiti

Henderson
Mangareva
Pitcairn

Atiu

Easter

0   1000 km

Parte I
A ILHA DOS DALTÔNICOS

1
NO GAFANHOTO DAS ILHAS

As ilhas sempre me fascinaram; talvez fascinem a todas as pessoas. Nas primeiras férias de verão de que tenho lembrança — eu tinha apenas três anos —, fomos para a ilha de Wight. Conservo na memória apenas fragmentos: os paredões de rocha com areias multicores, o assombro diante do mar, que eu via pela primeira vez —, sua calma, suas ondas suaves, sua calidez extasiaram-me; sua agitação quando o vento batia forte aterrorizou-me. Meu pai me contou que vencera uma corrida a nado ao redor da ilha de Wight antes de eu nascer, o que me levou a considerá-lo um gigante, um herói.

Histórias de ilhas, mares, navios e navegantes entraram em minha consciência muito cedo — minha mãe falava-me do capitão Cook, de Fernão de Magalhães, Tasman, Dampier e Bougainville, de todas as ilhas e povos que eles descobriram, e os indicava para mim no globo terrestre. As ilhas eram lugares especiais, remotos e misteriosos, imensamente atrativos, mas também assustadores. Lembro-me de sentir um medo terrível ao ver em uma enciclopédia para crianças a figura das grandes estátuas cegas da ilha da Páscoa de frente para o mar, ao ler que os ilhéus haviam perdido a capacidade de sair navegando da ilha, ficando completamente separados do resto da humanidade, condenados a morrer em total isolamento.[1]

Li a respeito de náufragos, ilhas desertas, ilhas-presídio, ilhas de leprosos. Adorava *The lost world* [O mundo perdido], a esplêndida história de Conan Doyle sobre um isolado planalto sul-americano povoado por dinossauros e formas de vida jurássicas — na verdade, uma ilha isolada no tempo (eu sabia o livro praticamente de cor e sonhava em crescer para tornar-me outro professor Challenger).

Eu era muito impressionável e facilmente adotava como minhas as criações da imaginação de outras pessoas. H. G. Wells era uma influência especial — todas as ilhas desertas, para mim, transformavam-se em sua ilha Aepyornis ou, em clima de pesadelo, na ilha do Dr. Moreau. Mais tarde, quando cheguei às leituras de Herman Melville e Robert Louis Stevenson, o real e o imaginário fundiram-se em minha mente. As Marquesas existiam mesmo? *Omoo* e *Typee* eram aventuras reais? Essa incerteza eu sentia mais acentuadamente com respeito às Galápagos, pois, muito antes de ter lido Darwin, eu ouvira falar delas como as ilhas "diabolicamente encantadas" de Melville.

Mais tarde, relatos reais e científicos começaram a dominar minhas leituras — *A viagem do Beagle*, de Darwin, *Malay archipelago*, de Wallace, e meu favorito, *Personal narrative*, de Humboldt (eu adorava especialmente sua descrição do dragoeiro de 6 mil anos em Tenerife) —, e então o senso do romântico, do mítico, do misterioso ficou subordinado à paixão da curiosidade científica.[2] Pois as ilhas eram, por assim dizer, experimentos da natureza, lugares que a singularidade geográfica, por bênção ou por maldição, destinara a abrigar formas únicas de vida — os aiais e potos, os lóris e os lêmures de Madagascar, as grandes tartarugas das Galápagos, os pássaros gigantes que não voam da Nova Zelândia —, todas elas espécies ou gêneros singulares que haviam seguido um caminho evolutivo separado em seus hábitats isolados.[3] E eu sentia um estranho prazer com uma frase de um dos diários de Darwin, escrita depois de ele ter visto um canguru na Austrália e tê-lo julgado tão extraordinário e estranho que ficou imaginando se não representaria uma segunda criação.[4]

Quando criança, eu tinha enxaquecas visuais nas quais ocorriam não só as clássicas cintilações e alterações do campo visual, mas também alterações na percepção das cores, as quais podiam enfraquecer ou desaparecer por completo durante alguns minutos. Essa experiência me assustava, mas também me provocava, fazendo-me imaginar como seria viver em um mundo totalmente sem cor, não apenas por alguns minutos, mas permanentemente. Só muitos anos depois tive uma resposta, ou pelo menos uma resposta parcial, na forma de um paciente, Jonathan I., um pintor que de súbito ficara totalmente cego para as cores, depois de um acidente de carro (e talvez de um derrame). Ao que parecia, ele perdera a visão das cores não devido a uma lesão nos olhos, mas a um dano ocorrido nas partes do cérebro que "constroem" a sensação de cor. De fato, ele parecia ter perdido a capacidade não só de ver as cores, mas de imaginá-las ou lembrá-las e até mesmo de sonhar com elas. Não obstante, assim como quem sofre de amnésia, ele de certa forma permanecia consciente de ter *perdido* as cores, após toda uma vida de visão cromática, e queixava-se de que seu mundo parecia empobrecido, grotesco e anormal — sua arte, sua comida e até sua esposa pareciam-lhe "deprimentes". Ainda assim, ele não podia saciar minha curiosidade quanto àquela questão — relacionada a esta, porém totalmente diferente — de como poderia ser *nunca* ter visto as cores, nunca ter tido o mínimo senso de suas qualidades fundamentais, de seu lugar no mundo.

O daltonismo mais comum, provocado por um defeito nas células da retina, é quase sempre parcial, e possui algumas formas muito frequentes: a cegueira para o vermelho e o verde ocorre em certo grau em um a cada vinte homens (é muito mais rara em mulheres). Mas o daltonismo total e congênito, ou acromatopsia, é incomparavelmente raro, afetando talvez uma pessoa em cada 30 ou 40 mil. Eu ficava imaginando como seria o mundo visual para os que nascem com daltonismo total. Seria possível que, inexistindo para eles a sensação de estar faltando alguma coisa, tivessem um mundo que fosse tão denso e vibrante quanto o nosso? Poderiam ter desenvolvido percepções mais aguçadas de tom, textura, movimento e profundidade visual e viver em um mundo em certos aspectos mais intenso do que o nosso, um mundo de realidade intensificada — como o que podemos só vislumbrar de relance nas obras em preto e branco dos grandes fotógrafos? Poderiam eles realmente ver a *nós* como estranhos, distraídos pelos aspectos triviais ou irrelevantes do mundo visual, insuficientemente sensíveis à sua verdadeira essência visual? Eu não podia fazer mais do que conjeturar, pois nunca encontrara alguém que houvesse nascido totalmente cego para as cores.

Muitos dos contos de H. G. Wells, a meu ver, apesar de fantásticos, podem ser considerados metáforas de certas realidades neurológicas e psicológicas. Um de meus favoritos é "O país dos cegos", no qual um viajante se perde e vai parar em um vale isolado na América do Sul, espantando-se com as estranhas casas "multicoloridas" que vê. Os homens que as construíram, pensa ele, devem ser cegos como morcegos — e ele logo constata que isso *é verdade*, que ele de fato encontrou uma sociedade inteiramente de cegos. Descobre que a cegueira dos habitantes deve-se a uma doença contraída trezentos anos antes e que, ao longo do tempo, o próprio conceito de visão desapareceu:

> Por catorze gerações essas pessoas têm sido cegas e vêm se mantendo isoladas do mundo dos que enxergam; os nomes que designam todas as coisas da visão desapareceram gradualmente e mudaram [...] Boa

parte de sua imaginação definhou junto com seus olhos, e eles criaram para si novas imaginações, com seus ouvidos e dedos cada vez mais sensíveis.

O viajante de Wells a princípio sente desprezo pelos cegos, considerando-os lamentáveis, incapacitados — mas logo os papéis se invertem, e o viajante descobre que é *ele* quem está sendo visto como demente, sujeito a alucinações provocadas pelos órgãos irritáveis e móveis de seu rosto (que os cegos, com seus olhos atrofiados, só conseguem conceber como uma fonte de ilusão). Quando ele se apaixona por uma moça do vale e quer permanecer lá e casar-se com ela, os anciães, depois de muito deliberar, concordam, desde que ele consinta na remoção daqueles órgãos irritáveis, os olhos.

Quarenta anos depois de ter lido essa história pela primeira vez, li outro livro, de Nora Ellen Groce, cujo tema era a surdez na ilha de Martha's Vineyard. Aparentemente, um capitão de navio e seu irmão, provenientes de Kent, haviam se fixado ali na década de 1690; ambos tinham audição normal, porém ambos eram portadores de um gene recessivo de surdez. Com o passar do tempo, devido ao isolamento da ilha e aos casamentos entre os membros daquela comunidade fechada, a maioria de seus descendentes passou a ser portadora desse gene; em meados do século XIX, em algumas das aldeias ao norte da ilha, um quarto ou mais dos habitantes nascia com surdez total.

Em vez de serem objeto de discriminação, na ilha as pessoas que ouviam eram assimiladas — em sua cultura visual, todos na comunidade, surdos e não surdos, haviam passado a usar a linguagem de sinais. Conversavam na linguagem de sinais (a qual, em muitos aspectos, era bem melhor do que a linguagem falada: para se comunicar à distância — por exemplo, de um barco pesqueiro para outro — ou para fofocar na igreja), faziam debates, ensinavam, pensavam e sonhavam na linguagem de sinais. Martha's Vineyard era uma ilha onde todo mundo falava na linguagem de sinais, um verdadeiro país dos surdos. Alexander Graham Bell, que esteve na ilha na década de 1870, conjeturou se ela não poderia vir a abrigar toda uma "variedade surda da raça humana", que poderia então disseminar-se pelo mundo.

E sabendo que a acromatopsia congênita, assim como essa forma de surdez, é igualmente hereditária, não pude deixar de imaginar se também não existiria, em algum lugar do planeta, uma ilha, uma aldeia, um vale dos daltônicos.

Quando estive em Guam no início de 1993, algum impulso fez com que eu mencionasse essa questão a meu amigo John Steele, que já exerceu a neurologia em toda a Micronésia. Inesperadamente, recebi uma resposta imediata e positiva: *existia*, sim, um insulamento como esse, respondeu John, na ilha de Pingelap — ficava relativamente perto, "a menos de 2 mil quilômetros daqui", acrescentou ele. Ainda alguns dias antes ele examinara em Guam um rapaz com acromatopsia que viajara de Pingelap para lá com os pais. "Fascinante", comentou. "Acromatopsia congênita clássica, com nistagmo e aversão à luz forte — e a incidência em Pingelap é extraordinariamente elevada, quase dez por cento da população." Fiquei intrigado com o que John me informou e resolvi que — algum dia — voltaria aos Mares do Sul e iria a Pingelap.

Quando voltei para Nova York, a ideia retirou-se para um canto remoto de minha mente. Depois, passados alguns meses, recebi uma longa carta de Frances Futterman, uma mulher de Berkeley que nascera com daltonismo total. Frances lera meu primeiro ensaio sobre o pintor daltônico e tentava contrastar sua situação com a dele, salientando que ela própria, nunca tendo conhecido as cores, não tinha uma sensação de perda, nenhuma sensação de ser cromaticamente deficiente. Mas a acromatopsia congênita, ressaltou, consistia em muito mais do que a cegueira para as cores em si mesma. O mais incapacitante era a dolorosa hipersensibilidade à luz e a fraca acuidade visual que também afetavam as pessoas com acromatopsia congênita. Ela crescera em uma área do Texas relativamente ensolarada, vivia com os olhos semicerrados e preferia sair ao ar livre somente à noite. Estava curiosa com a ideia de uma ilha de daltônicos, mas nunca ouvira falar de uma no Pacífico. Seria uma fantasia, um mito, um devaneio criado por daltônicos solitários? Porém, comentou, tinha lido sobre uma outra ilha mencionada em um livro a respeito de acromatopsia — a pequena ilha de Fur, em um fiorde da Jutlândia —, onde havia um grande número de pessoas com acromatopsia congênita. Ela queria saber se eu conhecia o livro, intitulado *Night vision* — um de seus editores, acrescentou, também tinha acromatopsia; era um cientista norueguês chamado Knut Nordby; talvez ele pudesse me dar mais informações. Assombrado com isso — em pouco tempo, eu ficara sabendo da existência não de uma, mas de *duas* ilhas de daltônicos —, procurei descobrir mais. Li que Knut Nordby era fisiologista e psicofísico, pesquisador da visão na Universidade de Oslo e, em parte devido à sua doença, um especialista em daltonismo. Aquela era sem dúvida uma combinação única e importante de conhecimento pessoal e formal; também senti um caráter cordial e franco em seu breve relato autobiográfico que compõe um capítulo de *Night vision*, e isso me deu coragem para escrever-lhe na Noruega. "Eu gostaria de conhecê-lo", escrevi. "Também gostaria de visitar a ilha de Fur. E, idealmente, de visitar a ilha em *sua* companhia."

Tendo enviado essa carta, às pressas e impulsivamente, a um completo estranho, fiquei surpreso e aliviado com a resposta, que chegou alguns dias depois: "Seria um grande prazer acompanhá-lo por alguns dias", escreveu ele. Como os estudos originais sobre Fur datavam das décadas de 1940 e 50, acrescentou, ele obteria informações mais atualizadas. Um mês depois, entrou novamente em contato comigo:

> Acabei de conversar com o principal especialista em acromatopsia na Dinamarca e ele me informou que já não existe, pelo que se sabe, nenhuma pessoa com acromatopsia na ilha de Fur. Todas as pessoas que foram objeto dos estudos originais estão mortas [...] ou emigraram há muito tempo. Sinto muito — detesto ter que dar essa notícia decepcionante, pois teria me agradado muito viajar com você para Fur em busca dos últimos sobreviventes daltônicos no local.

Também eu estava decepcionado, mas fiquei pensando se não deveríamos ir mesmo assim. Imaginava-me encontrando estranhos resíduos, fantasmas dos daltônicos que outrora tinham vivido ali — casas multicoloridas, vegetação preta e branca, documentos, desenhos, memórias e histórias dos daltônicos contadas por aqueles que um dia os tinham conhecido. Mas ainda havia Pingelap a considerar; haviam me garantido que existiam "muitos" daltônicos por lá. Escrevi novamente a Knut, perguntando o que ele achava de ir comigo em uma viagem de 16 mil quilômetros, uma espécie de aventura científica em Pingelap, e ele respondeu que sim, que adoraria ir, e poderia tirar algumas semanas de folga em agosto.

A acromatopsia existira em Fur e Pingelap durante um século ou mais, e, embora ambas as ilhas houvessem sido alvo de minuciosas pesquisas genéticas, nenhuma delas tinha sido tema de explorações humanas (ou seja, à maneira de Wells), de estudos sobre como poderia ser a existência de um daltônico em uma comunidade daltônica — não apenas ser totalmente cego para as cores, mas talvez ter pais e avós, vizinhos e professores com essa disfunção, fazer parte de uma cultura na qual toda a concepção de cor poderia estar ausente, mas onde, para compensar, outras formas de percepção, de atenção, poderiam ser magnificadas. Tive uma visão, não inteiramente fantástica, de toda uma cultura daltônica, com suas preferências, artes, cozinha e vestuário singulares — uma cultura na qual o sensório, a imaginação, assumiam formas muito diferentes das que têm para nós e na qual a *cor* era algo tão absolutamente destituído de referentes ou significado que não havia nome para as cores, metáforas com cores, linguagem para expressá-la, mas (talvez) uma linguagem mais desenvolvida para as variações mais sutis de textura e tonalidade, tudo o que o restante de nós menospreza como *cinzento*.

Animado, comecei a fazer planos para a viagem a Pingelap. Telefonei a meu velho amigo Eric Korn — Eric é escritor, zoólogo e livreiro-antiquário — e perguntei se ele sabia alguma coisa a respeito de Pingelap ou das ilhas Carolinas. Duas semanas depois, recebi um pacote pelo correio; nele havia um volume fino com capa de couro, intitulado *Uma estadia de onze anos em New Holland e nas ilhas Carolinas, ou as aventuras de James F. O'Connell*. Vi que o livro fora publicado em Boston no ano de 1836; estava um pouco deteriorado (e manchado, como me agradava pensar, pelos turbulentos mares do Pacífico). Saindo de navio de McQuarrietown, na Tasmânia, O'Connell estivera em muitas das ilhas do Pacífico, mas sua embarcação, o *John Bull*, sofreu reveses nas Carolinas, em um grupo de ilhas que ele chama de Bonabee. Sua descrição da vida no local encantou-me — visitaríamos algumas das ilhas mais remotas e menos conhecidas do mundo, as quais provavelmente não haviam mudado muito desde a época de O'Connell.

Perguntei a meu amigo e colega Robert Wasserman se ele gostaria de ir conosco também. Como oftalmologista, Bob atende muitas pessoas com daltonismo parcial. Assim como eu, ele nunca encontrara alguém nascido totalmente cego para as cores; mas havíamos trabalhado juntos em vários casos de distúrbios visuais, inclusive o do pintor daltônico, o sr. I. Quando médicos principiantes, ganháramos juntos uma bolsa de estudos em neuropatologia, na década de 60, e me lembro dele contando sobre seu filho de quatro anos, Eric, que no verão, durante um passeio de carro pelo Maine, exclamou: "Olhe que linda grama laranja!". Não, disse Bob, não é laranja — *laranja* é da cor de uma laranja. Isso mesmo, gritou Eric, é laranja como uma laranja! Esse foi para Bob o primeiro sinal do daltonismo de seu filho. Mais tarde, aos seis anos, Eric pintou um desenho que denominou *A batalha da Rocha Cinzenta*, mas usou tinta cor-de-rosa para a rocha.

Bob, como eu esperava, ficou fascinado com a perspectiva de conhecer Knut e viajar para Pingelap. Ardoroso praticante de windsurf e navegador, ele tem paixão por oceanos e ilhas e conhece como poucos a evolução das canoas e proas em estilo *outrigger* do Pacífico, as canoas de embono; ansiava por vê-las em ação, para conduzir uma delas pessoalmente. Com Knut, formaríamos uma equipe, uma expedição ao mesmo tempo neurológica, científica e romântica, ao arquipélago das Carolinas e à ilha dos daltônicos.

Nosso ponto de encontro foi no Havaí. Bob parecia totalmente à vontade com seu short roxo e camisa tropical vistosa, mas Knut estava manifestamente menos confortável sob o sol deslumbrante de Waikiki — usava dois pares de óculos escuros por cima dos óculos normais: óculos polaroides acopláveis e, sobrepostos a estes, enormes óculos de sol que lhe envolviam o rosto — um visor escuro como os usados por pacientes com catarata. Mesmo assim, ele tendia a piscar e semicerrar os olhos quase continuamente, e, por trás dos óculos escuros, podíamos ver que seus olhos apresentavam um contínuo movimento espasmódico, o nistagmo. Knut ficou muito mais à vontade quando entramos em um tranquilo (e, para os meus olhos, muito mal iluminado) café em uma rua lateral, onde ele pôde tirar o visor e os óculos acopláveis e então parar de piscar e semicerrar os olhos. Achei o café escuro demais a princípio, e entrei tateando e tropeçando, chegando a derrubar uma cadeira; mas Knut, já adaptado à escuridão pelo uso dos óculos de sol duplos, e sobretudo mais afeito à visão noturna, estava perfeitamente confortável na iluminação reduzida e nos conduziu a uma mesa.

Os olhos de Knut, como ocorre com todas as pessoas que sofrem de acromatopsia congênita, não têm cones (ou, pelo menos, não têm cones funcionais): trata-se daquelas células que, nas demais pessoas, ocupam a fóvea — a minúscula área sensível no centro da retina — e são especializadas na percepção de detalhes e da cor. Knut precisa depender das informações visuais mais pobres fornecidas pelos bastonetes, os quais, nos daltônicos, assim como nas demais pessoas, distribuem-se pela periferia da retina e, embora não sejam capazes de distinguir cores, são muito mais sensíveis à luz. São os bastonetes que todos nós usamos na visão com pouca luz, ou escotópica (como quando andamos à noite). São os bastonetes que fornecem a Knut a visão que ele tem. Mas, sem a influência mediadora dos cones, seus bastonetes perdem rápido a eficácia sob luz forte, tornando-se quase não funcionais; assim, a luz do dia ofusca Knut, e ele se torna praticamente cego sob a luz forte do sol — seus campos visuais contraem-se instantaneamente, encolhendo-se e quase sumindo —, a menos que ele proteja os olhos da luz intensa.

Sua acuidade visual, sem fóvea provida de cones, é apenas um décimo da normal — quando pegamos os cardápios, ele precisou usar uma lupa com potência de ampliação de quatro vezes, e, para os pratos do dia escritos a giz no quadro-negro na parede à nossa frente, ele usou uma luneta com potência de ampliação de oito vezes (parecia um telescópio em miniatura); sem esses instrumentos, Knut quase não conseguia ler as letras pequenas ou distantes. A lupa e a luneta andam sempre com ele e, assim como os óculos escuros e os visores, são auxiliares visuais imprescindíveis. E, sem fóvea funcional, ele tem dificuldade para fixar e manter o olhar no alvo, especialmente sob luz forte — razão por que seus olhos têm espasmos tateantes, nistagmáticos.

Knut tem de proteger seus bastonetes da sobrecarga e, ao mesmo tempo, se for necessária uma visão em detalhes, encontrar maneiras de ampliar as imagens que eles fornecem, seja por instrumentos óticos, seja olhando bem de perto. Também precisa, consciente ou inconscientemente, encontrar maneiras de extrair informações de outros aspectos do mundo visual, outras indicações visuais que, na ausência da cor, podem assumir uma importância maior. Essa é a razão — e isso na mesma hora ficou evidente para nós — de sua enorme sensibilidade e atenção para formas e texturas, contornos e limites, perspectiva, profundidade e movimentos, mesmo os mais delicados.

Knut sente prazer com o mundo visual tanto quanto o resto de nós; ficou encantado com um pitoresco mercado em uma rua secundária de Honolulu, com as palmeiras e a vegetação tropical à nossa volta, com as formas das nuvens — e também possui uma visão clara e decidida para a variedade da beleza humana. (Contou-nos que tem uma esposa bonita na Noruega, psicóloga como ele, mas foi só depois de se casarem, quando ouviu o comentário de um amigo — "Vejo que você tem uma queda por ruivas" —, que ele ficou sabendo sobre os vistosos cabelos vermelhos da esposa.)

Knut adora fotografar em preto e branco — sua visão, diz ele, tentando nos fazer compreender, guarda realmente alguma semelhança com a de um filme ortocromático preto e branco, embora com uma variedade de tons muito maior. "Cinzas, como vocês dizem, embora a palavra *cinza* para mim não signifique nada, tanto quanto *azul* ou *vermelho*. Mas", acrescentou ele, "não sinto que meu mundo seja 'sem cor' ou incompleto em nenhum aspecto." Knut, que nunca viu as cores, não sente a mínima falta delas; desde o princípio, sentiu apenas a positividade da visão, e construiu um mundo de beleza, ordem e significado com base naquilo de que dispõe.[5]

Enquanto caminhávamos de volta ao hotel para uma breve noite de sono antes da viagem no dia seguinte, a noite começou a cair, e a lua, quase cheia, foi se erguendo no céu até se tornar uma silhueta como que enganchada nos ramos de uma palmeira. Knut, debaixo da árvore, estudou atentamente a lua com sua luneta, identificando mares e sombras. Depois, sem a luneta, olhando para o céu ao redor, disse: "Vejo milhares de estrelas! Vejo toda a galáxia!".

"Isso é impossível", disse Bob. "O ângulo subtendido por uma estrela é sem dúvida pequeno demais, considerando que sua acuidade visual é um décimo da normal."

Knut respondeu identificando constelações por todo o céu — algumas pareciam muito diferentes das configurações que ele conhecia no céu da Noruega. Talvez, pensou ele, seu nistagmo lhe

desse uma vantagem paradoxal, com os movimentos espasmódicos "borrando" a imagem de um ponto que de outro modo seria invisível e assim tornando-o maior — ou talvez isso fosse possibilitado por algum outro fator. Ele concordou que era difícil explicar por que conseguia enxergar estrelas com aquela acuidade visual tão reduzida — mas enxergava.
"Nistagmo muito louvável, não?", comentou Bob.

Quando o dia clareou já estávamos no aeroporto, preparando-nos para a longa viagem no *Island Hopper* — o "Gafanhoto das Ilhas" —, que passa duas vezes por semana por um punhado de ilhas do Pacífico. Bob, sentindo a mudança de fuso horário, encolheu-se na poltrona para dormir mais. Knut, já de óculos escuros, sacou sua lupa e começou a estudar atentamente nossa bíblia daquela viagem, o admirável *Micronesia Handbook*, com suas descrições brilhantes e perspicazes das ilhas que estavam à nossa espera.
Eu me sentia inquieto, e decidi fazer um diário daquele voo:

> Uma hora e quinze já se passaram e estamos voando a uma altitude constante de 27 mil pés sobre a vastidão sem trilhos do Pacífico. Nenhum navio, nenhum avião, nenhuma terra, nenhuma fronteira, nada — apenas o azul infinito do céu e do oceano, que às vezes se fundem em uma só concavidade azul. Essa vastidão sem traços, sem nuvens, é um grande alívio, convida ao devaneio — mas, como a privação sensorial, também é um tanto aterradora. A Vastidão emociona, tanto quanto apavora — Kant a designou, muito acertadamente, "o apavorante Sublime".

> Após quase 1600 quilômetros, finalmente avistamos terra — um minúsculo e primoroso atol no horizonte. A ilha Johnston! Eu a vira no mapa representada por um pontinho e pensei: "Que local idílico, a milhares de quilômetros de qualquer lugar". Quando descemos, pareceu menos primoroso: uma pista gigantesca dividia a ilha ao meio e, de cada lado, havia depósitos, chaminés e torres: construções sem janelas, todas envoltas por uma névoa laranja-avermelhada... Meu paraíso idílico, meu pequenino paraíso mais parecia um reino do inferno.

> A aterrissagem foi turbulenta e assustadora. Houve um rangido

ensurdecedor e um guincho de borracha quando o avião deu uma guinada súbita para o lado. Depois de o avião parar lateralmente na pista, a tripulação nos informou que os freios haviam travado e boa parte dos pneus de borracha do lado esquerdo tinham se rasgado — teríamos de aguardar ali o conserto. Um pouco abalados pela aterrissagem e endurecidos pelas horas de voo, estávamos ansiosos para descer e dar uma volta. Na escada que empurraram até o avião, estavam gravados os dizeres: "Bem-vindos ao atol Johnston". Um ou dois passageiros começaram a descer, mas, quando tentamos segui-los, fomos informados de que o atol Johnston era "restrito" e que os passageiros civis não tinham autorização para desembarcar. Frustrado, voltei para minha poltrona e pedi emprestado a Knut o *Micronesia Handbook*, para ler a respeito da ilha Johnston.

Ela recebera esse nome, segundo li, de um certo capitão Johnston, do navio *Cornwallis*, propriedade da Coroa inglesa. Johnston desembarcara ali em 1807 — talvez o primeiro ser humano a pôr os pés naquele lugar minúsculo e isolado. Imaginei se o local teria de algum modo escapado de ser avistado antes disso, ou se talvez houvesse sido visitado mas nunca habitado.

Os Estados Unidos e o reino do Havaí reivindicaram em 1856 a posse de Johnston, considerada valiosa por seus ricos depósitos de guano. Aves migratórias param ali às centenas de milhares, e, em 1926, a ilha foi transformada em reserva federal de aves. Depois da Segunda Guerra Mundial, Johnston foi entregue à Força Aérea dos Estados Unidos e "desde então", dizia o livro, "os militares norte--americanos têm transformado esse atol antes idílico em um dos lugares mais tóxicos do Pacífico". Johnston foi usada nas décadas de 50 e 60 para testes nucleares, e ainda hoje mantém-se de plantão como eventual local de testes; uma das extremidades do atol continua radioativa. Durante algum tempo pensou-se em fazer dali um local de testes para armas biológicas, o que foi impedido pela enorme população de aves migratórias — percebeu-se que elas poderiam facilmente levar infecções letais para o continente. Em 1971, Johnston foi transformada em depósito para milhares de toneladas de gases de mostarda e paralisantes, os quais são periodicamente incinerados, liberando dioxina e furano na atmosfera (talvez isso explique a névoa cor de canela que eu avistara do avião). Exige-se que todo o pessoal da ilha tenha sempre à mão a máscara contra gases. Ao ler isso, dentro do agora sufocante avião — nossa ventilação fora desligada enquanto estávamos em terra —, senti a garganta arder, o peito apertar, e fiquei pensando se não estaria inalando algum ar letal de Johnston. Os votos de boas-vindas pintados na escada agora pareciam humor negro; pelo menos deveriam vir acompanhados de uma caveira com ossos cruzados. A própria tripulação dava-me a impressão de ficar mais inquieta e nervosa a cada minuto; mal podiam esperar, pensei, para fechar a porta e decolar outra vez.

Mas o pessoal de terra ainda estava tentando consertar nossas rodas danificadas; usavam uma brilhante roupa aluminizada, presumivelmente para minimizar o contato da pele com o ar tóxico. Tínhamos ouvido falar, no Havaí, que um furacão estava a caminho de Johnston; isso não nos pareceu ter grande importância quando estávamos no horário, mas agora, começamos a pensar, se nos atrasássemos mais, o furacão poderia até nos alcançar em Johnston e nos isolar ali com sua fúria — soprando uma tempestade de gases venenosos e radioatividade, ainda por cima. Não havia aviões programados para aterrissar ali antes do fim de semana; ouvimos dizer que um avião ficara detido daquela maneira no último mês de dezembro, com os passageiros e a tripulação tendo de passar um Natal inesperado e tóxico no atol.

A equipe de terra trabalhou durante duas horas sem conseguir fazer coisa alguma; finalmente, com muitas olhadelas ansiosas para o céu, nosso piloto decidiu decolar de novo, com os pneus inteiros que restavam. O aparelho tremeu e sacudiu-se todo quando aceleramos, erguendo-se no ar e batendo as asas como um gigantesco ornitóptero; mas finalmente (usando quase toda a pista de 1600 metros) saímos do chão e subimos pelo ar pardacento e poluído de Johnston até emergir no firmamento límpido.

Veio então outra etapa de mais de 2400 quilômetros até nossa próxima parada, o atol Majuro, nas ilhas Marshall. Voamos interminavelmente, todos nós perdendo a noção de espaço e tempo, com cochilos intermitentes no vazio. Acordei por um momento, assustado, quando uma bolsa de ar nos fez cair subitamente, sem aviso; depois voltei a cochilar, e o voo prosseguiu por um bom tempo até que fui acordado novamente por uma alteração na pressão atmosférica.

Olhando pela janela, avistei lá embaixo, bem ao longe, o atol plano de Majuro, que mal se elevava a três metros do nível do mar; dezenas de ilhas circundavam a laguna. Algumas delas pareciam vazias e convidativas, com coqueiros à beira-mar — a clássica imagem da ilha deserta; o aeroporto ficava em uma das ilhas menores.

Sabendo que havia dois pneus muito danificados, todos estávamos um pouco receosos quanto à aterrissagem. Esta realmente foi atribulada — fomos jogados de um lado para outro aos trambolhões —, e ficou decidido que permaneceríamos em Majuro até ser possível fazer o conserto; isso demoraria no mínimo duas horas. Depois das longas horas enclausurados no avião (já tínhamos viajado quase 4800 quilômetros desde o Havaí), todos nós saímos de supetão e nos espalhamos com estardalhaço.

Knut, Bob e eu paramos primeiro na pequena loja do aeroporto — vendiam-se ali colares e tapetes com minúsculas conchas entrelaçadas, mas também, para meu imenso prazer, um cartão-postal de Darwin.[6]

Enquanto Bob explorava a praia, Knut e eu fomos andando até o fim da pista de pouso, que era cercada por um muro baixo com vista para a laguna. O mar, nas proximidades dos recifes, era azul-claro vívido, turquesa e azul-celeste, e, algumas centenas de metros à frente, mais escuro, quase índigo. Sem pensar, elogiei os maravilhosos tons de azul do mar — em seguida parei, embaraçado. Knut, embora não tivesse uma experiência direta das cores, é um erudito no assunto. Interessa-se pela variedade de palavras e imagens que as outras pessoas empregam para as cores, e chamou-lhe a atenção meu uso da palavra *azul-celeste*. ("É parecido com *cerúleo*?") Ficou imaginando se *índigo* seria, para mim, uma cor distinta, uma sétima cor do espectro, nem azul nem violeta, mas uma cor em si, intermediária. E acrescentou: "Muitas pessoas não consideram o índigo uma cor separada do espectro, e outros veem o azul-claro como distinto do azul". Sem conhecimento direto das cores, Knut acumulara um imenso catálogo mental, um arquivo de conhecimentos indiretos sobre as cores do mundo. Disse que achava extraordinária a luminosidade dos recifes — "um tom brilhante, metálico", descreveu, "intensamente luminoso, como um bronze de tungstênio". E identificou meia dúzia de tipos diferentes de caranguejos, alguns deles fugindo de lado tão rápido que me passavam despercebidos. Fiquei imaginando, como fizera o próprio Knut, se sua percepção do movimento poderia ser mais aguçada, talvez para compensar a impossibilidade de ver as cores.

Caminhei até juntar-me a Bob na praia — uma praia de areias finas e brancas, rodeada de coqueiros. Havia algumas árvores de fruta-pão esparsas e, agarradas no solo, moitas de *zoysia*, uma grama de praia, além de um fruto carnudo de folhas espessas que eu não conhecia. Pedaços de madeira entulhavam a beira da água, misturados a restos de papelão e plástico, detritos de Darrit-Uliga-Delap, as três ilhas que formam a capital das Marshall, onde 20 mil pessoas vivem apinhadas na imundície. Mesmo a mais de nove quilômetros de distância da capital a água era espumosa, os bancos de coral, esbranquiçados, e havia na água turva um número enorme de pepinos-do-mar, que se alimentam de detritos. Ainda assim, sem uma sombra sequer e com o calor úmido insuportável, esperando encontrar águas mais limpas se nadássemos um pouco mais para longe, ficamos só com a roupa de baixo e, com cautela, andamos sobre os corais afiados até haver profundidade suficiente para nadar. A água estava voluptuosamente cálida, e as tensões das longas horas no avião danificado dissiparam-se enquanto nadávamos. Mas justamente quando começávamos a desfrutar aquele delicioso estado intemporal, o verdadeiro prazer das lagunas tropicais, ouvimos de repente um grito vindo da pista de pouso: "O avião está pronto para partir! Venham rápido!" — tivemos de subir às pressas, desajeitadamente, agarrando um monte de roupas molhadas, e correr de volta para o avião. Uma das rodas e seu pneu haviam sido reparados, mas a outra estava arqueada e difícil de remover, e continuavam trabalhando nela. Assim, depois de disparar de volta para o avião, ficamos sentados ainda por mais uma hora, parados na pista — mas a outra roda acabou frustrando todas as tentativas de conserto e voltamos a decolar aos trancos, sacolejando com estardalhaço pela pista, rumo à próxima etapa, breve, em Kwajalein.

Muitos passageiros tinham desembarcado em Majuro, outros haviam embarcado, e me vi sentado ao lado de uma mulher simpática, uma enfermeira do hospital militar de Kwajalein, cujo marido era parte da equipe local de controle por radar. Ela descreveu um quadro nada idílico da ilha — ou melhor, da multidão de ilhas (91 no total) que compõem o atol de Kwajalein, circundando a maior

laguna do mundo. A laguna, contou-me, é usada como alvo para
testes de mísseis das bases da Força Aérea americana no Havaí e no
continente. É também ali que se testam os antimísseis, disparados
de Kwajalein contra os mísseis no momento em que estes caem.
Havia noites, disse ela, em que todo o céu ardia com as luzes e o barulho
dos mísseis e antimísseis que o riscavam e colidiam no ar ou
reentravam na atmosfera e despencavam na laguna. "Apavorante
como o céu noturno em Bagdá", disse ela.
  Kwajalein faz parte do sistema de radar da Barreira do Pacífico
e impera ali um clima receoso, defensivo e rígido, contou ela, apesar
do fim da Guerra Fria. O acesso é limitado. Não existe liberdade
de discussão sobre nenhum assunto na mídia (controlada pelos militares).
Por trás do exterior inflexível reinam a desmoralização e a
depressão, com uma das taxas de suicídio mais elevadas do mundo.
As autoridades não ignoram isso, acrescentou ela, e se desdobram
para tornar Kwajalein mais aprazível, com piscinas, campo de golfe,
quadras de tênis e coisas assim — mas nada disso ajuda, o lugar
continua insuportável. Obviamente, os civis podem ir embora quando
bem entendem e o tempo de serviço dos militares ali costuma ser
breve. Quem realmente sofre, os impotentes, são os próprios moradores
das ilhas, enclausurados em Ebeye, a menos de cinco quilômetros
de Kwajalein: quase 15 mil trabalhadores braçais em uma
ilha de um quilômetro e meio de comprimento e duzentos metros de
largura, três décimos de um quilômetro quadrado. Eles vêm em
busca de trabalho, explicou ela — não há muitos empregos no Pacífico
—, mas acabam encalhados em condições inacreditáveis de superpopulação,
doença e imundície. "Se quiser ver o inferno, faça
uma visita a Ebeye", concluiu minha companheira de voo.[7]
  Eu vira fotografias de Ebeye — a própria ilha ficava quase invisível,
com praticamente cada centímetro recoberto por barracos
de papel alcatroado — e esperava poder olhar mais de perto quando
descêssemos; mas a companhia aérea, fiquei sabendo, tinha o cuidado
de poupar os passageiros daquela visão. Assim como Ebeye,
os outros atóis mal-afamados das ilhas Marshall — Bikini, Eniwetak
e Rongelap —, muitos deles ainda inabitáveis devido à radioatividade,
também eram mantidos fora das vistas das pessoas comuns;
quando nos aproximamos deles, não pude deixar de pensar nas histórias
de horror da década de 50: a estranha cinza branca que caíra

do céu sobre um barco japonês de pesca de atum, o *Dragão da sorte*, provocando os terríveis efeitos da radiação aguda em toda a tripulação; a "neve rosada" que caíra em Rongelap depois de uma explosão — as crianças, que nunca tinham visto nada parecido, brincaram com aquilo, encantadas.[8] Populações inteiras haviam sido evacuadas de algumas das ilhas usadas em testes nucleares, e, quarenta anos depois, alguns atóis continuavam tão poluídos que à noite emitiam um brilho estranho, dizia-se, como um mostrador luminoso de relógio.

Outro passageiro que embarcara em Majuro — conversei com ele quando estávamos ambos esticando as pernas nos fundos do avião — era um homem corpulento, afável, dono de um vasto negócio de importação de carne enlatada na Oceania. Discorreu sobre o "apetite tremendo" que as populações das ilhas Marshall e da Micronésia tem pelo Spam (carne de porco em lata) e outras carnes enlatadas, e sobre a enorme quantidade que ele conseguia colocar na região. O empreendimento não deixava de dar lucro, mas, a seu ver, era acima de tudo filantrópico, levando uma saudável nutrição ocidental a nativos ignorantes que, se deixados por conta própria, comeriam taro, fruta-pão, banana e peixe como há milênios vinham comendo — uma dieta totalmente não ocidental de que agora, felizmente, estavam sendo curados. O Spam em especial, observou meu companheiro de voo, tornara-se uma parte essencial da nova dieta micronésia. Meu interlocutor parecia ignorar os enormes problemas de saúde que tinham chegado junto com a mudança para a dieta ocidental depois da guerra; em alguns locais da Micronésia, como fiquei sabendo, obesidade, diabetes e hipertensão — anteriormente raríssimos — agora afetam porcentagens imensas da população.[9]

Mais tarde, quando fui de novo esticar as pernas, conversei com outra passageira, uma mulher sisuda beirando os sessenta anos. Era missionária e embarcara em Majuro com um coral evangélico composto de doze marshallenses vestindo camisas floridas. Falou sobre a importância de levar a palavra de Deus aos ilhéus; com esse objetivo ela viaja por toda a Micronésia, pregando o Evangelho. Era toda empertigada, cheia de pose e de virtude ostensiva, com uma crença rigorosa e agressiva — e no entanto havia nela uma energia, uma tenacidade, uma coerência de propósitos e uma dedicação quase heroicas. A dupla valência da religião, seus poderes e efeitos complexos e muitas vezes contraditórios, especialmente no choque de uma cultura ou de um espírito com outro, parecia encarnada naquela formidável mulher e seu coral.

A enfermeira, o barão do Spam e a missionária empertigada haviam me entretido tanto que mal notei o tempo passar, com o ritmo monótono do oceano por baixo de nós, até que subitamente senti o avião descendo em direção à gigantesca laguna em forma de bumerangue de Kwajalein. Tentei avistar o inferno de barracos de Ebeye, mas estávamos nos aproximando de Kwajalein pelo outro lado, o lado "bom". Fizemos a já familiar aterrissagem nauseante, aos trancos e barrancos, pela enorme pista de pouso militar; perguntei-me o que seria feito de nós enquanto a roda entortada finalmente estivesse sendo consertada. Kwajalein é um acampamento militar, uma base de testes, e seu sistema de segurança está entre os mais rigorosos do planeta. Os civis, como em Johnston, não são autorizados a sair do avião — mas dificilmente conseguiriam manter sessenta passageiros ali dentro durante as próximas três ou quatro horas, tempo que poderia ser necessário para substituir a roda entortada e fazer outros eventuais reparos.

Pediram que fizéssemos fila indiana e fôssemos andando devagar, sem apressar o passo nem parar, até um galpão especial de espera. Ali, policiais militares nos ordenaram: PONHAM SUAS COISAS NO CHÃO, FIQUEM DE PÉ CONTRA A PAREDE. Um cão, que estivera deitado em uma mesa, arfando (eu tinha a impressão de que a temperatura no galpão era no mínimo de 38 graus), foi levado por um guarda primeiro até nossa bagagem, que ele farejou atentamente, depois até nós, farejando uma pessoa por vez. Ser arrebanhado daquela maneira era de gelar o sangue — tivemos uma ideia do quanto se pode ficar desprotegido e apavorado nas garras de um poder militar ou de uma burocracia totalitária.

Após esse "processamento", que demorou vinte minutos, fomos conduzidos como ovelhas para um cercado estreito, parecido com uma prisão, com piso de pedra, bancos de madeira, policiais militares e, naturalmente, cães. Havia uma janelinha bem no alto da parede; espichando o corpo e o pescoço, pude espiar através dela —

o gramado bem cuidado, o campo de golfe, as amenidades do clube de campo para os militares aquartelados no local. Uma hora depois, conduziram-nos a um pequeno recinto nos fundos, onde pelo menos tínhamos uma vista do mar, das plataformas de artilharia e dos monumentos aos mortos da Segunda Guerra Mundial. Um poste de sinalização colocado ali trazia dezenas de placas apontando em todas as direções, fornecendo a distância para as principais cidades do mundo. Bem no alto estava uma placa que indicava: "Lillehammer, 9716 milhas" — vi Knut examiná-la com sua luneta, pensando talvez no quanto estava longe de casa. E, no entanto, a placa de certo modo era tranquilizadora, pois admitia que existia um mundo, um outro mundo, fora dali.

O avião foi consertado em menos de três horas, e, embora a tripulação estivesse muito cansada — com os demorados atrasos em Johnston e Majuro, fazia já treze horas que saíramos de Honolulu —, foi decidido que prosseguiríamos viagem em vez de passar a noite ali. Pusemo-nos a caminho, e uma imensa sensação de leveza, de alívio, apoderou-se de nós enquanto deixávamos Kwajalein para trás. De fato, havia um clima festivo no avião nesta última etapa, todo o mundo de repente se mostrava simpático e loquaz, dividindo comidas e contando casos. Agora nos víamos unidos por uma aguçada consciência de estarmos vivos, de sermos livres depois do nosso breve mas assustador confinamento.

Observando em terra, em Kwajalein, os rostos de meus companheiros de voo, eu me dera conta do diversificado mundo micronésio que eles representavam: havia pohnpeienses de regresso à sua ilha, chuukenses corpulentos e risonhos — gigantes, como os polinésios —, falando em uma língua fluida que até para meus ouvidos soava bem diferente da falada em Pohnpei; havia palauenses, muito reservados e sisudos, com outra língua que me era estranha; havia um diplomata marshallense a caminho de Saipan e uma família de chamorros (em cuja conversa tive a impressão de ouvir vestígios do espanhol) que voltava para sua aldeia em Guam. De novo a bordo, eu agora me sentia em uma espécie de aquário linguístico enquanto meus ouvidos captavam os diferentes idiomas à minha volta.

Escutando aquela miscelânea de línguas, comecei a formar uma imagem da Micronésia como um imenso arquipélago, uma nebulosa de ilhas, milhares delas espalhadas pelo Pacífico, cada qual tão remota no espaço circundante quanto as estrelas no céu. Era para aquelas ilhas, para a vasta galáxia contígua da Polinésia, que os maiores navegadores da história haviam sido impelidos — por curiosidade, desejo, medo, fome, religião, guerra ou qualquer outra coisa —, tendo como guia apenas seus espantosos conhecimentos sobre o oceano e as estrelas. Haviam emigrado para lá fazia mais de 3 mil anos, enquanto os gregos exploravam o Mediterrâneo e Homero contava as aventuras de Ulisses. A vastidão desta outra odisseia, seu heroísmo, seu prodígio, talvez seu desespero, apoderaram-se de minha imaginação naquele voo interminável pelo Pacífico. Quantos daqueles viajantes teriam perecido na imensidão, pensei, nunca avistando as terras de suas esperanças? Quantas canoas as ondas selvagens teriam despedaçado, atirando-as contra rochedos e praias acidentadas? Quantos teriam chegado àquelas ilhas que, parecendo a princípio acolhedoras, revelaram-se pequenas demais para sustentar uma cultura e uma comunidade viva, fazendo com que habitá-las trouxesse fome, loucura, violência e morte?

De novo o Pacífico, agora à noite, uma vasta ondulação apagada que de quando em quando a lua escassamente iluminava. A ilha de Pohnpei também estava às escuras, embora tivéssemos uma tênue impressão, talvez uma silhueta, de suas montanhas contra o céu noturno. Quando o avião aterrissou e todos debandamos, fomos envolvidos por um intenso calor úmido e pelo forte perfume de frangipana. Acho que essa foi a primeira sensação para todos nós: o cheiro de uma noite tropical, os odores do dia purificados pelo ar fresco — e depois, lá em cima, incrivelmente claro, o imenso dossel da Via Láctea.

Mas quando acordamos na manhã seguinte, vimos o que se insinuara na escuridão do desembarque: Pohnpei não era um atol de coral a mais, plano, e sim uma ilha montanhosa, com picos escarpados elevando-se para o céu, o topo sumido nas nuvens. As encostas íngremes eram coroadas por uma espessa mata verde, cortadas por cursos d'água e cachoeiras. Mais abaixo, em toda a nossa volta, podíamos ver colinas ondulantes, algumas cultivadas, e, olhando na direção da costa, uma orla de mangue com barreiras de recifes adiante. Embora eu me sentisse fascinado pelos atóis — Johnston,

Majuro e mesmo Kwajalein —, aquela ilha vulcânica alta, com seu manto de mata e nuvens, era totalmente diferente, o paraíso de um naturalista.

Tive uma tentação fortíssima de perder o avião e encalhar naquele lugar mágico por um ou dois meses, talvez por um ano, talvez pelo resto da vida — foi com relutância, e com verdadeiro esforço físico, que me juntei aos outros para continuar a viagem até Pingelap. Ao decolar, vimos a ilha em toda a sua extensão abaixo de nós. A descrição que Melville fez do Taiti em *Omoo*, pensei, poderia muito bem aplicar-se a Pohnpei:

> Dos grandes picos no centro [...] a terra irradia-se por toda a volta em direção ao mar, descendo em cristas verdes. Entre estas há vales largos e sombreados — cada qual, no aspecto, um Tempe —, irrigados por riachos estreitos, com mata densa. [...] Vista do mar, a paisagem é magnífica. Uma só massa de matizes sombreados do verde, da praia ao topo da montanha; uma diversidade infinita, com vales, serranias, ravinas e cascatas. Sobre as cristas, aqui e ali, os picos mais imponentes projetam suas sombras; e, mais abaixo, os vales. No alto destes, as cachoeiras despencam faiscantes sob o sol, como que se jogando sobre caramanchões verdejantes a prumo [...] Não é exagero dizer: para um europeu com alguma sensibilidade que pela primeira vez se embrenha nesses vales, o repouso e a beleza inefáveis da paisagem são tais que cada objeto parece-lhe algo visto num sonho.

2
PINGELAP

Pingelap é um dos oito minúsculos atóis dispersos no oceano ao redor de Pohnpei. Outrora majestosas ilhas vulcânicas como Pohnpei, são geologicamente muito mais antigos, tendo sofrido erosão e afundado ao longo de milhões de anos, deixando apenas anéis de coral circundando lagunas, de modo que a área conjunta de todos os atóis — Ant, Pakin, Nukuoro, Oroluk, Kapingamarangi, Mwoakil, Sapwahfik e Pingelap — hoje em dia não ultrapassa os oito quilômetros quadrados. Embora Pingelap seja um dos mais distantes de Pohnpei, a 288 quilômetros (frequentemente com mar revolto), foi povoado antes dos outros atóis, mil anos atrás, e ainda possui a maior população, cerca de setecentas pessoas. Não há muito comércio e comunicação entre as ilhas, e apenas um único barco faz o percurso regular entre elas: o *Microglory*, que transporta carga e passageiros ocasionais, fazendo seu circuito (quando o vento e o mar permitem) cinco ou seis vezes por ano.

Como o *Microglory* ainda demoraria mais de um mês para partir, fretamos um minúsculo aeroplano de propulsão a hélice pertencente ao Serviço de Aviação dos Missionários do Pacífico; era pilotado por um piloto texano que se aposentara da aviação comercial e que agora morava em Pohnpei. Foi dificílimo espremermo-nos lá dentro junto com bagagem, oftalmoscópio e vários materiais para exames, equipamento de mergulho, equipamento para fotografia e gravação e ainda artigos especiais para daltônicos: duzentos visores de proteção contra o sol, de várias colorações e tons escuros, mais alguns óculos e viseiras para crianças.

Construído especialmente para as curtas pistas de pouso das ilhas, o avião era lento, mas seu motor produzia um zumbido tranquilizador, constante, e voamos baixo o suficiente para ver cardumes de atum na água. Demorou uma hora até avistarmos o atol de Mwoakil e mais uma hora para enxergarmos as três ilhotas do atol de Pingelap, formando um crescente quebrado em torno da laguna. Voamos duas vezes ao redor do atol, para obter uma visão mais detalhada — que a princípio nada revelou além de uma floresta ininterrupta. Só quando beiramos as árvores, a setenta metros do solo, conseguimos distinguir veredas que cruzavam a floresta em alguns lugares e habitações baixas quase escondidas pela folhagem. Subitamente o vento soprou mais forte — tinha estado tranquilo alguns minutos antes — e os coqueiros e pandanos começaram a açoitar os ares. Quando seguíamos em direção à minúscula pista de pouso de concreto em uma das extremidades da ilha, construída pelos japoneses que haviam ocupado o local meio século antes, um violento vento de cauda apanhou-nos próximo ao chão e quase nos jogou para fora da lateral da pista. O piloto lutou para controlar o aparelho, que derrapava: tendo perdido um trecho do início da pista, corríamos o risco de passar disparados do ponto onde ela terminava. Com força bruta, e com sorte também, ele conseguiu no último instante controlar o aparelho — mais quinze centímetros e teríamos caído na laguna. "Todos bem aí?", perguntou, e em seguida, para seus botões: "A pior aterrissagem que já fiz!".

Knut e Bob estavam brancos, e o piloto igualmente. Tiveram visões, enxergaram-se submersos dentro do avião, debatendo-se, sufocando, sem poder sair; eu, de minha parte, senti primeiro uma estranha indiferença e mesmo uma sensação de que seria divertido ou romântico morrer nos recifes — e depois uma súbita e fortíssima onda de náusea. Porém, mesmo na iminência do fim, com os freios guinchando para nos deter, pareceu-me escutar risadas, sons de alegria em toda a nossa volta. Ao sairmos, ainda lívidos de susto, dezenas de crianças morenas e ágeis vieram correndo da floresta, acenando com flores, folhas de bananeira, rindo e nos rodeando. Não vi nenhum adulto a princípio, e por um momento pensei que Pingelap fosse uma ilha de crianças. E naquele primeiro e longo momento, com as crianças saindo da floresta, algumas abraçadas, e a luxuriante vegetação tropical em todas as direções, a beleza do primitivo, do humano e do natural apoderou-se de mim. Senti uma onda de amor — pelas crianças, pela floresta, pela ilha, por todo o cenário; tive uma sensação de paraíso, de uma realidade quase mágica. Cheguei, pensei comigo. Finalmente estou aqui. Quero passar o resto da vida aqui — e algumas destas crianças bonitas poderão ser as minhas.

"Lindo!", murmurou Knut ao meu lado, em êxtase; e depois: "Veja aquela criança... E aquela, e aquela ali...". Acompanhei seu olhar e de repente vi o que me passara despercebido no início: aqui e ali, no meio das outras, grupos de crianças semicerravam os olhos, apertavam-nos para protegê-los do sol brilhante, e uma delas, um menino mais velho, tinha um pano preto em volta da cabeça. Knut as vira e as identificara — seus irmãos daltônicos — no momento em que pusera os pés fora do avião, assim como elas claramente o descobriram quando ele saiu, de olhos entrecerrados, óculos escuros, pela lateral do aparelho.

Embora Knut houvesse lido textos científicos sobre o assunto, e apesar de ocasionalmente ter encontrado outras pessoas com acromatopsia, isso de modo algum o preparara para o impacto de se ver realmente rodeado de gente como ele, estranhos do outro lado do mundo com quem ele teve uma afinidade imediata. Era um encontro singular que o resto de nós estava presenciando — o pálido e nórdico Knut, em seus trajes ocidentais, câmera pendurada no pescoço, e as miúdas crianças morenas e daltônicas de Pingelap. Singular, mas muito comovente.[1]

Mãos ávidas agarraram nossa bagagem, enquanto nosso equipamento era colocado em um carrinho improvisado, um vacilante invento composto de pranchas de madeira grosseiramente serradas em cima de rodas de bicicleta trepidantes. Não há veículos a motor em Pingelap, nem ruas pavimentadas, apenas caminhos de terra batida ou cascalho através da mata, todos ligados direta ou indiretamente à trilha principal, um caminho mais largo com casas dos dois lados, algumas com telhado de zinco, outras cobertas com folhas. Era nessa trilha principal que estávamos sendo conduzidos, escoltados por dezenas de crianças excitadas e jovens adultos (até então não víramos ninguém com mais de 25 ou trinta anos).

Nossa chegada — com sacos de dormir, garrafas de água, equipamento médico e de filmagem — era um evento quase sem precedentes (as crianças da ilha fascinaram-se menos com nossas câmeras do que com a vara do microfone — a girafa — com seu protetor de lã, e em poucos dias elas estavam fazendo suas próprias girafas com caules de bananeira e lã de coqueiro). Havia um adorável caráter festivo naquela procissão espontânea, sem ordem, sem programação, sem líder, sem precedência, apenas uma salada de gente espantada, boquiaberta (eles conosco, nós com eles e com tudo à nossa volta), avançando com muitas paradas, desvios e mudanças pela aldeia-floresta de Pingelap. Porquinhos com a pele preta e branca atravessavam em disparada nosso caminho — sem timidez, mas sem simpatia, bem diferentes de bichos de estimação, levando sua própria existência aparentemente autônoma, como se as ilhas também fossem deles. Ficamos admirados com o fato de os porcos terem pele preta e branca, e imaginamos, meio na brincadeira, se teriam sido especialmente criados para, ou por, uma população daltônica.

Nenhum de nós expressou em voz alta essa ideia, mas nosso intérprete, James James, também ele daltônico — um jovem talentoso que (ao contrário da maioria dos nativos da ilha) passara um tempo considerável fora dali e estudara na Universidade de Guam —, leu os olhares que trocamos e explicou: "Nossos ancestrais trouxeram esses porcos quando vieram para Pingelap mil anos atrás, junto com a fruta-pão e o inhame, os mitos e os rituais do nosso povo".

Embora os porcos corressem por toda parte onde havia comida (podia-se ver que gostavam de banana, manga passada e coco), cada um deles tinha seu dono, explicou James — de fato, podiam ser considerados um indicador do status e da prosperidade material do proprietário. Os porcos originalmente haviam sido um alimento régio, e somente o rei, o *nahnmwarki*, podia comê-los; mesmo hoje em dia raramente são abatidos, o mais das vezes em ocasiões especiais de cerimônia.[2]

Knut estava fascinado não só com os porcos mas com a riqueza da vegetação, que ele percebia com toda a clareza, talvez com mais clareza do que seus companheiros de viagem. Para nós, que víamos as cores normalmente, aquilo a princípio era só uma confusão de verdes, ao passo que para Knut era uma polifonia de brilhos, tonalidades, formas e texturas, facilmente identificados e distintos uns dos outros. Mencionou isso a James, e este disse que o mesmo acontecia com ele, com todos os daltônicos dali — ninguém tinha dificuldade para distinguir as plantas da ilha. Achava que nisso talvez fossem ajudados pela natureza basicamente monocromática da

paisagem: havia algumas flores e frutas vermelhas na ilha, e estas, era bem verdade, podiam passar-lhes despercebidas em certas condições de iluminação — mas praticamente tudo o mais era verde.[3] "Mas e quanto às bananas, por exemplo: vocês conseguem distinguir as amarelas das verdes?", perguntou Bob.
"Nem sempre", respondeu James. "*Verde-claro* pode ter para mim o mesmo aspecto de *amarelo.*"
"Então como sabem quando uma banana está madura?"
A resposta de James foi andar até uma bananeira, voltar de lá com uma banana cuidadosamente escolhida, de casca verde brilhante, e entregá-la a Bob.
Bob a descascou, e a casca saiu fácil, para sua surpresa. Deu uma mordidinha cautelosa — e depois devorou o resto.
"Como você vê, não nos baseamos apenas na cor", James explicou. "Olhamos, sentimos, cheiramos, *sabemos* — levamos tudo em consideração, e vocês só usam a cor!"

Eu tinha visto do alto a forma de Pingelap: três ilhotas compondo um círculo rachado em volta de uma laguna central, talvez com diâmetro de dois quilômetros e meio; agora, caminhando por uma estreita faixa de terra, com as ondas rebentando furiosamente de um lado e a plácida laguna a apenas algumas centenas de metros do outro, lembrei-me do assombro que arrebatou os primeiros exploradores ao depararem com aquelas estranhas formações da terra, tão absolutamente diferentes de qualquer coisa que eles conheciam. "É prodigioso", escreveu Pyrard de Laval em 1605, "ver esses atóis, cada um deles cingido por uma grande barreira de rocha que não foi obra de nenhum artifício humano."
Cook, navegando pelo Pacífico, ficou intrigado com aqueles atóis baixos, e já em 1777 pôde falar do pasmo e da controvérsia que despertavam:

> Alguns os consideram remanescentes de ilhas maiores, as quais, em épocas remotas, juntaram-se e formaram uma extensão de terra contínua que o mar desmanchou no decorrer do tempo, deixando apenas as porções de terra mais altas [...] Outros, como eu, pensam que são formados por baixios ou bancos de coral e, por conseguinte, que es-

tão crescendo; e há quem julgue terem sido lançados ao mar por terremotos.

Porém, no início do século XIX já se sabia que, embora pudessem emergir atóis de coral nas partes mais profundas do oceano, o próprio coral vivo não conseguia crescer mais de uns cem metros sob a superfície; além disso, precisava ter uma base firme naquela profundidade. Portanto, não era imaginável, como pensava Cook, que sedimentos ou corais pudessem se formar do fundo do oceano.

Sir Charles Lyell, o mais eminente geólogo de sua época, postulou que os atóis eram bordas de coral incrustadas em vulcões submarinos que estavam emergindo, mas isso parecia exigir o aparecimento fortuito, e quase impossível, de inúmeros vulcões elevando-se debaixo d'água a uma profundidade de quinze a 25 metros, de modo a fornecer uma plataforma para o coral sem jamais irromper de fato na superfície.

Darwin, na costa chilena, sentira na pele os gigantescos cataclismos dos terremotos e vulcões, que eram, para ele, "parte de um dos maiores fenômenos a que este mundo está sujeito" — particularmente a instabilidade, os movimentos contínuos, as oscilações geológicas da crosta terrestre. Imagens de enormes elevações e afundamentos arrebataram-lhe a imaginação: os Andes subindo milhares de metros no ar, o fundo do Pacífico distanciando-se milhares de metros da superfície. E, no contexto dessa visão geral, uma visão específica ocorreu-lhe — essas elevações e afundamentos poderiam explicar a origem das ilhas oceânicas, e seu afundamento permitiria a formação dos atóis de coral. Invertendo, de certo modo, a ideia de Lyell, Darwin postulou que os corais cresciam não no cume de vulcões ascendentes, mas nas encostas de vulcões que estavam submergindo; depois, quando a rocha vulcânica finalmente sofresse erosão e afundasse no mar, permaneceriam apenas as bordas de coral, formando uma barreira de recifes. À medida que o vulcão continuasse a afundar, novas camadas de pólipos de coral poderiam continuar se acumulando em cima, agora na forma característica do atol, em direção à luz e ao calor dos quais dependiam. Assim, pelos cálculos de Darwin, o desenvolvimento de um atol exigiria pelo menos um milhão de anos.

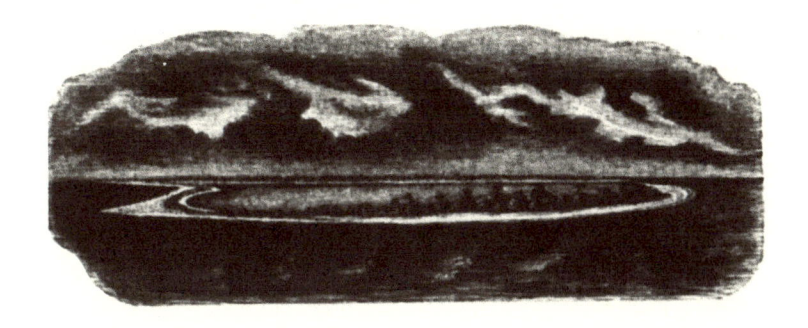

Darwin citou evidências desse afundamento em tempos recentes — antes em terra firme, palmeiras e construções, por exemplo, estavam agora debaixo d'água; mas ele percebeu que seria dificílimo obter provas conclusivas de um processo geológico tão lento. De fato, sua teoria (embora aceita por muitos) só foi confirmada um século mais tarde, quando se perfurou um imenso orifício através dos corais do atol de Eniwetak, atingindo-se por fim uma rocha vulcânica a 14 765 metros abaixo da superfície.[4] Os corais formadores de recifes, para Darwin, eram

> maravilhosos monumentos das oscilações de nível subterrâneas [...] cada atol um monumento a uma ilha agora perdida. Podemos assim, como um geólogo que tivesse vivido seus 10 mil anos e mantido um registro das mudanças ocorridas, fazer alguma ideia do grande sistema pelo qual a superfície deste planeta foi rompida e terra e água trocaram de lugar.

Olhando Pingelap, pensando no imponente vulcão que ela havia sido outrora, num vulcão imergindo com lentidão infinitesimal por 10 milhões de anos, tive uma impressão quase tangível da imensidão do tempo e de que nossa expedição aos Mares do Sul não era apenas uma jornada no espaço, mas também no tempo.

O vento súbito que quase nos jogara fora da pista de pouso estava abrandando agora, embora o topo dos coqueiros ainda chicoteasse de um lado para o outro e continuássemos ouvindo o ribombar das ondas batendo nos recifes em rebentações gigantescas. Os tufões, notórios nesta parte do Pacífico, podem ser especialmente devastadores para um atol de coral como Pingelap (que não tem mais de quarenta metros acima do nível do mar), pois a ilha inteira pode ser inundada, pode submergir nas águas arremessadas pelos ventos descomunais. O tufão Lengkieki, que assolou Pingelap por volta de 1775, matou imediatamente 90% da população da ilha, e a maioria dos sobreviventes acabou morrendo depois — uma morte lenta por falta de alimentos —, pois toda a vegetação, incluindo os coqueiros, as árvores de fruta-pão e as bananeiras, foi destruída, nada sobrando além de peixes para sustentar os ilhéus.[5]

Na época do tufão, Pingelap tinha uma população de quase mil pessoas e era habitada fazia oitocentos anos. Não se sabe de onde vieram os primeiros povoadores, mas eles trouxeram consigo um complexo sistema hierárquico dominado por reis hereditários, ou *nahnmwarkis*, uma cultura e mitologia orais, bem como uma linguagem que já naquela época se diferenciara tanto que era quase ininteligível para os "continentais" de Pohnpei.[6] Num período de algumas semanas após o tufão, essa próspera cultura foi reduzida a vinte e poucos sobreviventes, entre eles o *nahnmwarki* e outros membros da casa real.

Os pingelapenses são extremamente férteis, e em poucas décadas a população aproximou-se dos cem habitantes. Mas com essa procriação heroica — e necessariamente endogâmica — surgiram novos problemas; características genéticas antes raras começaram a se disseminar, de modo que, na quarta geração depois do tufão, uma "nova" doença manifestou-se. As primeiras crianças com a doença dos olhos de Pingelap nasceram na década de 1820 e, em poucas gerações, o número de pessoas afetadas havia aumentado para mais de 5% da população, aproximadamente a porcentagem que se mantém hoje em dia.

A mutação para a acromatopsia pode ter surgido entre os habitantes das Carolinas séculos antes; mas tratava-se aqui de um gene recessivo, e, enquanto existiu uma população numerosa suficientemente, as chances de dois portadores se casarem e de a doença se manifestar em seus filhos foram muito pequenas. Tudo isso mudou com o tufão, e estudos genealógicos indicam que foi o próprio *namwarki* sobrevivente o primeiro progenitor de todos os portadores subsequentes.

Os bebês com a doença dos olhos pareciam normais ao nascer, mas aos dois ou três meses de vida começavam a semicerrar os olhos ou piscar, a apertar os olhos ou virar a cabeça para longe da luz forte; e quando começavam a andar ficava evidente que não conseguiam enxergar detalhes ou pequenos objetos à distância. Na época em que chegavam aos quatro ou cinco anos, percebia-se claramente que não eram capazes de distinguir as cores. O termo *maskun* ("não ver") foi cunhado para designar essa estranha doença, que ocorria com igual frequência em meninas e meninos — crianças em todos os demais aspectos normais, inteligentes e ativas.

Atualmente, mais de duzentos anos depois do tufão, um terço da população é portador do gene do *maskun* e, dos cerca de setecentos ilhéus, 57 têm acromatopsia. Em outras partes do mundo, a incidência da acromatopsia é de menos de um caso em 30 mil pessoas — em Pingelap, a proporção é de um para doze.

Nossa procissão desordenada, em vaivém pela floresta, com crianças correndo e brincando e porcos aos nossos pés, finalmente chegou ao edifício da administração da ilha, uma das três ou quatro construções de blocos de cinza, de dois andares. Ali encontramos o *nahnmwarki*, o magistrado e outros altos funcionários, que nos saudaram cerimoniosamente. Uma mulher pingelapense, Delihda Isaac, fez as vezes de intérprete, apresentando-nos a todos — e depois a si mesma: ela administrava o dispensário médico do outro lado da rua, onde tratava todos os tipos de lesões e doenças. Poucos dias antes, contou, ajudara no parto de um bebê que estava sentado

— tarefa difícil, sem equipamentos médicos apropriados —, mas mãe e filho passavam bem. Não há médico em Pingelap; Delihda entretanto estudara fora da ilha, e com frequência era auxiliada por estudantes de medicina de Pohnpei. Todos os problemas médicos que ela não consegue resolver precisam esperar a chegada da enfermeira visitadora de Pohnpei, que faz uma ronda em todas as ilhas distantes da capital uma vez por mês. Mas Delihda, observou Bob, apesar de meiga e bondosa, era sem dúvida "uma força com quem sempre se podia contar".

Ela nos levou para uma breve visita ao prédio da administração — muitos dos cômodos estavam abandonados e vazios, e o velho gerador a querosene destinado a iluminá-lo parecia estar fora de uso havia anos.[7] Ao cair da noite, Delihda nos conduziu até a casa do magistrado, onde seríamos alojados. Não havia iluminação nas ruas nem luzes em parte alguma, e a escuridão parecia estar chegando rapidamente. O interior da casa, feita de blocos de concreto, era escuro, pequeno e de um calor sufocante — uma sauna, mesmo depois de anoitecer. Mas havia um encantador terraço ao ar livre, sobre o qual arqueavam-se uma gigantesca árvore de fruta-pão e uma bananeira. A casa tinha dois quartos — Knut ficou com o quarto do magistrado, no andar de baixo, Bob e eu com o quarto das crianças, no andar de cima. Olhamo-nos receosos — ambos insones, ambos com intolerância ao calor, ambos agitados leitores noturnos — e ficamos pensando em como sobreviveríamos às longas noites, incapazes até de nos distrairmos com a leitura.

Passei a noite revirando-me na cama, sem conseguir dormir, em parte pelo calor e pela umidade, em parte por uma estranha excitação visual como aquelas que às vezes sou propenso a sentir, em especial no início de uma enxaqueca — visões de árvores de fruta--pão e bananeiras movendo-se incessantemente no teto escuro —, mas sobretudo pela sensação de embriaguez e deleite por ter finalmente chegado à ilha dos daltônicos.

Nenhum de nós dormiu bem naquela noite. Fomos nos reunir na varanda ao nascer do sol, amarrotados, o cabelo por pentear, e decidimos fazer um pequeno reconhecimento do local. Peguei meu caderno e fiz breves anotações enquanto caminhávamos (embora a tinta tendesse a borrar naquele ar úmido):

Seis da manhã; embora o ar esteja terrivelmente quente, extenuante, um ar parado de calmaria, a ilha já fervilha de atividade — porcos guinchando, correndo pela vegetação rasteira, aromas de peixe e taro cozinhando, telhados sendo consertados com folhas de coqueiro e bananeira, enquanto Pingelap se prepara para um novo dia. Três homens trabalham em uma canoa — uma encantadora forma tradicional, serrada de um único tronco maciço e depois aplainada, com materiais e métodos imutáveis há mil anos ou mais. Bob e Knut estão fascinados com a feitura do barco; observam de perto, satisfeitos. A atenção de Knut também é atraída para o outro lado da rua, para as sepulturas e altares ao lado de algumas casas. Não existe um local comum para os sepultamentos, não há cemitério em Pingelap, apenas esse aconchegante enterro dos mortos perto de suas casas, de modo que eles permanecem ainda, quase palpáveis, fazendo parte da família. Estendidos ao redor das sepulturas, há cordões semelhantes a varais; panos de cores e padrões alegres foram pendurados ali — talvez para afastar os demônios, talvez apenas para decoração, não sei ao certo, mas têm um ar festivo.

Minha atenção se volta para a densidade grandiosa da vegetação que nos rodeia, muito mais densa do que em qualquer floresta temperada, e para um líquen amarelo brilhante em algumas das árvores. Provo um pouquinho — muitos liquens são comestíveis —, mas este é amargo e pouco promissor.

Por toda parte víamos árvores de fruta-pão — até alguns bosques dessas árvores, com suas folhas grandes, repletas de lóbulos; estavam carregadas com as enormes frutas que Dampier, três séculos atrás, comparara aos pães.[8] Eu nunca tinha visto árvores tão generosas — seu cultivo era facílimo, dissera James, e cada árvore podia produzir uma centena de frutos polpudos por ano, mais que suficientes para sustentar um homem. Uma única árvore podia dar frutos por cinquenta anos ou mais, e depois sua bela madeira podia ser usada para construção, especialmente de quilhas de canoas.

Lá embaixo, nos recifes, dezenas de crianças já estavam nadando, algumas ainda bem pequenas, mal tendo aprendido a andar, mas mergulhando sem medo na água, em meio aos corais afiados, gritando excitadas. Vi duas ou três crianças daltônicas mergulhando, correndo e gritando com as outras — não pareciam isoladas nem discriminadas, pelo menos não nesse estágio da vida, e, como ainda era muito cedo e o céu estava encoberto, elas não estavam cegas como ficariam no decorrer do dia. Algumas das crianças maiores tinham amarrado nas mãos as solas de borracha de sandálias velhas e conseguiam nadar bem rápido no estilo "cachorrinho" com aquele expediente. Outras mergulhavam até o fundo, forrado de enormes e inchados pepinos-do-mar, e os usavam para espirrar água umas nas outras... Gosto dos pepinos-do-mar, e fiquei torcendo para que sobrevivessem.

Entrei andando na água e comecei a mergulhar em busca de pepinos-do-mar também. Li que outrora houve um ativo comércio exportador de pepinos-do-mar, por via marítima, para a Malaia, China e Japão, onde são muito apreciados como holotúrias, tripango, *bêche-de-mer* ou *namako*. Eu mesmo aprecio de vez em quando um bom pepino-do-mar — eles têm uma consistência de gelatina rija, uma celulose animal em seus tecidos que me falam ao paladar. Levando um para a praia, perguntei a James se os pingelapenses os comiam com muita frequência. "Comemos, mas eles são duros, precisam ser cozidos durante muito tempo", respondeu, "embora este aqui" — e apontou para o *Stichopus* que eu tirara da água — "você possa comer cru". Enterrei os dentes no pepino-do-mar, imaginando se James estaria brincando; achei impossível atravessar aquele tegumento duro como couro — era como tentar comer um sapato velho e batido.[9]

Depois do desjejum, visitamos uma família local, os Edward. Entis Edward tem acromatopsia, assim como seus três filhos, desde um bebê de colo, que semicerrava os olhos sob a luz forte do sol, a uma menina de onze anos. Sua esposa, Emma, tem visão normal, embora evidentemente fosse portadora do gene. Entis é instruído, possui pouco domínio do inglês mas é dotado de uma eloquência natural; é ministro da igreja congregacionalista e pescador, um homem muito respeitado na comunidade. Mas isso, explicou sua esposa, estava longe de ser a regra. A maioria dos que nascem com o *maskun* não aprendem a ler, porque não conseguem enxergar o que o professor escreve no quadro-negro, e têm menos chances de se casar — em parte porque se reconhece que seus filhos têm mais probabilidade de serem afetados, em parte porque não conseguem trabalhar ao ar livre sob a luz forte, como faz a maioria dos ilhéus.[10]

Entis era uma exceção ali, em todos os aspectos, e vivia muito consciente disso: "Tive sorte", disse. "Não é fácil para os outros." Salvo pelos problemas sociais que a acromatopsia causa, Entis não a considera uma incapacidade física, embora ele com frequência se veja incapacitado por sua intolerância à luz forte e pela impossibilidade de enxergar os detalhes. Knut assentiu com a cabeça ao ouvir essa exposição; estivera imensamente atento a tudo o que Entis dissera, identificando-se com ele em muitos aspectos. Tirou sua luneta para mostrar a Entis — a luneta que é quase um terceiro olho para ele e está sempre pendurada em seu pescoço. O semblante de Entis iluminou-se de prazer quando, ajustando o foco, ele pôde ver, pela primeira vez, barcos balançando na água, árvores no horizonte, o rosto das pessoas do outro lado da rua e, ajustando agora para perto, os detalhes das estrias nas impressões digitais de seus dedos. Impulsivamente Knut tirou do pescoço a luneta e a deu de presente a Entis. Este, visivelmente comovido, não disse nada, mas sua esposa embrenhou-se em casa, voltou de lá trazendo um belo colar que ela mesma fizera, com três voltas de conchas de cauri iguaizinhas, o objeto mais precioso que a família possuía, e solenemente presenteou-o a Knut, enquanto Entis continuava a olhar.

Agora, sem sua luneta, Knut estava incapacitado — "É como dar metade da minha vista para ele, pois a luneta é necessária à minha visão" —, mas imensamente feliz. "Vai fazer muita diferença para ele", explicou. "Arranjarei outra depois."

No dia seguinte vimos James, os olhos semicerrados sob a luz do sol, observando um grupo de adolescentes que jogavam basquete. Como nosso intérprete e guia, ele parecera alegre, sociável, instruído, bem integrado à comunidade, mas agora, pela primeira vez, parecia quieto, melancólico, muito solitário e triste. Começamos a conversar, e mais pormenores de sua história vieram à tona. A vida e a escola tinham sido difíceis para ele, assim como para os outros daltônicos de Pingelap — sem proteger a vista, a luz do sol praticamente o cegava, e ele não conseguia sair à luz do dia sem uma venda escura nos olhos. Não podia participar das lutas de garotos e dos jogos ao ar livre com que as outras crianças se divertiam. Sua acuidade visual era fraquíssima, e ele não conseguia enxergar os livros escolares sem aproximá-los a oito centímetros dos olhos. Apesar disso tudo, ele era excepcionalmente inteligente e engenhoso; aprendera a ler cedo e gostava de ler apesar de sua deficiência. Como Delihda, tinha ido para Pohnpei a fim de prosseguir os estudos (em Pingelap existe apenas uma pequena escola elementar, sem educação secundária). Arguto, ambicioso, aspirando a uma vida com horizontes mais amplos, James conseguiu uma bolsa de estudos na Universidade de Guam, estudou ali durante cinco anos e se formou em sociologia. Voltou para Pingelap cheio de ideias ousadas: ajudar os ilhéus a comercializar seus produtos com mais eficiência, conseguir melhor assistência médica e infantil, levar eletricidade e água encanada a todas as casas, elevar os níveis de instrução, infundir orgulho e uma nova consciência política nos habitantes da ilha e garantir que todo pingelapense — em especial os daltônicos — tivesse como direito inato a alfabetização e a formação escolar que ele conseguira ao preço de uma luta tão árdua.

Nada disso se realizou — James encontrou uma tremenda inércia, uma resistência à mudança, uma falta de ambição, um *laissez--faire*, e gradualmente ele próprio deixou de lutar. Não achou em Pingelap nenhum emprego adequado à sua instrução ou talento, porque Pingelap, com uma economia de subsistência, *não tem* empregos, exceto os da funcionária do serviço de saúde, do magistrado e dos dois professores. E assim, com seu sotaque universitário, suas novas maneiras e pontos de vista, James não mais se enquadrou no pequeno mundo de onde partira; percebeu-se isolado, forasteiro.

Víramos do lado de fora da casa dos Edward um capacho com um bonito padrão decorativo, e notamos depois outros semelhantes por toda parte, na frente das tradicionais casas com telhado de colmo e também das mais novas, construídas com blocos de concreto e telhado de zinco. A arte de tecer aqueles capachos vinha inalterada "do tempo antes do tempo", contou James; as fibras tradicionais, feitas de folha de palmeira, ainda eram usadas (embora as tradicionais tintas vegetais houvessem sido substituídas por um azul muito escuro extraído de sobras de papel-carbono, que para os ilhéus tinham pouca serventia além daquela). A melhor tecelã da ilha era uma mulher daltônica. Aprendera a arte com a mãe, que também não via as cores. James levou-nos para conhecê-la; ela estava fazendo seu complexo trabalho no interior de uma cabana tão escura que não conseguimos enxergar lá dentro, depois da luz forte do sol. (Knut, ao contrário, tirou os duplos óculos escuros e disse que, visualmente, aquele era o lugar mais confortável que encontrara na ilha.) Quando nos adaptamos à escuridão, começamos a ver sua arte especial de brilhos — padrões delicados de diferentes luminescências que praticamente desapareceram quando levamos um dos capachos para fora, à luz do sol.

Knut contou a ela que pouco tempo atrás sua irmã Britt, para provar que era possível, tricotara um blusão com dezesseis cores diferentes. Ela inventara seu próprio sistema para identificar as meadas de lã, marcando-as com uma etiqueta numerada. O blusão tinha padrões e imagens maravilhosamente complexos, inspirados em lendas folclóricas norueguesas, disse ele, mas, como haviam sido tricotados em tons pardos e arroxeados opacos, cores sem muito contraste cromático, eram quase invisíveis para olhos normais. Britt, porém, já que reagia apenas a luminescências, conseguia vê-los com toda a clareza, talvez mais do que as pessoas que enxergavam normalmente as cores. "Essa é minha arte secreta especial", disse ela. "Quem quiser vê-la precisa ser completamente cego para as cores."

Ainda naquele dia, fomos ao dispensário da ilha para conhecer mais pessoas com o *maskun* — estavam ali quase quarenta pessoas, mais da metade dos daltônicos da ilha. Nós nos instalamos na sala principal — Bob com seu oftalmoscópio, suas lentes e testes de acuidade, eu com uma profusão de fios coloridos, desenhos e canetas, além do material clássico para teste de cores. Knut trouxera um conjunto de cartões de Sloan para acromatopsia. Eu nunca os tinha visto, e Knut explicou-me como funcionava o teste: "Cada um destes cartões tem uma série de quadrados cinza que variam apenas no tom, passando de cinza muito claro a muito escuro, na verdade quase preto. Cada quadrado tem um orifício no centro, e se eu puser uma folha de papel colorido atrás desses quadrados — assim — um deles combinará com a cor; terão uma densidade igual". Knut indicou um ponto cor de laranja emoldurado por um quadrado de um cinza médio. "Para mim, o ponto interno e o que está em volta dele são exatamente iguais."

Fazer essa comparação seria totalmente sem sentido para uma pessoa que vê normalmente as cores, pois para ela nenhuma cor pode "igualar-se" a um tom de cinza, e a maioria teria extrema dificuldade para cumprir a tarefa; esta, no entanto, é muito fácil e natural para as pessoas com acromatopsia, pois elas veem todas as cores e todos os tons de cinza somente como diferentes intensidades luminosas. Idealmente, o teste deveria ser aplicado com uma fonte de iluminação padronizada, mas, inexistindo eletricidade para acender lâmpadas na ilha, Knut precisou usar a si mesmo como padrão, comparando as respostas de cada daltônico com as suas próprias. Em quase todos os casos, elas foram iguais ou muito próximas.

Os exames médicos costumam ser feitos reservadamente, mas ali nossos testes foram todos muito públicos, e, com dezenas de crianças espiando pelas janelas ou perambulando entre nós, assumiram um caráter comunitário, engraçado e quase festivo.

Bob queria verificar a refração em cada pessoa e examinar minuciosamente suas retinas — coisa dificílima, pois com o nistagmo os olhos moviam-se sem parar. Claro, não era possível ver diretamente os microscópicos bastonetes e cones (ou a falta deles), mas Bob não conseguiu encontrar mais nada de errado no exame com o oftalmoscópio. Alguns dos primeiros pesquisadores haviam sugerido que o *maskun* estava associado a uma forte miopia, mas Bob constatou que, embora muitos dos daltônicos fossem míopes, muitos não eram (o próprio Knut tinha uma hipermetropia acentuada) — e constatou ainda que havia na ilha uma proporção semelhante de não daltônicos que também eram míopes. Se havia uma forma genética de miopia ali, julgou Bob, ela era transmitida independentemente da acromatopsia.[11] Também era possível, acrescentou, que as informações sobre a miopia houvessem sido exageradas pelos primeiros pesquisadores, pelo fato de terem visto tantas pessoas apertando os olhos e aproximando objetos pequenos do rosto — comportamentos que poderiam parecer indicativos de miopia, mas que na realidade refletiam a intolerância à luz forte e a fraca acuidade visual das pessoas com acromatopsia.

Perguntei àquelas pessoas se conseguiam distinguir as cores de várias linhas ou pelo menos associar umas às outras. A associação foi feita claramente com base no brilho e não na cor — assim, o amarelo e o azul-claro podiam ser agrupados junto com o branco, ou os vermelhos e verdes fortes com o preto. Eu trouxera ainda as lâminas de teste pseudo-isocromáticas de Ishihara para o daltonismo parcial comum; as lâminas possuem números e figuras formados por pontinhos coloridos, distinguíveis apenas pela cor (e não pela luminosidade) dos pontinhos circundantes. Algumas das lâminas de Ishihara, paradoxalmente, não podem ser vistas por quem enxerga normalmente as cores, mas somente pelos que sofrem de acromatopsia — são as que contêm pontos idênticos no matiz, mas apresentam uma ligeira variação na intensidade luminosa. As crianças daltônicas maiores ficaram particularmente excitadas com essas lâminas — porque viravam o feitiço contra o feiticeiro, ou seja, contra mim, o examinador — e se acotovelavam para chegar logo a sua vez de apontar os números especiais que eu não conseguia ver.

A presença de Knut enquanto examinávamos as pessoas com o *maskun*, o fato de ele partilhar suas próprias experiências, foram cruciais; isso ajudou a tirar nossas perguntas da esfera do interrogatório, do impessoal, e aproximou-nos como criaturas afins, tornando mais fácil para nós, enfim, esclarecer e tranquilizar. Pois, embora a ausência da visão das cores em si não parecesse ser motivo de preocupação, havia muito mal-entendido a respeito do *maskun* — em especial, receios de que a doença pudesse ser progressiva, levar à cegueira total, associar-se a retardamento, loucura, epilepsia ou problema cardíaco. Alguns acreditavam que ela podia ser provocada por falta de cuidado durante a gravidez ou transmitida por uma espécie de contágio. Embora houvesse alguma noção de que o *maskun* tendia a predominar em certas famílias, havia pouco ou nenhum conhecimento a respeito de genes recessivos e hereditariedade. Bob e eu fizemos todo o possível para salientar que o *maskun* não era progressivo, que afetava apenas determinados aspectos da visão e que alguns auxílios óticos simples — óculos de sol ou visores escuros para reduzir a luz forte e lupas e lunetas para permitir a leitura e a visão precisa à distância — podiam permitir que a pessoa com *maskun* frequentasse com êxito a escola, que vivesse, viajasse e trabalhasse de modo muito semelhante a todas as demais. Porém, mais do que as palavras, o próprio Knut comprovava isso, em parte usando óculos de sol e lupa, em parte pelo que a vida dele exibia em termos de conquistas e liberdade.

Saindo do dispensário, começamos a distribuir os óculos de sol que havíamos trazido, juntamente com chapéus e viseiras. Os resultados foram variados. A mãe de um bebê daltônico que berrava e piscava os olhos em seu colo pegou um minúsculo par de óculos de sol e colocou no nariz do bebê; isso pareceu acalmar a criança, produzindo uma mudança instantânea em seu comportamento. Já sem piscar e apertar os olhos, ela os abriu e se pôs a olhar em volta com uma animada curiosidade. Uma mulher muito idosa, a daltônica mais velha da ilha, recusou-se indignada a experimentar óculos de sol. Vivera oitenta anos daquela maneira, disse ela, e não era agora que começaria a usar aquilo. Mas muitos dos outros adultos e adolescentes daltônicos evidentemente gostaram dos óculos de sol, franzindo o nariz com o peso inusitado do instrumento, mas visivelmente menos incapacitados pela luz forte.

Dizem que Wittgenstein era a pessoa mais fácil ou mais difícil de se ter como hóspede, porque, embora comesse com prazer qualquer coisa que lhe fosse servida no dia da chegada, queria exatamente o mesmo em todas as refeições subsequentes, pelo resto da estadia. Muitas pessoas acham isso extraordinário ou mesmo patológico, mas como eu mesmo tenho essa tendência, considero-a perfeitamente normal. De fato, tendo uma espécie de paixão pela monotonia, eu apreciava imensamente as refeições invariáveis em Pingelap, enquanto Bob e Knut ansiavam por variedade. Nossa primeira refeição, o modelo que se repetiria três vezes por dia, consistia em taro, bananas, pandano, fruta-pão, batata-doce e atum, seguidos de papaia e coco fresco cheio de leite. Como sou um grande apreciador de peixe e banana, essas refeições eram inteiramente do meu agrado.

Mas todos nós ficávamos repugnados com o Spam que era servido em cada refeição — invariavelmente frito; por que, pensava eu, os pingelapenses comem esta coisa asquerosa, quando sua própria dieta básica é saudável e deliciosa? E ainda mais não podendo se dar a esse luxo, já que Pingelap conta apenas com a pequena quantia em dinheiro que consegue receber com a exportação de copra, capachos e frutos de pandano para Pohnpei. Eu conversara com o melífluo barão do Spam no avião, e agora, em Pingelap, podia ver o vício em toda a sua força. Por que não só os pingelapenses, mas todos os povos do Pacífico, ao que parecia, podiam ser tão ávidos, tão vorazes por aquela coisa, apesar do intolerável custo para seu bolso e sua saúde? Não fui o primeiro a ficar intrigado com isso; posteriormente, quando vim a ler *The Happy Islands of Oceania*, de Paul Theroux, deparei com a seguinte hipótese a respeito dessa mania universal do Spam:

> Eu tinha a teoria de que os outrora canibais da Oceania agora se regalavam com Spam porque este era o que mais se aproximava do gosto suíno que tem a carne humana. Em boa parte da Melanésia, "porco comprido" é a designação para um ser humano cozido. Era fato que os comedores de gente do Pacífico haviam todos evoluído, ou talvez degenerado, para comedores de Spam. E, na ausência de Spam, eles se contentavam com a carne de boi enlatada, que também tem um sabor cadaveroso.

Porém, pelo que eu soubesse, não havia tradição de canibalismo em Pingelap.[12]

Quer o Spam seja ou não, como supõe Theroux, uma sublimação do canibalismo, foi um alívio visitar a plantação de taro, a suprema fonte de alimento, distribuída em dez acres pantanosos no centro da ilha. Os pingelapenses falam do taro com reverência e afeição, e, cedo ou tarde, todos têm sua vez de trabalhar no canteiro que é de toda a comunidade. O terreno é cuidadosamente limpo de detritos e revolvido à mão, e depois plantam-se no solo brotos com cerca de 45 centímetros de comprimento. As plantas crescem com uma rapidez extraordinária, logo atingindo ou ultrapassando três metros de altura, com largas folhas triangulares arqueando-se no alto. A conservação do canteiro cabe tradicionalmente às mulheres, as quais trabalham descalças na lama que chega aos tornozelos, cultivando e colhendo trechos diferentes a cada dia. A sombra intensa proporcionada pelas folhas enormes faz daquele um ponto de encontro favorito, sobretudo pelos que têm o *maskun*.

Cultivam-se no canteiro uma dúzia ou mais de variedades de

taro, e o gosto de suas grandes raízes, ricas em amido, varia do amargo ao doce. As raízes tanto podem ser comidas frescas como podem ser cozidas e guardadas para uso posterior. O taro é a cultura mais importante de Pingelap, e existe ainda uma vívida recordação na comunidade de que, na passagem do tufão Lengkieki, dois séculos atrás, o canteiro de taro foi inundado com água salgada e totalmente destruído — o que levou os habitantes que sobraram a morrer de fome.

Voltando do canteiro de taro, fomos abordados por um velho na floresta, que se aproximou de nós tímido porém resoluto e perguntou se Bob poderia aconselhá-lo, pois ele estava ficando cego. Tinha os olhos opacos, e Bob, examinando-o depois no dispensário com o oftalmoscópio, confirmou que ele estava com catarata, mas não encontrou mais nada de errado. A cirurgia provavelmente poderia ajudá-lo, disse ele ao velho, e isso poderia ser feito no hospital em Pohnpei, com grandes chances de que a visão dele fosse restaurada. O velho deu um largo sorriso e abraçou Bob. Quando Bob pediu a Delihda, responsável pelos trabalhos juntamente com a enfermeira visitadora de Pohnpei, que indicasse o homem para a cirurgia de catarata, ela comentou que tinha sido bom ele nos procurar. Se não tivesse feito isso, explicou, teriam permitido que ele ficasse completamente cego. Os serviços médicos em Pingelap são muito precários, têm de ser preteridos em razão de problemas mais prementes. A catarata (como a acromatopsia) é um dos últimos males na escala de prioridades na ilha; e a cirurgia de catarata, com os custos adicionais do transporte para Pohnpei, em geral é considerada cara demais para ser feita. Assim, o velho conseguiria o tratamento, mas seria uma exceção à regra.

  Contei cinco igrejas em Pingelap, todas congregacionalistas. Eu não via uma densidade tão grande de igrejas desde que estivera na pequena comunidade menonita de La Crete, em Alberta; em Pingelap, como em Alberta, a frequência à igreja é universal. E, quando não se vai à igreja, cantam-se hinos e vai-se à escola dominical.
  A invasão espiritual das ilhas começou de fato em meados do século XIX, e em 1880 toda a população já estava convertida. Mas mesmo hoje em dia, mais de cinco gerações depois, embora o cris-

tianismo esteja incorporado à cultura e em certo sentido seja fervorosamente aceito, existe ainda reverência e nostalgia pelos velhos tempos, enraizados no solo e na vegetação, na história e na geografia da ilha. Vagueando através da densa floresta, ouvimos vozes que cantavam — vozes tão altas e inesperadas, tão sobrenaturais e puras que novamente tive a sensação de que Pingelap era um lugar encantado, um outro mundo, uma ilha de espíritos. Avançando pela densa vegetação rasteira, chegamos a uma pequena clareira onde dez ou doze crianças, com seu professor, cantavam hinos ao sol da manhã. Ou estariam cantando *para* o sol da manhã? As palavras eram cristãs, mas a sensação, o cenário, eram míticos e pagãos. Continuamos a ouvir trechos de músicas enquanto caminhávamos pela ilha, o mais das vezes sem ver o cantor ou os cantores — coros, vozes incorpóreas no ar. A princípio pareceram ingênuas, quase angelicais, mas depois assumiram um tom ambíguo, jocoso. Se primeiro eu havia pensado em Ariel, depois pensei em Calibã; e sempre que vozes, à maneira de alucinações, enchiam o ar, Pingelap adquiria para mim o caráter da ilha de Próspero:

Não temais: a ilha é cheia de ruídos
Sons e ares doces, que dão prazer e não causam dano.

Quando a antropóloga Jane Hurd passou um ano em Pingelap, de 1968 a 1969, o velho *nahnmwarki* ainda pôde lhe fornecer, na forma de um extenso poema épico, toda uma história oral da ilha — mas com sua morte boa parte desse conhecimento e dessa memória morreu.[13] O atual *nahnmwarki* é capaz de dar uma ideia das velhas crenças e mitos de Pingelap, mas já não possui o conhecimento detalhado que tinha seu avô. Mesmo assim, ele próprio, como professor da escola, faz todo o possível para dar às crianças uma noção de sua herança e da cultura pré-cristã que um dia floresceu na ilha. Falou com nostalgia, ou assim nos pareceu, sobre os velhos tempos de Pingelap, quando todos sabiam quem eram eles, de onde vinham e como a ilha começara. Houve uma época, diz o mito, em que as três ilhotas de Pingelap formavam uma só extensão de terra, com seu próprio deus, Isopaw. Quando um deus estrangeiro veio de uma ilha distante e partiu Pingelap em duas, Isopaw perseguiu-o — e a terceira ilhota foi criada de um punhado de areia espalhado durante a perseguição.

Ficamos admirados com os múltiplos sistemas de crenças, alguns aparentemente contraditórios, que coexistiam entre os pingelapenses. Uma história mítica da ilha é conservada lado a lado com a história secular; assim, o *maskun* é visto simultaneamente em termos místicos (como uma maldição lançada sobre os pecadores ou os desobedientes) e em termos puramente biológicos (como uma doença moralmente neutra, genética, transmitida de geração a geração). Tradicionalmente, acreditava-se ali que as origens remontavam ao *nahnmwarki* Okonomwaum, que reinou de 1822 a 1870, e a sua esposa, Dokas. Dos seis filhos do casal, dois tinham acromatopsia. O mito que explicava esse fato foi registrado por Irene Maumenee Hussels e Newton Morton, geneticistas da Universidade do Havaí que estiveram em Pingelap (e trabalharam com Hurd) em fins da década de 1960:

> O deus Isoahpahu enamorou-se de Dokas e instruiu Okonomwaum a se apropriar dela. De tempos em tempos, Isoahpahu surgia com a aparência de Okonomwaum e tinha relações sexuais com Dokas, gerando as crianças afetadas, enquanto os filhos normais eram de Okonomwaum. Isoahpahu amou outras mulheres pingelapenses e teve com elas crianças afetadas. A "prova" disto é que as pessoas com acromatopsia têm aversão à luz do sol mas possuem uma visão noturna relativamente boa, a exemplo de seu ancestral fantasma.

Havia outros mitos nativos sobre o *maskun*: que ele poderia surgir se uma mulher grávida andasse na praia no meio do dia — o sol resplandecente, julgava-se, podia cegar parcialmente a criança ainda no útero. Segundo uma outra lenda, o *maskun* provinha de um descendente do *nahnmwarki* Mwahuele, que sobrevivera ao tufão Lengkieki. Esse descendente, Inek, foi educado para ser ministro cristão por um missionário, o sr. Doane, e foi nomeado para Chuuk, conforme escreveram Hussels e Morton, mas se recusou a ir porque tinha uma família numerosa em Pingelap. O sr. Doane, "zangado com essa falta de fervor evangélico", amaldiçoou Inek e seus filhos com o *maskun*.

Existiam também ideias persistentes, como sempre ocorre em se tratando de doenças, de que o *maskun* provinha do mundo exterior. O *nahnmwarki*, neste sentido, contou que vários pingelapenses haviam sido forçados a trabalhar nas minas de fostato alemãs na distante ilha de Nauru, e depois de retornar haviam gerado filhos com o *maskun*. O mito da contaminação, atribuído à chegada do homem branco (como tantas outras doenças), assumiu uma nova forma com nossa chegada. Era a primeira vez que os pingelapenses viam outra pessoa com acromatopsia, um daltônico estrangeiro, e isso "confirmou" as suspeitas que eles vinham remoendo. Dois dias depois de nossa chegada, um mito remodelado já criara raízes no saber popular pingelapense: com certeza, percebiam agora, tudo se devia aos baleeiros daltônicos brancos vindos do norte distante, que haviam desembarcado em Pingelap no século passado — violentando e brutalizando as mulheres da ilha, gerando dúzias de filhos com acromatopsia e trazendo a maldição do homem branco para a ilha. Os pingelapenses com *maskun*, segundo essa concepção, tinham sangue norueguês — descendiam de pessoas como Knut, que ficou abismado não só com a rapidez com que emergiu esse mito fantástico e não totalmente jocoso, mas também por ver a si mesmo, ou ao seu povo, "revelado" como a verdadeira origem do *maskun*.

Em nossa última noite em Pingelap, um enorme pôr do sol carmesim raiado de tons roxos e amarelos e um toque de verde abriu-se sobre o oceano e ocupou metade do céu. Até Knut exclamou: "Incrível!" — e comentou que nunca vira um pôr do sol como aquele antes. Quando descemos à praia, vimos dezenas de pessoas quase submersas na água — apenas as cabeças estavam visíveis acima dos recifes. Isso acontecia todas as noites, James nos explicou — era a única maneira de se refrescar. Olhando em volta, vimos outros deitados, sentados, em pé, conversando em pequenos grupos. Parecia que a maioria da população da ilha estava ali. Era o início da hora de se refrescar, da hora social, da hora da imersão.
À medida que escurecia, Knut e os ilhéus daltônicos passavam a mover-se com mais facilidade. Todos sabem em Pingelap que as pessoas com *maskun* têm mais desenvoltura nas horas escotópicas — o nascer e o pôr do sol e as noites de lua cheia — e, por esse motivo, com frequência vão trabalhar na pesca noturna. E nisto se destacam; tão bem quanto qualquer um, ou talvez melhor, parecem ca-

pazes de enxergar os peixes em sua obscura rota submarina, a cintilação da lua refletida nas barbatanas estendidas, quando eles saltam.

Nossa última noite foi uma noite ideal para os pescadores noturnos. Eu esperava que pudéssemos ir em uma das enormes canoas de embono cavadas em troncos de árvore, como as que víramos antes, mas em vez disso fomos conduzidos a um barco com um pequeno motor de popa. O ar continuava muito cálido e parado, e por isso foi agradável sentir uma leve brisa quando nos afastamos da praia. Ao deslizarmos para águas mais profundas, o litoral de Pingelap desapareceu de vista, e nos embrenhamos em uma imensa ondulação escura; no alto, apenas as estrelas e o grande arco da Via Láctea.

Nosso timoneiro conhecia todas as principais estrelas e constelações, parecendo totalmente à vontade com o céu — na verdade, Knut era o único com conhecimentos à altura, e os dois trocaram sua sabedoria aos sussurros: Knut com toda a astronomia moderna na ponta da língua, o timoneiro aquele mesmo e antigo conhecimento prático que permitira aos micronésios e polinésios, mil anos antes, singrar as vastidões do Pacífico fiando-se tão somente na navegação celeste, em viagens comparáveis às interplanetárias, até finalmente descobrir ilhas, lares, tão raros e distantes uns dos outros quanto os planetas no cosmo.

Por volta das oito horas a lua ergueu-se no céu, quase cheia, e tão brilhante que parecia eclipsar as estrelas. Ouvimos a água espadanando com os peixes-voadores que saíam em arco da superfície, dúzias por vez, e o chape que faziam ao mergulhar de volta.

As águas do Pacífico estão repletas de um minúsculo protozoário, o *Noctiluca*, uma criatura bioluminescente capaz de gerar luz como os vaga-lumes. Foi Knut quem primeiro notou sua fosforescência na água — uma fosforescência mais evidente quando a água se agitava. Às vezes, ao saltar fora da água, os peixes-voadores deixavam uma agitação luminosa, uma esteira cintilante, e outro borrifo de luz ao mergulhar.[14]

A pescaria noturna antigamente era feita com uma tocha flamejante; hoje em dia emprega-se uma lanterna elétrica, usando-se a luz para cegar e localizar os peixes. Quando as belas criaturas foram iluminadas por um ofuscante clarão de lanterna, lembrei que na infância vi aviões alemães sobrevoando o céu escuro de Londres, desorientados pelas luzes oscilantes dos holofotes. Perseguimos os peixes um por um; seguimos sua trajetória interminavelmente, para cá e para lá, até nos aproximarmos o suficiente para que o pescador atirasse o grande arco de sua rede e os apanhasse no momento em que reentravam na água. Os peixes acumularam-se no fundo do barco, prateados, contorcendo-se até levar uma pancada na cabeça (embora um deles, em seu frenesi, conseguisse pular para fora do barco, causando em nós tanta admiração que não tentamos apanhá--lo de novo).

Depois de uma hora já tínhamos o bastante, chegando o momento de sair à procura de peixes de águas mais profundas. Dois adolescentes, um deles daltônico, tinham vindo conosco; colocaram o equipamento de mergulho, a máscara e, munidos de arpões e lanternas, desceram do barco. Podíamos vê-los a duzentos metros ou mais de distância, como peixes luminosos, as águas fosforescentes destacando-lhes a silhueta do corpo quando se moviam. Dez minutos depois estavam de volta, carregando os muitos peixes que haviam apanhado com os arpões, e subiram no barco — o equipamento de mergulho cintilava no escuro da noite enluarada.

A longa e lenta viagem de volta foi muito tranquila — nós nos recostamos no fundo do barco; os pescadores conversavam aos sussurros. Tínhamos peixe mais do que suficiente para todos. Haveria fogueiras na comprida praia arenosa e teríamos um grande banquete final em Pingelap, antes de tomar o avião de volta para Pohnpei na manhã seguinte. Chegamos à costa e percorremos pela água o trecho que nos separava da praia, puxando o barco atrás de nós. A faixa de areia, mais larga com a maré baixa, estava ainda molhada do mar fosforescente e, quando pisávamos nela, nossas pegadas deixavam um rastro luminoso.

ESTADO DE POHNPEI

OCEANO PACÍFICO

Eniwetak

Oroluk

Pakin *Pohnpei* *Mwoakil (Mokil)*
Ant
Detalhe na
página ao lado

Pingelap

Kosrae

Sapwuahfik (Ngatik)

Nukuoro

Kapingamarangi

0 — 150 km

● Recifes

ILHA DE POHNPEI

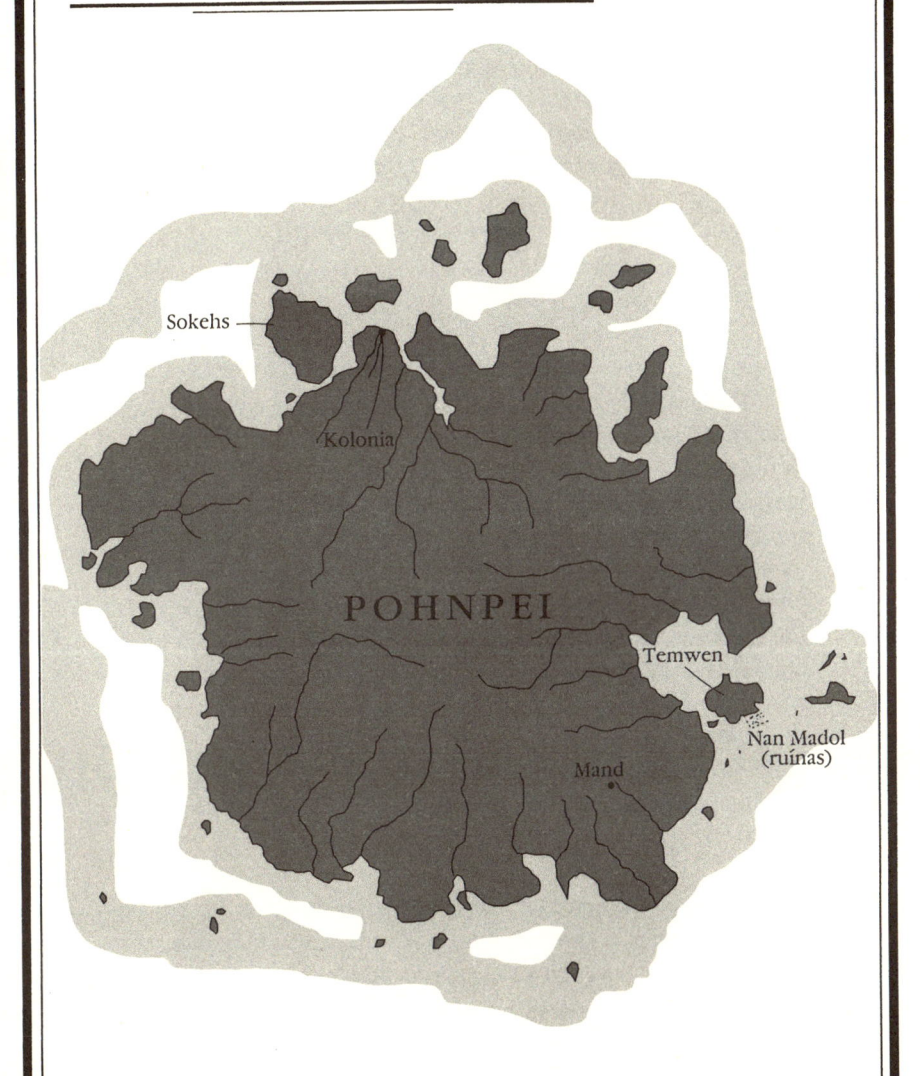

Sokehs

Kolonia

POHNPEI

Temwen

Nan Madol
(ruínas)

Mand

OCEANO PACÍFICO

0   5km

3
POHNPEI

Na década de 1830, quando Darwin viajava no *Beagle* explorando as ilhas Galápagos e o Taiti e o jovem Melville sonhava com as futuras viagens pelos Mares do Sul, James O'Connell, um marujo irlandês, foi deixado na ilha vulcânica de Pohnpei. As circunstâncias de sua chegada são obscuras — em suas memórias, ele afirma ter naufragado com o *John Bull* próximo à ilha Pleasant, a 1280 quilômetros de distância; em seguida, o que é improvável, navegou da ilha Pleasant em um barco aberto até Pohnpei, em apenas quatro dias. Ao chegar, escreveu O'Connell, ele e seus companheiros foram capturados por "canibais" e, divertindo os nativos com uma animada giga irlandesa, escaparam por pouco de virar comida (segundo julgaram). Suas aventuras continuam: ele foi submetido a um ritual de tatuagem por uma jovem pohnpeiense que vinha a ser justamente a filha do chefe; depois desposou a moça e se tornou chefe.[1]

Independentemente de seus exageros (os marujos tendem a inventar histórias, e alguns estudiosos os consideram mitomaníacos), O'Connell tinha uma outra faceta: a de observador curioso e atento. Foi o primeiro europeu a chamar Pohnpei, ou Ponape, pelo nome nativo (em sua ortografia, Bonabee), o primeiro a fazer descrições precisas de muitos costumes e ritos pohnpeienses, o primeiro a fazer um glossário da língua falada em Pohnpei e o primeiro a ver as ruínas de Nan Madol, remanescentes de uma cultura monumental cujas origens, mais de mil anos antes, remontavam ao mitológico *keilahn aio*, "o outro lado do ontem".

A exploração de Nan Madol foi o clímax e a consumação de sua aventura pohnpeiense; O'Connell descreveu as "estupendas ruínas" minuciosamente — seu misterioso abandono, o tabu que recaiu sobre elas. O tamanho e o silêncio das ruínas o atemorizaram, e, em certo momento, esmagado por aquele lugar tão inacreditavelmente estranho, ele sentiu uma súbita "saudade de sua terra". O'Connell não mencionou (e provavelmente não as conhecia) as outras culturas megalíticas espalhadas por toda a Micronésia — as gigantescas ruínas basálticas de Kosrae, as imensas rochas *taga* de Tinian, os antigos terraços de Palau, as rochas de cinco toneladas de Babeldaop, que sustentavam os rostos da ilha da Páscoa. Mas percebeu o que nem Cook, nem Bougainville, nem nenhum dos outros grandes exploradores haviam percebido: aquelas primitivas ilhas oceânicas, com suas culturas de palmeiras aparentemente simples, já haviam sido o centro de civilizações monumentais.

Partimos para Nan Madol no primeiro dia inteiro que passamos em Pohnpei. Chegava-se mais facilmente por barco ao local das ruínas, situadas no extremo de Pohnpei. Sem saber ao certo o que teríamos pela frente, levamos equipamentos de todo tipo: para tempestade, para mergulho, para tomar sol. Lentamente — num barco aberto com um potente motor de popa — saímos da baía em Kolonia e passamos pelo mangue pantanoso na orla da ilha principal; eu podia distinguir as raízes aéreas das árvores com os binóculos, e Robin, nosso barqueiro, falou sobre os caranguejos de mangue que correm por ali e são considerados uma iguaria na ilha. Ao entrar no mar aberto, ganhamos velocidade, e nosso barco foi deixando uma enorme esteira de espuma na passagem, uma grande foice de água que reluzia ao sol. Apossou-se de nós uma sensação de arrebatamento enquanto deslizávamos velozmente, quase na superfície, como um gigantesco esqui aquático. Bob, que possui um catamarã e uma prancha de windsurf, ficou encantado ao ver canoas com velas coloridas brilhando aqui e ali, engalfinhando-se com o vento mas absolutamente estáveis em suas vigas de embono. "Daria para cruzar o oceano com uma proa daquelas", comentou.

Cerca de meia hora depois de entrarmos em alto-mar, o tempo mudou de repente. Avistamos uma enorme nuvem afunilada rolando rápido em nossa direção — mais alguns segundos e estávamos bem no centro dela, sendo atirados de um lado para o outro. (Com

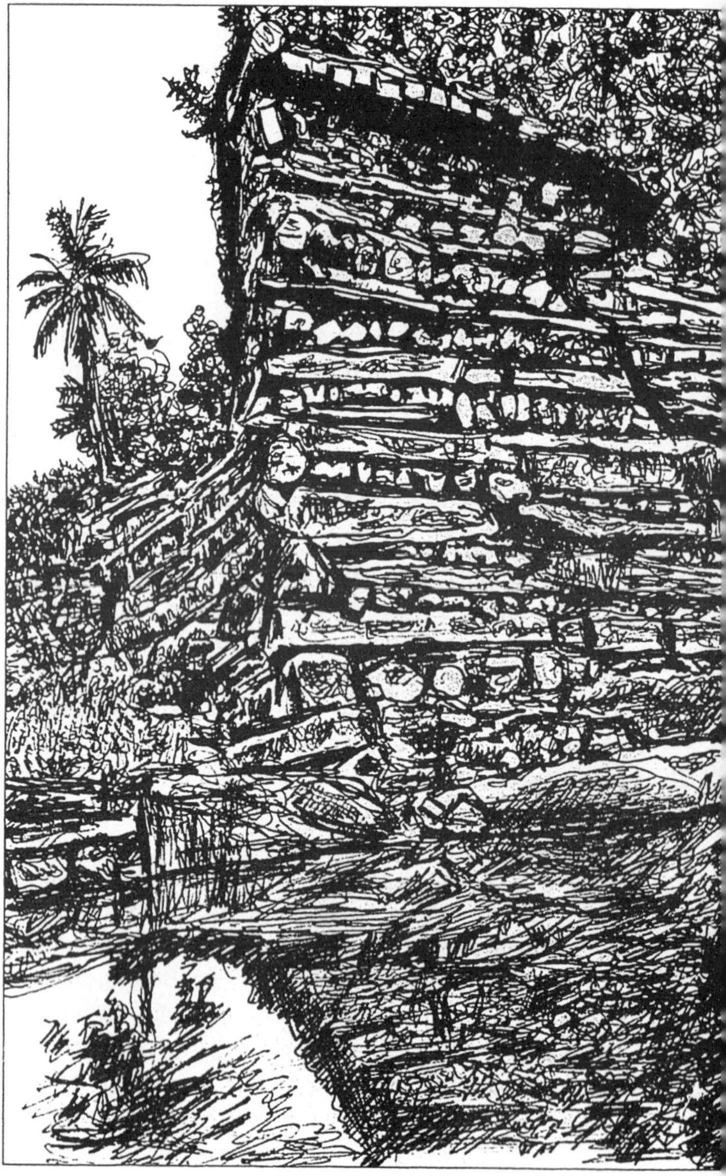

Stephen Wiltshire

um autocontrole extraordinário, Bob conseguiu tirar uma esplêndida foto da nuvem antes de ela nos atingir.) Como a visibilidade se reduzia a alguns metros, perdemos o senso de orientação. Depois, tão abruptamente quanto entráramos, estávamos fora da nuvem e do vento, porém debaixo de uma chuva torrencial e totalmente a prumo — nesse momento, num gesto um tanto cômico, abrimos os vistosos guarda-chuvas vermelhos que o hotel nos fornecera, já não mais heróis no olho da tempestade e sim figuras à sombra fazendo piquenique numa pintura de Seurat. Embora a chuva ainda caísse forte, o sol tornou a aparecer e um espetacular arco-íris surgiu entre o mar e o céu. Knut o viu como um arco luminoso no céu, e começou a nos contar sobre outros arco-íris que vira: arco-íris duplo, arco-íris invertido e, uma ocasião, um arco-íris traçando um círculo completo. Ouvindo-o, pareceu-nos, como tantas vezes antes, que sua visão, seu mundo visual, ainda que empobrecido em alguns aspectos, em outros era tão rico quanto o nosso.

Não existe nada neste planeta que se compare a Nan Madol, a antiga construção megalítica deserta composta de quase uma centena de ilhas artificiais ligadas por um canal atrás do outro. Quando nos aproximamos — deslocando-nos muito lentamente, pois as águas eram rasas e os canais, estreitos —, começamos a ver os detalhes dos muros, gigantescas colunas hexagonais de basalto negro, encaixadas e presas entre si com tanta perfeição que boa parte delas conseguiu sobreviver às tempestades, marés e depredações de muitos séculos. Deslizamos em silêncio por entre as ilhotas e finalmente desembarcamos na ilha-fortaleza de Nan Douwas, que ainda hoje possui imensos muros de basalto (de quase oito metros de altura), uma grande câmara mortuária central, nichos e lugares para se meditar e fazer oração.

Enrijecidos com a permanência no barco, ávidos por explorar, saímos desajeitadamente e paramos junto ao muro gigantesco, espantados com o fato de os grandes blocos prismáticos — alguns sem dúvida pesando muitas toneladas — terem sido extraídos em Sokehs, do outro lado da ilha (o único lugar daqui onde esse basalto colunar emerge naturalmente), trazidos até Pohnpei e colocados com alavancas de um modo tão preciso. A sensação de poder, de solenidade, era intensa — parados ali, ao lado do muro silencioso, nós nos sentíamos insignificantes, esmagados. Mas tínhamos também uma ideia da loucura, da megalomania que anda de braços dados com o monumental — as "desvairadas enormidades da magnanimidade antiga" — e de todas as crueldades e sofrimentos que ela acarreta; nosso barqueiro, Robin, contou-nos sobre os Saudeleurs, os perversos senhores que conquistaram Pohnpei e governaram Nan Madol por muitos séculos, cobrando um tributo cada vez mais assassino em alimentos e mão de obra. Quando alguém olhava aqueles muros sabendo disso, eles assumiam um aspecto diferente, parecendo suar com o sangue e a dor de muitas gerações. E no entanto, assim como as pirâmides ou o Coliseu, eram nobres também.

Nan Madol ainda é praticamente desconhecida do mundo exterior, quase tão desconhecida quanto na época em que O'Connell deparou com o lugar há 160 anos. Arqueólogos alemães estudaram-na no início do século XX, mas apenas em anos recentes se obteve um conhecimento minucioso do lugar e de sua história, com o carbono 14 identificando o início da habitação humana no ano 200 a.C. Os pohnpeienses, obviamente, sempre souberam sobre Nan Madol, um conhecimento baseado no mito e na história oral; porém, como o próprio lugar ainda hoje é envolto em tabu, em uma atmosfera sagrada, eles hesitam em aproximar-se dali — sua tradição é repleta de histórias sobre os que encontraram uma morte repentina depois de ofender os espíritos do lugar.

Com uma sensação estranha, à medida que Robin nos descrevia em detalhes vívidos a vida tal como ela era antigamente na cidade à nossa volta, comecei a sentir que o lugar respirava, ganhava vida. Aqui é o antigo ancoradouro das canoas, disse Robin, apontando Pahnwi; ali é a rocha redonda onde as mulheres grávidas esfregavam a barriga para assegurar um parto fácil; ali (apontou a ilha de Idehd) é onde se realizava a cerimônia anual de expiação, culminando com a oferenda de uma tartaruga a Nan Samwohl, a grande enguia de água salgada que atuava como intermediária entre o povo e seu deus. Ali, em Peikapw, o espelho d'água mágico, no qual os governantes Saudeleurs podiam ver tudo o que estava acontecendo em Pohnpei. Ali o grande herói Isohkelekel, que finalmente derrubou os Saudeleurs: horrorizado ao ver seu rosto envelhecido refletido na água, atirou-se no lago e se afogou — um narciso ao contrário.

É do vazio de Nan Madol, do seu espaço desértico, em última análise, que vem o mistério do lugar. Ninguém sabe quando o local foi abandonado, nem por quê. Teria a burocracia desabado sob seu próprio peso? Teria a chegada de Isohkelekel posto fim à velha ordem? Teriam os derradeiros habitantes sido dizimados pela doença, por uma praga, por uma alteração climática, pela fome? Teria o mar subido implacavelmente, engolfando as ilhas baixas? (Muitas delas hoje em dia estão submersas.) Teria havido o pressentimento de alguma antiga maldição, uma fuga aterrorizada e supersticiosa daquele lugar dos antigos deuses? Quando O'Connell esteve ali 160 anos atrás, o lugar já estava abandonado fazia pelo menos um século. A sensação de mistério, de ascensão e queda de culturas, de imprevisíveis guinadas do destino deixou-nos contemplativos, calados, no retorno a Ponhpei.[2]

A jornada de volta, ao cair da noite, foi, de fato, difícil e assustadora. Recomeçou a chover, e desta vez a chuva vinha inclinada, impelida com violência por uma forte ventania. Em poucos minutos ficamos totalmente ensopados e começamos a tremer de frio. Uma névoa densa e úmida instalou-se sobre a água à medida que avançávamos devagar, com extrema cautela, receando a cada momento encalhar nos recifes. Após uma hora daquela neblina espessa, molhada e cegante, nossos outros sentidos adaptaram-se, aguçaram-se — mas foi Knut quem percebeu um novo som: batidas complexas, sincopadas, que foram se tornando cada vez mais altas com nossa aproximação da costa. A acuidade auditiva de Knut é notável — isto não era incomum nos daltônicos, comentou ele, sendo talvez uma compensação pela deficiência visual. Ele ouviu as batidas quando ainda estávamos a quase um quilômetro da costa, antes inclusive de Robin, que, esperando ouvir o som, prestava a máxima atenção.

Aquela percussão bonita, misteriosa e complexa provinha, como descobriríamos, de um trio de homens triturando *sakau* em uma grande pedra no porto. Observamos brevemente ao desembarcar. Eu tinha uma enorme curiosidade a respeito do *sakau*, sobretudo porque Robin discorrera sobre suas virtudes enquanto voltávamos de Nan Madol. Ele bebia *sakau* todas as noites, contou, e assim a tensão do dia dissipava-se; uma serenidade apoderava-se dele, e ele dormia um sono profundo e sem sonhos (de outro modo, não conseguia dormir). Mais tarde, naquela noite, Robin apareceu no hotel com sua esposa pohnpeiense, trazendo uma garrafa de um líquido cinzento e viscoso; para mim, parecia óleo de motor. Cheirei o líquido, ressabiado — tinha cheiro de alcaçuz ou anis —, e, esquecendo as boas maneiras, provei um pouco no copo de escovar os dentes trazido do banheiro. Mas o *sakau* deve ser bebido com os devidos ritos, em cascas de coco, e eu ansiava por bebê-lo do jeito correto, numa tradicional cerimônia do *sakau*.

Pohnpei foi uma das primeiras ilhas Carolinas colonizadas por humanos — Nan Madol é muito mais antiga do que tudo o mais que existe nos atóis vizinhos —, e, com seu terreno alto, seu tamanho e sua riqueza em recursos naturais, continua sendo o refúgio supremo quando algum desastre assola as ilhas menores. Os atóis, menos extensos, mais frágeis, são muito vulneráveis a tufões, secas e falta de alimento — Oroluk, diz a lenda, foi outrora um atol próspero, até ser quase todo destruído por um tufão; hoje em dia, sua área é de meio quilômetro quadrado.[3] Além disso, todas essas ilhas, com seu tamanho e recursos limitados, tendem a sofrer, cedo ou tarde, uma crise malthusiana de superpopulação, o que fatalmente leva ao desastre se não houver um movimento emigratório. Por todo o Pacífico, observou O'Connell, os ilhéus são periodicamente forçados a emigrar, partindo em canoas, como fizeram seus ancestrais séculos antes, sem saber o que encontrarão ou aonde irão parar, esperando insensatamente descobrir uma nova e benigna ilha para se reinstalar.[4]

Mas os atóis-satélites de Pohnpei podem recorrer à ilha-mãe nessas ocasiões; por isso, existem enclaves isolados na cidade de Kolonia, a capital de Pohnpei, compostos por refugiados de outras ilhas — Sapwuahfik, Mwoakil, Oroluk e mesmo das ilhas Mortlock, no estado vizinho de Chuuk. Existem dois enclaves pingelapenses de bom tamanho em Pohnpei, um na província de Sokehs, o outro em Kolonia, estabelecidos quando Pingelap foi devastada pelo tufão de 1905 e aumentados pela emigração subsequente. Na década de 50 houve outra leva emigratória de Pingelap, desta vez em consequência de um excesso populacional, e um novo enclave com seiscentos pingelapenses fixou-se em Pohnpei, no remoto vale montanhoso de Mand. Desde então a aldeia vem crescendo, atingindo uma grande população de mais de 2 mil pingelapenses — três vezes a população da própria Pingelap.

Mand é isolada geograficamente, mas é ainda mais isolada étnica e culturalmente — tanto assim que, quarenta anos depois de os colonos originais terem chegado ali, emigrados de Pingelap, seus descendentes em boa medida ainda evitam contato ou casamento com pessoas de fora da aldeia; mantiveram, de fato, uma ilha dentro de outra ilha, tão genética e culturalmente homogênea quanto a própria Pingelap — e nela o *maskun* é no mínimo mais frequente do que em Pingelap.

A estrada para Mand é muito acidentada — tivemos de viajar de jipe, com frequência desacelerando até uma velocidade pouco maior que a de um homem andando — e a jornada demorou mais de duas horas. Fora de Kolonia, vimos aqui e ali moradias e bares de *sakau* com tetos de colmo, mas, à medida que subíamos, todos os sinais de terra habitada desapareceram. Uma trilha secundária, acessível somente a pé ou por veículo com tração nas quatro rodas, saía da estrada principal e seguia íngreme até a aldeia. À medida que subíamos, a temperatura e a umidade diminuíam, uma mudança deliciosa depois do calor da planície.

Embora isolada, Mand é bem mais refinada do que Pingelap, possuindo eletricidade, telefone e acesso a professores formados em universidade. Paramos primeiro no centro comunitário, um edifício espaçoso e arejado com um grande saguão central usado para as reuniões, festas e bailes da aldeia. Ali pudemos espalhar nosso equipamento, conhecer alguns daltônicos da ilha e distribuir óculos e viseiras. Como em Pingelap, fizemos alguns exames formais e exploramos os detalhes da vida cotidiana naquele ambiente peculiar, para saber até que ponto ela poderia ser melhorada com auxílios visuais adequados. Mas, como em Pingelap, foi Knut, serenamente franco a respeito de si mesmo, quem conseguiu fazer a sondagem e o aconselhamento mais profundos, mais cheios de empatia. Passou um bom tempo com a mãe de duas meninas daltônicas, uma de cinco anos e outra com dezoito meses; a mulher estava imensamente receosa de que as crianças viessem a ficar cegas por completo — além de angustiada pela ideia de que a deficiência visual das filhas pudesse ser sua culpa, que pudesse ter resultado de alguma coisa que ela fizera durante a gravidez. Knut fez de tudo para explicar-lhe os mecanismos da hereditariedade, a fim de lhe garantir que as filhas não ficariam cegas, que nada havia de errado com ela como esposa e mãe, que o *maskun* não era necessariamente uma barreira à educação e ao emprego e que, com os auxílios óticos e a proteção adequada aos olhos, com a orientação correta, as meninas poderiam se sair tão bem quanto qualquer outra criança. Mas foi só quando Knut deixou claro que também ele tinha o *maskun* — ela subitamente o fitou de outra maneira nesse momento —, foi só então que suas palavras pareceram assumir para ela uma realidade palpável.[5]

Dali fomos para a escola, que estava em um dia atarefado. Cada classe compunha-se de vinte ou trinta crianças, e em cada classe havia dois ou três daltônicos. A escola contava com vários professores excelentes, bem treinados, e o nível de educação, de refinamento do ensino, era claramente superior ao de Pingelap; algumas aulas eram em inglês, outras em pohnpeiês ou pingelapês. Em uma classe de adolescentes, assistimos a uma aula de astronomia — que incluía fotografias da Terra nascendo no horizonte e vista da lua, bem como detalhes dos planetas fotografados pelo telescópio espacial Hubble. Mas, ao lado da astronomia e da geologia de ponta, dava-se igual destaque à história secular do mundo, uma história mítica ou sagrada. Se os alunos aprendiam sobre ônibus espaciais, geotectônica e vulcões submarinos, também eram apresentados aos mitos tradicionais de sua cultura — por exemplo, à antiga história de como a ilha de Pohnpei fora construída sob a direção de um polvo místico, Lidakika. (Isso me fascinou, pois, até onde eu tinha notícia, era o único caso de um mito em que a criação ficava a cargo de um cefalópode.)

Observando duas meninas daltônicas fazendo a lição de aritmética com o nariz praticamente encostado na página do livro, Knut lembrou-se nitidamente de seus tempos de escola, antes de contar com auxílios óticos. Tirou a lupa do bolso para mostrar a elas — mas não é fácil, quando não se tem prática, usar uma potente lente de aumento para ler.

Permanecemos mais tempo em uma classe de crianças de cinco e seis anos que estavam aprendendo a ler. Nessa classe havia três crianças com acromatopsia — não tinham sido colocadas na primeira fila, como deveriam; ficou logo evidente que não conseguiam enxergar as letras que o professor estava escrevendo no quadro-negro e que as demais crianças podiam ver com facilidade. "Que palavra é esta?", perguntava o professor — todos levantavam a mão, inclusive os três com acromatopsia — e quando outra criança respondia, todos repetiam em uníssono. Mas se lhes perguntavam primeiro, não sabiam responder — estavam apenas imitando as outras crianças, fingindo que sabiam. Entretanto, as crianças com acromatopsia pareciam ter desenvolvido uma memória auditiva e factual muito aguçada, exatamente como ocorrera com Knut na infância:

> Como eu não conseguia de fato discernir as letras individualmente, nem mesmo as letras de imprensa comuns [...] desenvolvi uma memória aguçadíssima. Em geral bastava que um colega ou alguém da família lesse para mim a lição de casa uma ou duas vezes para eu me lembrar dela e reproduzi-la, representando um comportamento de leitura bastante convincente na classe.

Singularmente, as crianças daltônicas tinham bons conhecimentos sobre as cores das roupas de outras pessoas e de vários objetos à sua volta — e muitas vezes pareciam saber que cor *pertencia* a cada coisa. Também aqui Knut recordou-se de suas estratégias quando menino:

> Uma chateação constante durante toda a minha infância, e também depois, era ter de dizer as cores de lenços, gravatas, saias e mantas xadrezes e de todo tipo de peças de roupa multicoloridas a pessoas que achavam uma graça enorme na minha incapacidade de fazê-lo. Quando pequeno, eu não sabia me safar com facilidade dessas situações. Puramente como medida de defesa, sempre memorizava as cores de minhas roupas e de outras coisas que me cercavam, e acabei aprendendo algumas das "regras" para o uso "correto" das cores e as cores mais prováveis de várias coisas.

Assim, já era possível observar naquelas crianças daltônicas de Mand que uma espécie de conhecimento teórico e prático, uma hipertrofia compensatória da curiosidade e da memória, estava se desenvolvendo com rapidez, como resposta aos problemas de percepção. Elas estavam aprendendo a compensar cognitivamente o que não podiam perceber ou compreender de um modo direto.[6]

"Sei que as cores são importantes para as outras pessoas", disse Knut mais tarde. "Por isso, quando necessário uso nomes de cores para me comunicar com elas. Mas as cores em si não têm significado para mim. Quando criança, eu pensava que seria bom poder ver as cores, pois assim eu poderia tirar carteira de motorista e fazer coisas que as pessoas com visão normal para as cores são capazes de fazer. E se houvesse algum modo de *adquirir* a visão para as cores, suponho que isso daria acesso a um mundo novo, como se alguém totalmente surdo de repente se tornasse capaz de ouvir melodias. Provavelmente seria muito interessante, mas também perturbador. A cor é algo com que a pessoa tem de conviver enquanto cresce, tem que amadurecer com ela — o cérebro, todo o sistema, o modo como o indivíduo reage ao mundo. Introduzir a cor como uma espécie de acréscimo em uma fase mais avançada da vida seria massacrante, o tipo de informação com que eu talvez não fosse capaz de lidar. Daria novas qualidades a todas as coisas, o que poderia me desequilibrar completamente. Ou talvez a cor fosse uma decepção, não o que eu esperava — quem sabe?"[7]

Conhecemos Jacob Robert, um funcionário da escola daltônico, encarregado das compras de livros e suprimentos. Ele nasceu em Pingelap, mas emigrou para Mand em 1958, para concluir o curso secundário. Em 1969, contou-nos, foi mandado de avião, junto com Entis Edward e alguns outros, para os National Institutes of Health (NIH), em Washington, para estudos genéticos especiais associados à acromatopsia — esse foi seu primeiro vislumbre da vida fora da Micronésia. Nos Estados Unidos, Jacob ficou especialmente curioso quando ouviu falar sobre a ilha de Fur, na Dinamarca. Não sabia que havia uma outra ilha de daltônicos no mundo, e, quando voltou a Pohnpei, seus semelhantes daltônicos também ficaram fascinados. "Isso fez com que nos sentíssemos menos solitários", disse ele. "Sentimos que tínhamos irmãos em algum lugar do vasto mundo." Esse fato também originou um novo mito, o de que havia "um lugar na Finlândia que nos transmitiu a acromatopsia". Quando ouvimos falar sobre esse mito em Pingelap, nossa suposição foi de que se tratava de um mito novo, gerado pela presença de Knut; agora, ouvindo Jacob contar como levara para casa notícias sobre um lugar com *maskun* no norte distante, ficou claro que o mito surgira

25 anos antes e, talvez já meio esquecido, fora reavivado agora, ganhara nova forma e força com a chegada de Knut.

Jacob ficou fascinado com a história da infância de Knut na Noruega, em tantos aspectos tão semelhante à sua própria e no entanto tão diferente; ele crescera cercado por outras pessoas que tinham o *maskun* e por uma cultura que reconhecia isso — a maioria das pessoas com acromatopsia no mundo crescem em total isolamento, sem jamais conhecer outras pessoas como elas (ou sem ficar sabendo de sua existência). Mas Knut, seu irmão e sua irmã, por uma rara coincidência genética, tinham um ao outro — viviam em uma ilha, uma ilha de daltônicos de três pessoas.

Os três irmãos, já adultos, todos daltônicos, todos muito talentosos, reagiram e se adaptaram à acromatopsia de formas muito diferentes. Knut, o primogênito, teve a acromatopsia diagnosticada antes de entrar para a escola — mas pensava-se que ele nunca seria capaz de enxergar o suficiente para aprender a ler, recomendando-se então que o mandassem (e mais tarde aos irmãos) para a escola de cegos da cidade. Knut revoltou-se por ser visto como deficiente, recusando-se a aprender braile pelo toque e usando a visão para ler os pontos em relevo, que projetavam sombras minúsculas na página. Foi severamente castigado por isso e forçado a usar uma venda nos olhos durante as aulas. Pouco tempo depois, Knut fugiu da escola, mas, decidido a compreender as letras normais, aprendeu a ler sozinho em casa. Por fim, tendo convencido os diretores da escola de que nunca fariam dele um aluno esforçado, permitiram-lhe voltar para a escola comum.

A irmã de Knut, Britt, lidou com sua solidão e seu isolamento na infância identificando-se com a comunidade dos cegos e integrando-se a ela. Na escola para cegos que Knut tanto detestara, Britt saiu-se brilhantemente, tornando-se fluente em braile. Em sua vida profissional, tem sido intermediária entre os cegos e o mundo dos que enxergam, supervisionando a transcrição e produção de livros em braile na Biblioteca dos Cegos norueguesa. Assim como Knut, Britt tem grande inclinação musical e excelente acuidade auditiva; adora fechar os olhos e abandonar-se ao domínio não visual da música, mas também se diverte fazendo trabalhos de agulha, quando usa uma lupa de joalheiro acoplada aos óculos para ter as mãos livres.

* * *

Eram três da tarde — hora de retornar a Kolonia —, e, apesar da altitude em que estávamos, fazia um calor absurdo. Enquanto Knut sentava-se à sombra de uma árvore para se refrescar, Bob e eu decidimos dar um mergulho no belo ribeirão de águas claras que passava ali perto. Encontrando uma rocha plana submersa, sombreada por samambaias, segurei-me ali e deixei que a água fria fluísse sobre meu corpo. Mais adiante, a uns quinhentos metros, algumas mulheres lavavam roupas escuras e pesadas — os trajes formais de domingo em Mand.

Refrescados pelo banho, Bob e eu preferimos ir a pé pela trilha que conduzia da aldeia à estrada; os outros iriam de jipe e nos encontrariam lá embaixo. Na luz da tarde, ficamos deslumbrados com o brilho das laranjas nas árvores — pareciam quase acesas no meio da folhagem verde, como as laranjas de Marvell em seu poema "Bermudas":

Ele pendura nas sombras o brilho da Laranja,
Como lâmpadas douradas numa Noite verde.

Senti uma súbita tristeza: Knut e os outros daltônicos à nossa volta não podiam compartilhar conosco aquela esplêndida visão marvelliana.

Tínhamos andado uns duzentos metros quando fomos alcançados por um garoto de doze anos que veio em corrida desabalada, sem medo, lembrando um jovem cavaleiro com sua nova viseira contra o sol. Quando o víramos antes ele apertava e baixava os olhos, evitando a luz, mas agora estava correndo em plena luz do dia, descendo confiante a trilha íngreme. Ele apontou a viseira escura e deu um largo sorriso: "Estou enxergando, estou enxergando!". E logo acrescentou: "Voltem logo!".

Anoiteceu enquanto voltávamos lentamente de carro para Kolonia. Começamos a avistar morcegos, primeiro alguns, depois um grande número deles, saindo das árvores, decolando para suas incursões noturnas, emitindo gritos estridentes (e sem dúvida também sonares). Em geral, os morcegos são os únicos mamíferos que conseguem atingir ilhas distantes (eram os únicos mamíferos em Pohnpei e Guam antes que os ratos e outros do gênero fossem introduzidos pelos navios que desembarcaram nas ilhas), e acabamos achando que deveriam ser mais respeitados, mais apreciados do que são. São considerados uma iguaria em Guam, e exportados aos milhares para as Marianas. Mas são uma parte essencial da ecologia da ilha, alimentando-se de muitos tipos de frutas e distribuindo as sementes; esperemos que seu gosto delicioso não os leve à extinção.

Greg Dever, diretor do Programa de Treinamento de Oficiais Médicos da Bacia do Pacífico em Kolonia, na superfície é um homem rude, mas no fundo é um sentimental e um apaixonado por seu trabalho. Foi para Palau quando jovem, integrando o Corpo da Paz; horrorizou-se com o que viu — uma espantosa incidência de doenças tratáveis, aliada a uma drástica escassez de médicos —, e isso o fez decidir-se pela medicina, para poder voltar à Micronésia como médico. Especializou-se em pediatria na Universidade do Havaí e mudou-se para as Carolinas quinze anos atrás. Em Pohnpei, montou um pequeno hospital, uma clínica e um serviço médico extensivo aos atóis vizinhos, além de um programa médico de especialização destinado a estudantes nativos de todos os arquipélagos, na esperança de que, ao concluírem a pós-graduação, permaneçam nas ilhas praticando e ensinando medicina (embora alguns, agora que seus diplomas são aceitos nos Estados Unidos, tenham partido para carreiras mais lucrativas no continente).[8]

Greg nos pediu, como cientistas visitantes, que fizéssemos uma palestra sobre o *maskun*. Achamos esquisito que nós, visitantes, fôssemos falar para aqueles médicos, a maioria nativos, sobre problemas com que eles presumivelmente tinham convivido e que conheciam de muito perto. Mas achamos que essa mesma ingenuidade, ao nos fazer abordar o tema de um outro ângulo, poderia ter alguma utilidade para os ouvintes — e nós também esperávamos aprender com eles. Entretanto, quando Bob falou sobre a base genética e retínica do *maskun*, eu falei sobre a adaptação neurológica a essa afecção e Knut sobre os desafios de efetivamente viver com ela, foi ficando cada vez mais claro que muitos dos ouvintes nunca tinham de fato travado conhecimento com o *maskun*. Para nós, isso parecia extraordinário. Apesar de haver meia dúzia de artigos na literatura científica a respeito do *maskun*, ali na capital da acromatopsia quase não havia conhecimento médico a respeito do problema.

Uma razão disso talvez esteja ligada ao simples ato de reconhecer e dar nome ao fenômeno. Todos os que têm o *maskun* adotam comportamentos e estratégias que só se tornam óbvios para quem está familiarizado com eles: semicerrar os olhos, piscar, evitar a luz forte. Foi isso que permitiu um reconhecimento mútuo imediato entre Knut e as crianças afetadas ao desembarcarmos em Pingelap. Mas se ninguém atribuir um significado a tais comportamentos, se não forem previamente categorizados, é muito fácil deixar de notá-los.

E há também uma atitude médica, imposta pela necessidade, que não favorece o reconhecimento apropriado do *maskun*. Greg e muitos outros têm trabalhado incessantemente para preparar bons médicos na Micronésia, onde a escassez deles é enorme, mas estão sempre ocupadíssimos com condições críticas que exigem atenção imediata. A amebíase e outras infecções parasíticas são muito comuns (havia no hospital quatro pacientes com abscessos amebianos no fígado durante nossa estadia). Ocorrem constantes surtos de sarampo e outras doenças infecciosas, em parte por inexistirem recursos suficientes para vacinar as crianças. A tuberculose é endêmica nas ilhas, como a lepra foi outrora.[9] A generalizada deficiência crônica de vitamina A, provavelmente ligada à mudança para a dieta ocidental, pode acarretar graves problemas auditivos e visuais (inclusive a cegueira noturna) e menor resistência a infecções, além de poder levar a síndromes de má absorção potencialmente fatais. Embora quase todas as formas de doenças venéreas sejam encontradas ali, a aids ainda não apareceu neste lugar remoto, mas Greg preocupa-se com o inevitável: "Vai ser um deus nos acuda quando surgir a aids", disse ele. "Nós absolutamente não temos nem mão de obra, nem recursos para lidar com ela."

É este o tipo de medicina, a medicina crítica, que precisa ter prioridade máxima nas ilhas. Sobra pouco tempo ou energia para um problema como o *maskun*, uma doença congênita não progressiva com a qual é possível conviver. Não há tempo para uma medicina existencial que investigue o que pode *significar* ser cego, daltônico ou surdo, ou como as pessoas afetadas podem reagir e adaptar-se, como podem ser ajudadas — tecnológica, psicológica e culturalmente — a levar uma vida mais rica. "Vocês têm sorte, têm tempo", disse Greg. "Nós aqui vivemos afobados, não sobra tempo." Mas a ignorância sobre a acromatopsia não se limita aos profissionais de saúde. Os pingelapenses de Pohnpei tendem a não se misturar com gente de fora, e os daltônicos — que com frequência se mantêm em ambientes fechados, longe da luz forte e longe das vistas dos demais durante boa parte do dia — formam um enclave discreto e quase invisível dentro do próprio enclave pingelapense, a minoria da minoria. Muitos em Pohnpei desconhecem a existência dessas pessoas.

Kolonia é a única cidade de maior porte em Pohnpei. Situa-se na costa norte, próximo a uma ampla baía. Tem uma aparência encantadora, um jeito indolente, um ar de decadência. Não há semáforos em Kolonia, não há letreiros de neon, nem cinemas — só algumas lojas e, por toda parte, bares de *sakau*. Andando pela rua principal, quase deserta ao meio-dia, olhando as sonolentas lojas de suvenir e equipamento de mergulho dos dois lados da rua, surpreendeu-nos o aspecto apático e arruinado da cidade. A rua principal não tem nome, nenhuma das ruas tem nome; os habitantes já não lembram, ou estão ansiosos por esquecer, os nomes de rua impostos pelas sucessivas ocupações: como nos tempos pré-coloniais, voltaram a chamá-las de "a rua da praia" ou "o caminho para Sokehs". A cidade não parecia ter um centro, e, somando-se a isso a falta de nome nas ruas, a consequência foi nos perdermos várias vezes. Havia alguns carros nas ruas, mas eles se moviam com uma lentidão extraordinária, a uma velocidade igual à de um homem caminhando ou menor ainda, parando de tantos em tantos metros em razão dos cães que dormiam no meio da rua. Era difícil acreditar que aquele lugar letárgico fosse realmente a capital não só de Pohnpei, mas da Federação dos Estados da Micronésia.

E no entanto, aqui e ali, elevando-se incongruentemente acima das cabanas de teto de zinco, viam-se os edifícios do governo e do hospital, construções avultadas de bloco de cinza, além de uma antena parabólica tão enorme que lembrava os gigantescos radiotelescópios de Arecibo. Espantei-me com aquela antena — estariam os pohnpeienses à procura de vida no espaço? A explicação, mais corriqueira, mesmo assim é surpreendente, a seu modo. A antena parabólica faz parte de um moderno sistema de comunicações: o terreno montanhoso e as estradas ruins haviam impedido a instalação de um sistema telefônico até poucos anos atrás; hoje o sistema de satélites não só possibilita conversas instantâneas e absolutamente nítidas entre as partes mais isoladas da ilha, mas também permite a Pohnpei o acesso à Internet, a uma página na World Wide Web. Neste sentido, Kolonia pulou o século XX e passou direto para o XXI, sem os estágios intermediários de costume.

Quando exploramos mais, também tivemos a sensação de que Kolonia era um sítio arqueológico ou um palimpsesto composto de muitas camadas, de muitas culturas que foram se sucedendo umas às outras. Havia por toda parte sinais da influência americana (talvez evidenciada ao máximo no supermercado Ambrose, onde latas do molusco siba, imerso em sua própria tinta, eram exibidas ao lado de corredores inteiros destinados ao Spam e outras carnes enlatadas); porém, menos visíveis, percebiam-se os sinais das ocupações japonesa, alemã e espanhola, todos sobrepostos à baía e à aldeia originais, que os pohnpeienses no tempo de O'Connell chamavam Mesenieng, "o olho do vento", um lugar mágico e sagrado.

Tentamos imaginar como teria sido a cidade na década de 1850, dois decênios depois de O'Connell desembarcar ali. Também naquela época Pohnpei fora uma cidade bastante movimentada, pois tornara-se uma das escalas favoritas dos navios britânicos em sua rota comercial para a China e a Austrália e, tempos depois, dos baleeiros americanos. As atrações de Pohnpei, aliadas às brutalidades e agruras da vida a bordo (que levaram Melville a desertar do navio na década de 1840), incitaram deserções frequentes, e a ilha rapidamente ganhou uma colorida variedade de *beachcombers*, ou "vagabundos de praia", como eram então chamados.[10] Os *beachcombers* trouxeram para a ilha o fumo, o álcool e as armas de fogo — e as brigas, inflamadas pela bebida, acabavam o mais das vezes em tiros. Assim, o clima na década de 1850 era o de uma cidade de fronteira, não muito diferente daquele que imperava em Amarillo, a Cidade dos Cobres — um clima propício à boa vida e às aventuras (para os *beachcombers*, não para os pohnpeienses), mas também repleto de violência, prostituição, exploração e crime. Com tantos forasteiros caindo sobre uma população imunologicamente despreparada, o desastre, na forma de doenças infecciosas, não podia tardar. Metade dos nativos foi dizimada pela varíola em 1854, depois da chegada do baleeiro americano *Delta*, que desembarcou seis homens infectados na ilha; logo se seguiram epidemias de gripe e sarampo.[11] A população reduzira-se a pouco mais da sétima parte na década de 1880, e essas pessoas talvez não tivessem sobrevivido não fosse pelos missionários escoceses, ingleses e americanos que haviam começado a chegar trinta anos antes, decididos a levar moralidade a Pohnpei, expulsar os *beachcombers*, dar fim ao desregramento sexual e ao crime e levar auxílio médico e espiritual ao povo sempre sitiado da ilha.

Se os missionários conseguiram salvar Pohnpei fisicamente (o lugar não foi totalmente destruído, ao contrário do vale de Typee, de Melville), isso pode ter tido um outro custo: um custo espiritual. Os comerciantes e *beachcombers* tinham visto Pohnpei como um rico prêmio a ser pilhado e explorado; os missionários também a viram como um prêmio: uma ilha de almas pagãs simples, à espera de serem convertidas e reivindicadas para Cristo e para a pátria. Em 1880 havia catorze igrejas em Pohnpei, incutindo mitologia, moralidade e uma série de crenças estranhas em centenas de convertidos, inclusive vários chefes locais. Missionários tinham sido enviados também a Pingelap e Mwoakil. Porém, tal como ocorreu entre os marranos na Espanha, a antiga religião não foi tão facilmente renegada, e, sob o verniz de uma conversão quase universal, permaneceram muitos dos velhos ritos e crenças.

Enquanto *beachcombers* e missionários disputavam o terreno, a Alemanha vinha discretamente construindo um império nas Carolinas, baseado sobretudo no comércio de copra, a polpa do coco; em 1885, a Alemanha reivindicou a posse de Pohnpei e de todas as ilhas Carolinas — sendo imediatamente contestada pela Espanha. Quando a arbitragem papal determinou que as Carolinas seriam da Espanha, os alemães se retiraram, tendo início um breve período de hegemonia espanhola. A presença espanhola provocou tremenda indignação, e houve rebeliões periódicas, reprimidas rapidamente. Os colonizadores fortificaram seu distrito, Mesenieng (que rebatizaram de La Colonia), cercando-o com um alto muro de pedra que, em 1890, englobava uma grande porção da cidade. Boa parte do velho muro ainda está de pé hoje em dia (embora uma grande parcela tenha sido destruída por colonizadores que vieram em seguida e pelo bombardeio dos aliados em 1944); o muro, juntamente com a torre do sino da velha igreja católica, nos deram uma ideia de como La Colonia deve ter sido um século atrás.

O domínio espanhol nas Carolinas foi encerrado pela guerra hispano-americana, e toda a Micronésia foi vendida à Alemanha por 4 milhões de dólares (exceto Guam, que permaneceu em posse dos americanos). Decididos a fazer de Pohnpei uma colônia lucrativa, os alemães implementaram amplos esquemas agrícolas, exterminando acres da flora nativa para plantar coqueiros e empregando trabalho forçado na construção de estradas e obras públicas. Administradores alemães instalaram-se na cidade, que rebatizaram com o nome de Kolonia.

Uma explosão finalmente ocorreu em 1910, quando o ressentido povo da província de Sokehs fuzilou o tirânico administrador alemão recém-nomeado para o distrito e seu assistente, além de dois de seus capatazes. As represálias não tardaram: toda a população de Sokehs teve suas terras confiscadas, muitos foram mortos ou exilados em outras ilhas, os homens jovens foram mandados para trabalhos forçados nas minas de fosfato de Nauru, de onde voltaram uma década mais tarde (quando voltaram) alquebrados e miseráveis. Sentimos intensamente a presença, por toda parte onde andamos, do rochedo de Sokehs — ele avulta sobranceiro no lado noroeste e se impõe ao olhar em todos pontos de Kolonia, lembrança da brutal ocupação alemã e da vã sublevação dos rebeldes, cuja sepultura coletiva, fomos informados, jaz nos limites da cidade.

Curiosamente, encontramos poucos vestígios da ocupação japonesa, embora de todas as ocupações esta tenha sido a que mais transformou Kolonia. Tivemos dificuldade em visualizar, caminhando pela cidade decadente e morosa, o lugar movimentado que ela foi na década de 30, no auge da presença japonesa. Sua população aumentara em 10 mil imigrantes japoneses, e a cidade constituía um centro comercial e cultural próspero, repleto de lojas e locais de lazer (inclusive, segundo li, cerca de vinte restaurantes, quinze dispensários de remédios japoneses e nove bordéis). Os pohnpeienses pouco desfrutavam dessas riquezas, sendo de fato rigorosamente segregados, havendo até uma proibição absoluta de contato entre homens pohnpeienses e mulheres japonesas.

Ocupação, profanação, conversão, exploração — o estrangeiro imprimiu sua marca não só no lugar, mas nas identidades dos que ali vivem. Existe uma outra Colonia a algumas centenas de quilômetros, na ilha de Yap — há Colonias e Kolonias por toda a Micronésia —, e um ancião da cidade respondeu da seguinte maneira a uma pergunta de E. J. Kahn alguns anos atrás: "Sabe, nós aprendemos no devido momento a ser espanhóis, aprendemos a ser alemães, aprendemos a ser japoneses e agora estamos aprendendo a ser americanos — devemos nos preparar para aprender a ser o quê depois?".

No dia seguinte, partimos para a floresta pluvial com um amigo botânico de Greg, Bill Raynor, e este levou dois colegas pohnpeienses: Joakim, curandeiro com profundo conhecimento das plantas nativas e seus usos tradicionais, e Valentine, perito em localização, que parecia conhecer cada palmo da ilha, onde cada planta era encontrada, suas condições ideais, sua relação com todos os demais habitantes do ecossistema. Aqueles dois homens pareciam ser naturalistas natos; no Ocidente, talvez tivessem se tornado médicos ou botânicos.[12] Mas na ilha seus poderes haviam sido moldados por uma tradição diferente — mais concreta, menos teórica do que a nossa, de modo que o conhecimento deles estava intimamente ligado ao equilíbrio físico, mental e espiritual do povo, à sua magia, aos seus mitos, à noção de que o homem e seu ambiente não são separáveis: são um só.

O próprio Bill fora para Pohnpei como missionário jesuíta voluntário, disposto a ensinar aos nativos técnicas agrícolas e preservação das plantas. Chegara com uma espécie de arrogância, contou-me, exalando a presunção da ciência ocidental, e ficou pasmo, humilde, ao encontrar nos curandeiros locais um conhecimento extraordinariamente minucioso e sistemático das plantas da ilha — eles distinguiam dúzias de ecossistemas diferentes, dos mangues pantanosos e leitos de zostera às florestas anãs dos picos. Cada planta da ilha, Bill explicou, era considerada importante e sagrada; julgava-se que a grande maioria tinha poder terapêutico. Boa parte disso ele descartara como mera superstição quando chegara a

Pohnpei, mas agora tendia a pensar mais em termos antropológicos, a julgar o que no início chamara de "superstição" como uma "ciência concreta" (na terminologia de Lévi-Strauss) altamente desenvolvida, um imenso sistema de conhecimentos e princípios totalmente diferente do que ele possuía. Tendo ido a Pohnpei para ensinar, Bill, em vez disso, descobriu-se ouvindo e aprendendo, e, depois de algum tempo, começou a manter contatos de amizade ou em nível profissional com os curandeiros, de modo que seus conhecimentos, habilidades e atitudes — complementares — pudessem se unir. Esse trabalho em conjunto é essencial, em sua opinião, e mais ainda porque Pohnpei continua sendo formalmente uma propriedade dos *nahnmwarkis* e, sem a boa vontade e a cooperação destes, nada pode ser feito. Em especial, acredita Bill, é preciso um estudo abrangente de todas as plantas de Pohnpei, para descobrir se alguma delas possui propriedades farmacológicas únicas — e é urgente fazer isso agora, antes que as próprias plantas, além do conhecimento sobre elas, sejam extintas.

O mesmo acontece, de certo modo, no caso da religião. Tendo chegado como missionário firmemente convicto da primazia do cristianismo, Bill surpreendeu-se (como muitos de seus colegas missionários) com a clareza moral daqueles a quem viera converter. Depois de se apaixonar por uma mulher nativa e desposá-la, ele tem agora todo um clã de parentes pohnpeienses, assim como um domínio fluente da língua. Mora na ilha há dezesseis anos e tenciona permanecer ali pelo resto da vida.[13]

No século XVIII pensava-se que as ilhas eram fragmentos soltos de continente, ou talvez os picos submersos de continentes (portanto, em certo sentido, não seriam ilhas, mas uma continuação da porção de terra principal). A noção de que, pelo menos no caso das ilhas, oceânicas, não existia essa continuidade, de que elas haviam emergido como vulcões das profundezas do oceano e nunca tinham sido parte do continente, de que eram *insulae* — insuladas, na acepção mais específica —, deve-se em grande medida a Darwin e Wallace e suas observações da fauna e da flora das ilhas. As vulcânicas, esclareceram eles, tiveram de começar do nada; cada criatura viva nelas existente precisou chegar por conta própria ou ser transportada até elas.[14] Por isso, como observou Darwin, essas ilhas com frequência não possuem classes inteiras de animais, como mamíferos e anfíbios; isto certamente aplicava-se a Pohnpei, onde os únicos mamíferos nativos eram algumas espécies de morcego.[15] A flora das ilhas oceânicas também era muito limitada, em comparação com a dos continentes — embora não tanto quanto a fauna, graças à dispersão relativamente rápida de sementes e esporos. Assim, uma considerável variedade de plantas conseguiu chegar a Pohnpei, estabelecendo-se e sobrevivendo nos 5 milhões de anos de existência da ilha, e, embora a floresta pluvial não fosse tão rica quanto a amazônica, ainda assim era extraordinária — e não menos sublime. Mas era uma floresta pluvial de um tipo singular, pois muitas das plantas dali não existiam em nenhum outro lugar do mundo.

Enquanto abríamos caminho por entre a densa vegetação, Bill explicou: "Os pohnpeienses reconhecem e nomeiam cerca de setecentas plantas nativas diferentes, e, curiosamente, são as mesmas setecentas que um botânico ocidental apontaria como espécies distintas". Destas, disse ele, mais ou menos cem espécies são endêmicas — tinham evoluído em Pohnpei, sendo exclusivas da ilha.[16] Isso muitas vezes salienta-se nos nomes das espécies: *Garcinia ponapensis*, *Clinostigma ponapensis*, *Freycinetia ponapensis*, *Astronidium ponapense*, além da *Galeola ponapensis*, uma orquídea nativa.

A ilha irmã de Pohnpei, Kosrae, é uma ilha vulcânica elevada muito bonita e geologicamente semelhante, a pouco mais de 480 quilômetros de distância. Seria de esperar que Kosrae tivesse uma flora muito parecida com a de Pohnpei, disse Bill, e obviamente muitas espécies são comuns a ambas as ilhas. Mas Kosrae possui suas próprias plantas endêmicas, exclusivas da ilha, como Pohnpei. Embora ambas as ilhas sejam novas em termos geológicos — Pohnpei talvez tenha 5 milhões de anos, e Kosrae, muito mais íngreme, apenas 2 milhões —, a flora das duas já diverge bastante. Os mesmos papéis, os mesmos nichos ecológicos são preenchidos por espécies diferentes. Darwin "foi tomado de assombro", nas Galápagos, com a ocorrência em ilhas contíguas de formas de vida únicas porém análogas; de fato, isto lhe pareceu, ao refletir posteriormente sobre a viagem, a mais importante de suas observações, uma pista para "o grande fato — o mistério dos mistérios: o surgimento de novos seres neste planeta".

Bill indicou uma samambaia arborescente, a *Cyathea nigricans*, com seu grande tronco que tinha o dobro da minha altura e uma coroa de longas frondes no topo, algumas ainda se desenrolando em felpudos báculos ou volutas. Outra samambaia arborescente, a *Cyathea ponapeana*, era já bastante rara e crescia apenas na floresta escura, mas, apesar do nome, não era totalmente endêmica, pois também fora encontrada em Kosrae (a *Cyathea nigricans*, igualmente, fora encontrada em Pohnpei e Palau). A madeira das samambaias arborescentes é apreciada por sua resistência, disse Joakim, e usada na construção de casas. Outra samambaia gigante, a *Angiopteris evecta*, espalhava-se rente ao chão, com copas de três metros e meio de altura que saíam arqueadas como uma tenda de sua base atarracada. E havia samambaias que lembravam ninhos de pássaros, com diâmetros de um metro ou mais agarrando-se no topo das árvores — uma visão que me fez lembrar as mágicas florestas da Austrália. "As pessoas pegam essas samambaias na floresta", explicou Valentine, "e as replantam, como plantas epífitas, nos pés de pimenta, o *sakau* — as duas plantas, *tehlik* e *sakau*, são um presente muito valioso."

No outro extremo, Bill mostrou delicados licopódios brotando na base de uma samambaia em formato de ninho de pássaro — uma epífita crescendo sobre uma epífita. Também estes eram remédios tradicionais, disse Joakim (no meu tempo de estudante de medicina, usávamos seus esporos, o pó de licopódio, nas luvas de borracha — embora depois se descobrisse que causavam irritações e eram carcinógenos). Entretanto, a mais estranha das samambaias — Bill precisou procurar muito até encontrar uma — talvez fosse uma planta muitíssimo delicada, iridescente, diáfana e verde-azulada, a *Trichomanes*. "Dizem que é fluorescente", acrescentou ele. "Ela cresce principalmente próximo ao topo da ilha, nos troncos das árvores cobertas de musgo da floresta anã. Um mesmo nome, *didimwerek*, é usado também para os peixes luminosos."[17]

E eis uma palmeira nativa, a *Clinostigma ponapensis*, disse Bill — não tão comum aqui, mas abundante nas florestas de palmeiras das terras altas, onde é a planta dominante. Valentine contou-nos a história muito antiga de como esta palmeira, a *kotop*, protegera Pohnpei de guerreiros invasores vindos de Kosrae: vendo as centenas de palmeiras com caules florescentes de cores claras na encosta da montanha, os invasores as confundiram com saias de homens feitas com casca de hibisco. Pensando que a ilha devia estar fortemente defendida, foram embora. Assim, a *kotop* salvou Pohnpei, como os gansos salvaram Roma. Bill indicou uma dúzia de árvores diferentes usadas para fazer canoas. "Esta é a tradicional; os pohnpeienses a chamam *dohng* [...] mas quando desejam leveza e porte, usam esta aqui, a *sadak*." A árvore *sadak* que ele apontou tinha mais de trinta metros de altura. Havia na floresta muitos odores deliciosos, dos cinamomos de casca aromática a árvores nativas de *koahnpwil*, com sua forte seiva resinosa — estas eram exclusivas da ilha, e úteis, explicou Joakim, para estancar sangramento menstrual ou disenteria, bem como para acender fogueiras.

O chuvisco sob o qual partíramos tinha aumentado constantemente de intensidade, e nosso caminho estava se transformando com rapidez em uma corrente de lama; assim, com relutância, decidimos voltar. Bill comentou sobre os muitos cursos d'água que descem pela floresta até a ravina. "Eles antes eram absolutamente claros e transparentes", comentou. "Agora, vejam só — estão turvos e marrons." Isso, explicou ele, era causado pelas pessoas que abriam clareiras na floresta — ilegalmente, pois ali era uma reserva do governo — para cultivar seu próprio *sakau*. Quando as árvores e plantas rasteiras eram arrancadas, o solo nos morros começava a desmoronar e era levado pela chuva para os riachos. "Sou um apreciador do *sakau*", disse Bill. "Eu o reverencio [...] poderia ser considerado um dos alicerces morais que nos mantêm unidos — mas é loucura arrancar a floresta para cultivá-lo."

Não há *sakau* em Pingelap; como o álcool, ele é proibido pela igreja congregacionalista. Mas em Pohnpei o uso do *sakau*, bebida outrora reservada apenas aos membros da realeza, tornou-se praticamente universal (de fato, pensei, em parte não seria ele o responsável pelo ritmo letárgico da vida no lugar?); a igreja católica, mais condescendente do que a congregacionalista, aceita-o como uma forma legítima de sacramento.[18] Víramos bares de *sakau* na cidade e bares em barracas abertas com teto de colmo por todo o interior da ilha — circulares ou semicirculares, tendo no centro uma grande *metate* ou mó (que os pohnpeienses chamam de *peitehl*) —, e continuávamos ansiosos por experimentar a bebida.

Fôramos convidados por uma médica local e colega de Greg, May Okahiro, para conhecer uma cerimônia tradicional de *sakau* naquela noite. Era uma noite sem lua, e chegamos à casa de May ao pôr do sol, acomodando-nos em cadeiras na varanda, com vista para o Pacífico. Três homens pohnpeienses, rijos e musculosos, chegaram carregando raízes de pimenteira e um feixe da viscosa casca interna de um pé de hibisco; um grande *peitehl* esperava-os no quintal. Eles cortaram as raízes em pedacinhos, depois começaram a golpeá-las com pedras pesadas, num ritmo complexo, sincopado, tal como o do mar na volta de Nan Madol — um som que imediatamente atraía a atenção e hipnotizava, porque, como um rio, era ao mesmo tempo monótono e sempre mutável. Em seguida, um dos homens se levantou e foi buscar água limpa, derramando-a aos poucos para umedecer a suculenta massa na *metate*, enquanto seus companheiros continuavam com o complicado ritmo iridescente.

As raízes foram todas maceradas; as lactonas, emulsificadas; a polpa foi colocada em uma resistente e brilhante casca de hibisco, que eles enrolaram até formar um rolo comprido e apertado. O rolo foi torcido com força cada vez maior até o *sakau* exsudar, viscoso, relutante, nas beiradas. Recolheram o líquido cuidadosamente em uma casca de coco e ofereceram-me a primeira dose. A aparência era nauseante — cinzento, viscoso, turvo —, mas, pensando em seus efeitos espirituais, esvaziei a tigela. Desceu fácil, como uma ostra, adormecendo ligeiramente meus lábios.

Espremeram mais *sakau* do feixe de hibisco, extraindo uma segunda tigela do fluido. Ofereceram-na a Knut, que a segurou da maneira apropriada, mãos cruzadas, palmas para cima, e depois sorveu tudo sem demora. A tigela, esvaziada e enchida meia dúzia de vezes, foi entregue a cada pessoa, segundo uma ordem rigorosa de precedência. Quando voltou para mim, o *sakau* estava mais ralo. Não lamentei muito, pois apoderara-se de mim uma descontração e um relaxamento tão intensos que me senti incapaz de ficar em pé, precisando desabar em uma cadeira. Sintomas semelhantes pareciam ter tomado conta de meus companheiros — mas esse efeito era esperado, havendo cadeiras para todos.

A estrela Vésper estava alta no horizonte, brilhando sobre o fundo quase violeta da noite. Knut, a meu lado, também olhava para cima e apontou a estrela polar, Vega, Arcturo, bem em cima de nós. "Essas eram as estrelas que os polinésios usavam ao navegar em seus paraus através do firmamento", disse Bob. A ideia daquelas viagens, 5 mil anos de jornadas, assomou como uma visão enquanto ele falava. Senti como se a história daqueles polinésios, toda a história, convergisse agora para nós, sentados ali defronte ao oceano, sob o céu noturno. A própria ilha de Pohnpei era como um barco — a casa de May parecia uma gigantesca lanterna e a proeminência rochosa onde estávamos era a proa da embarcação. "Bons sujeitos!", pensei, fitando os outros. "Deus está no céu e tudo vai bem no mundo!"

Surpreso com esse fluxo de pensamento melífluo, falsamente fervoroso — tão diferente da inquietude e da rabugice de minha costumeira disposição de espírito —, percebi que tinha no rosto um sorriso manso, insípido; olhando meus companheiros, vi o mesmo sorriso neles. Só então me dei conta de que estávamos todos bêbados como gambás, mas uma embriaguez doce, branda, que fazia a pessoa se sentir, por assim dizer, mais ela mesma.

Fitei o céu novamente, e de repente ocorreu uma estranha reviravolta ou ilusão: em vez de ver as estrelas no céu, vi o céu, o céu noturno, pendurado nas estrelas, e achei que estava realmente presenciando a visão de Joyce da "arvorecéu de estrelas carregada de úmidas frutas azulnoite".[19] E então, um segundo depois, estava "normal" outra vez. Alguma coisa estranha estava acontecendo em meu córtex visual, deduzi, uma mudança na percepção, uma inversão de frente e fundo — ou seria uma mudança em um nível superior, uma mudança conceitual ou metafórica? Agora o céu parecia repleto de estrelas cadentes — era, supus, uma efervescência em meu córtex; naquele momento, Bob exclamou: "Olhe! Estrelas cadentes!". Realidade, metáfora, ilusão e alucinação pareciam dissolver-se, fundir-se umas nas outras.

Tentei levantar-me, mas descobri que não conseguia. Meu corpo gradualmente fora ficando entorpecido; começara com um formigamento, com a boca e os lábios adormecendo, e agora eu já não sabia onde estavam meus membros ou como fazer para movimentá--los. Depois de um susto momentâneo, abandonei-me àquela sensação — uma sensação que, não compreendida, representava uma assustadora falta de controle, mas que uma vez aceita era como flutuar: uma deliciosa levitação. "Excelente", pensei, despertado o neurologista em mim. "Já li sobre isto, e agora estou experimentando. Ausência de sensação táctil leve, ausência de propriocepção — deve ser assim que se sente a desaferenciação." Meus companheiros, observei, jaziam todos imóveis na cadeira, levitando também, ou talvez dormindo.

Todos nós, de fato, tivemos um sono profundo e sem sonhos naquela noite, e na manhã seguinte acordamos absolutamente lúcidos, revigorados. Ou pelo menos lúcidos nos aspectos cognitivo e emocional — pois meus olhos continuavam me pregando peças: efeitos remanescentes do *sakau*, presumi. Levantei-me cedo e anotei o seguinte em meu caderno:

Flutuando sobre promontórios de coral. Lábios de mariscos gigantes, perseverando, preenchendo todo o campo visual. Uma labareda azul repentina. Glóbulos luminosos caem dela. Ouço cada glóbulo cair distintamente; amplificados, eles enchem meu sensório auditivo. Percebo que são as batidas do meu coração, transformadas, que estou ouvindo.

Há uma certa facilitação motora e gráfica, e também perseveração. Arrancando-me do fundo do mar, da boca dos mariscos, dos glóbulos azuis que caem, continuo a escrever. As palavras pronunciam a si mesmas, alto, em minha mente. Não minha caligrafia habitual, mas uns garranchos rápidos e perseverantes que às vezes lembram mais a escrita cuneiforme do que o inglês. A caneta parece ter um ímpeto próprio — depois que ela começou, é preciso esforço para detê-la.

Esses efeitos continuaram durante o café da manhã, que tomei junto com Knut.[20] Um prato com pão, mas o pão é cinza-claro. Rígido, brilhante, como que besuntado de tinta, ou como o lodo espesso, brilhante e cinzento do *sakau*. Depois, deliciosos chocolates com licor — pentagonais, hexagonais, como as colunas de Nan Madol. Pétalas fantasmagóricas irradiam de uma flor em nossa mesa, como um halo circundante; quando ela é movida, observei, deixa em sua esteira uma trilha tênue, um borrão visual avermelhado. Olhando uma palmeira que oscila, vejo uma sucessão de fotogramas, como um filme rodado muito lentamente e sem continuidade. Depois, cenas e imagens isoladas projetam-se na mesa à minha frente: nosso primeiro momento em Pingelap, com dúzias de crianças sorridentes saindo em correria da floresta; o grande arco luminoso da rede do pescador, com um peixe-voador iridescente debatendo-se lá dentro; o menino de Mand, correndo colina abaixo, de viseira, como um jovem cavaleiro proclamando aos gritos: "Estou enxergando, estou enxergando!". E então, com as silhuetas destacadas contra a arvorecéu de estrelas, três homens em volta de um *peitehl* triturando *sakau*.

Naquela noite fizemos as malas, tristes por deixar as ilhas. Bob voltaria direto para Nova York e Knut retornaria, em etapas, à Noruega. Bob e eu a princípio víramos Knut como um colega simpático, erudito, ligeiramente reservado — um especialista em uma rara afecção visual e um exemplar da mesma. Agora, depois das poucas semanas que passáramos juntos, percebíamos nele muitas outras dimensões: sua curiosidade onívora e suas paixões às vezes inesperadas (ele era perito em bondes elétricos e ferrovias de bitola estreita, possuindo conhecimentos raríssimos sobre elas), seu senso de humor e seu gosto pela aventura, sua alegre adaptabilidade. Depois de presenciar as dificuldades que acompanham a acromatopsia, especialmente naquele clima — a dolorosa sensibilidade à luz e a incapacidade de enxergar detalhes, sobretudo —, formamos uma ideia diferente do caráter resoluto de Knut, de sua ousadia para deslocar-se em lugares novos, de sua receptividade a todas as situações, apesar da visão deficiente (na verdade, talvez o desembaraço e o infalível senso de direção de que dava mostras tenham sido intensificados para compensá-la). Relutantes em nos despedir, nós três ficamos acordados metade da noite, terminando uma garrafa de gim que Greg nos dera. Knut pegou o colar de cauri que recebera de Emma Edward em Pingelap e, revirando-o vezes sem conta nas mãos, começou a relembrar a viagem. "Ver uma comunidade inteira de pessoas com acromatopsia mudou toda a minha perspectiva", disse ele. "Ainda estou tonto com todas essas experiências. Esta foi a viagem mais extraordinária e interessante de toda a minha vida."

Quando perguntei o que mais ficara marcado em sua mente, ele respondeu: "A pescaria noturna em Pingelap... Aquilo foi fantástico". E em seguida, numa espécie de litania sonhadora: "A paisagem das nuvens no horizonte, o céu claro, a luz diminuindo e a escuridão aumentando, a rebentação quase luminosa das ondas nos recifes de coral, as estrelas fantásticas e a Via Láctea e os brilhantes peixes-voadores pulando alto para fora da água à luz das tochas". Com esforço Knut se desligou da pescaria noturna, porém não sem acrescentar: "Eu não teria a mínima dificuldade em seguir os peixes e os apanhar na rede — talvez eu seja um pescador noturno nato!".

Mas, afinal, Pingelap seria *mesmo* uma ilha de daltônicos, uma ilha à maneira de Wells como a que eu havia fantasiado ou como tivera a esperança de encontrar? Um lugar assim, na acepção exata do termo, teria de ser composto apenas de daltônicos e ter ficado isolado do resto do mundo por gerações. Este sem dúvida não era o caso da ilha de Pingelap nem do gueto pingelapense em Mand, onde os daltônicos encontravam-se dispersos entre uma população maior de indivíduos com visão normal para as cores.[21]

No entanto, havia uma afinidade óbvia — não só familiar, mas perceptiva, cognitiva — entre os daltônicos de Pingelap e Pohnpei. Havia entendimento e solidariedade imediatos entre eles, uma semelhança de linguagem e percepção que instantaneamente estendeu-se também a Knut. E todos em Pingelap, os que não veem e os que veem as cores, sabem sobre o *maskun*, sabem que as pessoas afetadas devem conviver não apenas com a cegueira para as cores, mas com a dolorosa intolerância à luz intensa e a incapacidade de enxergar detalhes. Quando um bebê pingelapense começa a semicerrar os olhos e desviar o olhar da luz, existe pelo menos um conhecimento cultural de seu mundo perceptivo, de suas necessidades e pontos fortes específicos, e mesmo uma mitologia para explicar a situação. Neste sentido, portanto, Pingelap é uma ilha de daltônicos. Ninguém nascido ali com o *maskun* se vê totalmente isolado ou mal compreendido, o que é o destino quase universal das pessoas com acromatopsia congênita em todo o mundo.

Na viagem de volta de Pohnpei, tanto Knut como eu fizemos escala em Berkeley (separadamente) para visitar nossa correspondente daltônica, Frances Futterman, e contar a ela o que havíamos encontrado na ilha dos daltônicos. Ela e Knut ficaram especialmente entusiasmados por enfim se conhecerem; Knut contou-me mais tarde que foi "uma experiência inesquecível e muito estimulante —

tínhamos tanto para conversar e compartilhar que falamos durante horas e horas, como duas crianças excitadas".

A exemplo de muitas pessoas afetadas pela acromatopsia em nossa sociedade, Frances cresceu com um alto grau de incapacitação, pois, embora sua afecção tenha sido diagnosticada relativamente cedo, auxílios visuais adequados não estavam disponíveis, e ela foi forçada a permanecer em ambientes fechados o mais possível, evitando todas as situações onde houvesse luz intensa. Teve de enfrentar muito mal-entendido, muito isolamento por parte dos colegas. E, talvez o mais importante, não teve contato com outros como ela, com alguém que pudesse compartilhar e compreender sua experiência do mundo.

Era preciso existir aquele isolamento? Não poderia haver uma espécie de comunidade de daltônicos que, embora geograficamente separados, fossem unidos pela afinidade das experiências e conhecimentos, das sensibilidades e perspectivas? Mesmo não havendo uma verdadeira ilha de daltônicos, não seria possível existir uma ilha de daltônicos conceitual ou metafórica? Essa foi a visão que perseguiu Frances Futterman e que a inspirou, em 1993, a fundar uma Rede de Acromatopsia, publicando boletins mensais para que as pessoas com acromatopsia de todo o país — e potencialmente de todo o mundo — pudessem encontrar-se, comunicar-se, partilhar pensamentos e experiências.

Sua rede e seu boletim — e agora um *site* na Internet — realmente têm sido muito bem-sucedidos, contribuindo bastante para eliminar a distância geográfica e o isolamento. Existem centenas de membros espalhados pelo mundo inteiro — Nova Zelândia, País de Gales, Arábia Saudita, Canadá e agora também Pohnpei —, e Frances mantém contato com todos eles, por telefone, fax, correio, Internet. Talvez essa nova rede, essa ilha no ciberespaço, seja a verdadeira Ilha dos Daltônicos.

Parte II
A ILHA DAS CICADÁCEAS

GUAM

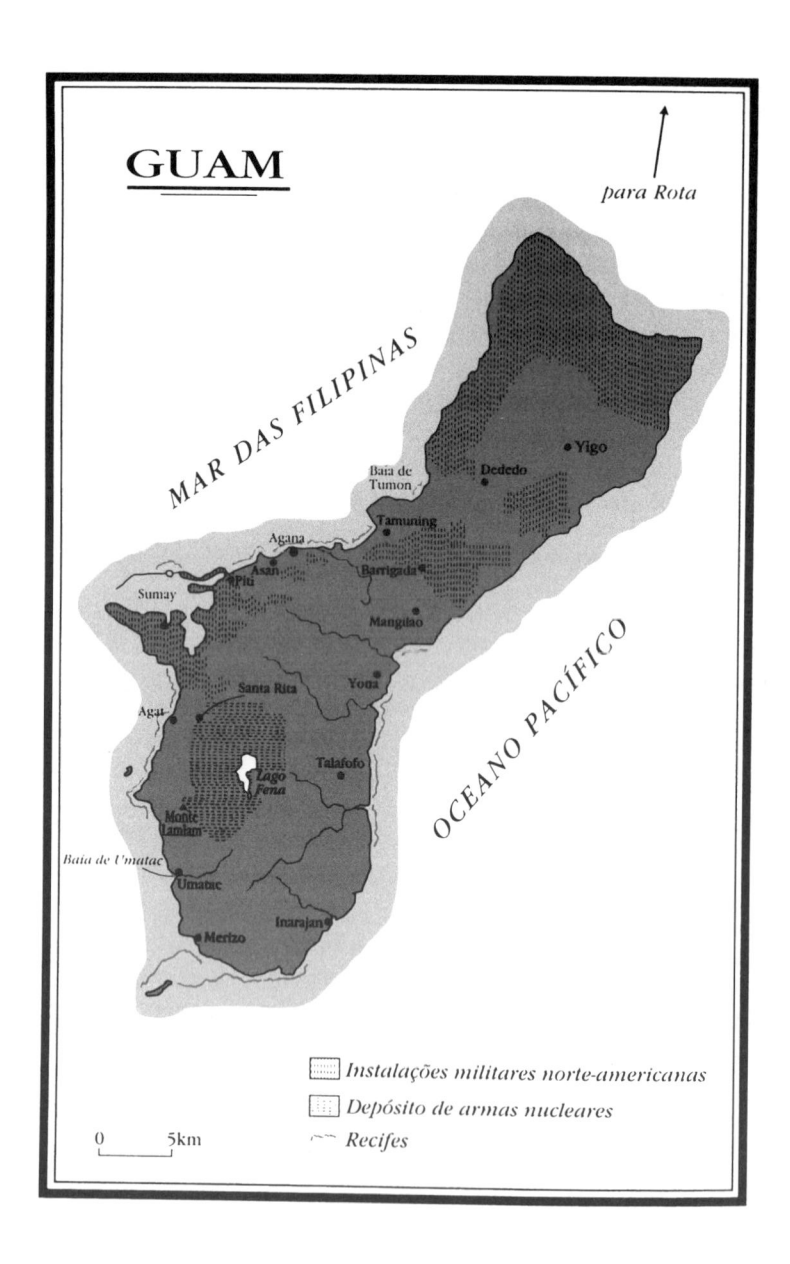

para Rota

MAR DAS FILIPINAS

OCEANO PACÍFICO

Yigo
Dededo
Baía de Tumon
Tamuning
Agana
Asan
Piti
Sumay
Barrigada
Mangilao
Santa Rita
Yona
Agat
Talafofo
Lago Fena
Monte Lamlam
Baía de Umatac
Umatac
Inarajan
Merizo

▦ Instalações militares norte-americanas
▦ Depósito de armas nucleares
〜 Recifes

0   5km

1
GUAM

Tudo começou com um telefonema no início de 1993. "É um tal de dr. Steele", disse Kate. "John Steele, de Guam." Eu havia tido um rápido contato com um neurologista de Toronto chamado John Steele, muitos anos antes — seria o mesmo? E, em caso afirmativo, pensei, por que ele estaria me telefonando agora, telefonando de Guam? Peguei o fone, hesitante. Ele se apresentou; era de fato o John Steele que eu conhecera. Contou que agora morava em Guam, que vivia e trabalhava ali fazia doze anos.

Guam tinha uma ressonância especial para os neurologistas nas décadas de 50 e 60, pois foi nessa época que se publicaram muitas descrições sobre uma extraordinária doença endêmica na ilha, uma doença que o povo de Guam, os chamorros, chamavam de *lytico-bodig*. A doença, ao que parecia, podia se manifestar de maneiras diferentes — às vezes como *lytico*, uma paralisia progressiva semelhante à esclerose amiotrófica lateral (*amyotrophic lateral sclerosis*, ALS, ou doença do neurônio motor), às vezes como *bodig*, uma afecção parecida com o parkinsonismo, ocasionalmente acompanhada de demência. Pesquisadores ambiciosos convergiram para Guam de todas as partes do mundo, ávidos por desvendar aquela doença misteriosa. Porém, estranhamente, a doença derrotou todos os que foram para lá e, com os repetidos fracassos, a empolgação acabou. Eu não ouvia falar do *lytico-bodig* já fazia vinte anos, e presumira que a doença desaparecera pouco a pouco, discretamente, sem explicação.

Isto estava bem longe da verdade, contou-me John na conversa por telefone. Ele ainda tinha centenas de pacientes com *lytico-bodig*; a doença continuava muito ativa — e ainda inexplicada. Os pesquisadores haviam chegado e partido, disse ele, poucos haviam ficado por mais tempo. Mas o que o surpreendera especialmente, após viver doze anos na ilha e examinar centenas daqueles pacientes, tinha sido a ausência de uniformidade, a variabilidade e riqueza, o caráter estranho das manifestações, que lhe pareciam mais semelhantes às síndromes pós-encefalíticas encontradas em grande número na esteira da epidemia de encefalite letárgica ocorrida durante a Primeira Guerra Mundial.

O quadro clínico do *bodig*, por exemplo, caracterizava-se com frequência por uma acentuada ausência de movimentos, quase catatonia, com relativamente pouco tremor ou rigidez — uma imobilidade que podia desaparecer de súbito ou mudar explosivamente para a condição oposta quando os pacientes recebiam uma dose ínfima de levodopa, o que, para o dr. Steele, parecia ter uma extraordinária semelhança com as descrições de meus pacientes pós-encefalíticos que eu fizera em *Tempo de despertar*.

Esses distúrbios pós-encefalíticos já haviam praticamente desaparecido, e, como eu trabalhara com uma mesma e numerosa população de pacientes pós-encefalíticos (a maioria idosos) em Nova York nas décadas de 60 e 70, estava entre os pouquíssimos neurologistas da atualidade que realmente os tinham visto de perto.[1] Por esse motivo, John queria muito que eu fosse examinar seus pacientes em Guam, para fazer comparações e contrastes diretos entre eles e meus pacientes.

O parkinsonismo que afetou meus pacientes pós-encefalíticos foi provocado por um vírus; outras formas de parkinsonismo são hereditárias, como nas Filipinas; outras, ainda, estão associadas a venenos, como a dos mineradores de manganês parkinsonianos do Chile ou a dos "viciados congelados" que destruíram seu mesencéfalo tomando o MPTP, uma das chamadas *designer drugs* [drogas de laboratório]. Nos anos 60, sugeriu-se que o *lytico-bodig* também poderia ser provocado por um veneno, ingerido quando as pessoas comiam as sementes das cicadáceas que crescem na ilha. Essa hipótese exótica esteve muito em voga em meados da década, quando eu era neurologista residente; interessei-me especialmente por ela, pois tinha paixão por essas plantas primitivas, uma paixão que me acompanhava desde a infância. De fato, possuo três pequenas cicadáceas em meu consultório — uma *Cycas*, uma *Dioön* e uma Za-

mia, todas agrupadas ao redor de minha mesa (ao lado da mesa de Kate há uma *Stangeria*) — e mencionei isso a John.

"Cicadáceas — aqui é a terra delas, Oliver!", ele exclamou entusiasmado. "Temos cicadáceas por toda a ilha; os chamorros adoram a farinha feita com as sementes — chamam de *fadang* ou *federico*. [...] Se isso tem ou não alguma ligação com o *lytico-bodig*, é outra questão. E em Rota, ao norte daqui, um pulinho indo de avião, há florestas de cicadáceas absolutamente intactas, tão densas, tão selvagens, que você poderia pensar que estamos no jurássico.

"Você vai adorar, Oliver, vai atender aos seus dois interesses. Percorreremos a ilha vendo cicadáceas e examinando pacientes. Você poderá se considerar um cicadaceologista neurológico ou um neurologista cicadaceológico — de qualquer modo, vai ser uma festa aqui em Guam!"

Quando o avião começou a descer, rodeando o aeroporto, vislumbrei pela primeira vez a ilha — era bem maior que Pohnpei, e alongada como um gigantesco pé. Sobrevoando baixinho o lado sul da ilha, pude ver as pequeninas aldeias de Umatac e Merizo aninhadas em seu terreno escarpado. Do alto era possível ver que toda a porção noroeste da ilha fora transformada em base militar, e os arranha-céus e vias expressas do centro de Agana assomaram rapidamente enquanto descíamos.

O terminal estava abarrotado de pessoas de várias nacionalidades, andando apressadas em todas as direções — não só chamorros, havaianos, palauenses, pohnpeienses, marshallenses, chuukenses e yapenses, mas também filipinos, coreanos e uma infinidade de japoneses. John estava à minha espera na barreira, uma figura fácil de identificar no meio da multidão alvoroçada, pois era alto e louro, de cabelos quase brancos e tez avermelhada. Era, pelo que eu podia ver, a única pessoa no aeroporto de terno e gravata (a maioria usava camisetas de cores vivas e short). "Oliver!", bradou entusiasmado. "Bem-vindo a Guam! Que bom ver você! E então, sobreviveu ao Gafanhoto das Ilhas?"

Fomos andando pelo aeroporto asfixiante e atravessamos o estacionamento até chegar ao carro de John, um conversível branco em petição de miséria. Contornamos Agana e rumamos para o sul da ilha, para a aldeia de Umatac, onde John mora. Eu tinha tido uma impressão ruim do aeroporto, mas agora, indo para o sul, os hotéis, os supermercados, a bulha ocidental foram desaparecendo — vimo-nos em terras suaves, onduladas. O ar foi refrescando à medida que a estrada subia, percorrendo sinuosa as encostas do monte Lamlam, o ponto culminante da ilha. Paramos em um mirante, descemos e esticamos as pernas. Havia declives gramados em toda a nossa volta, mas na porção mais alta da montanha via-se um denso manto de árvores. "Está vendo aqueles pontos verde-claros contrastando com a folhagem mais escura?", perguntou John. "São as cicadáceas de folhagem nova. Você provavelmente conhece bem a *Cycas revoluta*, a cicadácea japonesa pequena e eriçada que se vê por toda parte", acrescentou. "Mas o que temos aqui é uma espécie muito maior, nativa, a *circinalis* — de longe, parece quase uma palmeira." Pegando o binóculo, passei a vista por elas extasiado, contente por ter feito a longa jornada até aquelas ilhas de cicadáceas.

Voltamos para o carro, seguimos por mais alguns minutos e John então parou na última crista da montanha. Estendida lá embaixo, cintilando ao sol, estava a baía de Umatac, a baía onde Fernão de Magalhães ancorara seus navios na primavera de 1521. A aldeia amontoava-se em volta de uma igreja branca nas margens da baía, a ponta da torre sobressaindo mais alta que as construções circundantes; a encosta que descia até a baía era pontilhada de casas. "Já vi isto mil vezes", comentou John, "mas nunca me canso. É sempre tão bonito quanto da primeira vez." John tinha sido bastante formal, nas maneiras e nos trajes, quando nos encontramos no aeroporto, mas agora, contemplando Umatac, evidenciou-se nele uma faceta diferente. "Sempre adorei as ilhas", explicou, "e quando li *A pattern of islands* [Ilhas Modelares], de Arthur Grimble — você conhece esse livro? — bem, não importa: quando o li, soube que nunca seria feliz se não morasse em uma ilha do Pacífico."

Voltamos ao carro e começamos a descida sinuosa para a baía. Em certo momento, John parou novamente e apontou um cemitério em uma encosta íngreme. "Umatac tem a maior incidência de *lytico* da ilha", disse. "É assim que termina."

Havia uma grande ponte de arco em balanço — rebuscada, espalhafatosa, surpreendente — sobre uma ravina, no ponto em que a estrada principal adentrava a cidade. Eu não tinha ideia de sua história ou função; era tão absurda, a seu modo, quanto a ponte de Londres transplantada para o Arizona — mas tinha um ar festivo, divertido, saltando no ar, pura efervescência de bom humor. Ao entrarmos na aldeia e percorrê-la de carro lentamente, as pessoas acenaram ou gritaram cumprimentos a John, e senti que nesse momento a reserva que ainda restava dissipou-se — de repente ele pareceu totalmente à vontade, em casa.

John tem uma casa térrea, perto de um dos extremos da aldeia principal. Uma casa confortável, resguardada por palmeiras, bananeiras e cicadáceas. Ele pode se refugiar em seu escritório e enterrar-se nos livros — ou, em um minuto, estar com amigos e pacientes. Tem uma nova paixão agora, a apicultura; as colmeias, em viveiros de madeira, ficam ao lado da casa, e eu pude ouvir o zumbido das abelhas quando estacionamos.

Enquanto John fazia chá, esperei no escritório e dei uma olhada nos livros. Eu vira uma reprodução de Gauguin na sala, em cima do sofá, e então meus olhos foram instantaneamente atraídos pelo *Diário íntimo* de Gauguin, socado entre volumes dos *Anais de neurologia*. A justaposição era surpreendente: será que John se considerava um Gauguin neurológico? Havia centenas de livros e folhetos, além de velhas gravuras de Guam, especialmente relacionados à ocupação espanhola original — tudo misturado com os livros e textos de neurologia. Eu os examinava quando John voltou, trazendo um grande bule de chá e um sorvete estranho, fosforescente e roxo. "Chama-se *ube*", disse ele. "É muito apreciado por aqui. É feito com a batata-doce roxa da ilha." Eu nunca tinha visto um sorvete tão farinhento, tão parecido com batata amassada e com uma cor tão singular; mas era fresco e doce, e fui gostando cada vez mais enquanto comia. Ali na biblioteca, descontraindo-nos com chá e *ube*, John começou a me contar mais sobre si mesmo. Passara os anos de estudante em Toronto (de fato, havíamos trocado cartas na época em que ele morara ali, mais de vinte anos antes, sobre o tema da enxaqueca em crianças e das alucinações visuais que ocasionalmente a acompanham). Quando John era médico residente, aos vinte e poucos anos, ele e os colegas haviam descoberto uma importante afecção neurológica (paralisia supranuclear progressiva, hoje em dia denominada síndrome de Steele-Richardson-Olszewski). Fez estudos de pós-graduação na Inglaterra e na França, e parecia ter pela frente uma brilhante carreira acadêmica. Mas também tinha a vaga noção de que desejava alguma coisa diferente, tinha muita vontade de tratar de pacientes como clínico geral, como haviam feito seu pai e seu avô. Lecionou e clinicou em Toronto por mais alguns anos e, em 1972, mudou-se para o Pacífico.

Arthur Grimble, cujo livro tanto estimulara John, fora administrador distrital nas ilhas Gilbert e Ellice antes da Primeira Guerra Mundial, e a descrição que deixou da vida nas ilhas fez com que John decidisse ir para a Micronésia. Se pudesse, teria ido para as Gilberts, como Grimble — pois, embora aquelas ilhas tivessem mudado de nome (para Kiribati), em tudo o mais haviam permanecido inalteradas, praticamente à margem do comércio e da modernização. Mas não havia cargos médicos disponíveis ali, e por isso John rumou para Majuro, nas ilhas Marshall. Em 1978 mudou-se para Pohnpei, sua primeira experiência em uma ilha vulcânica alta (e foi ali que tomou conhecimento do *maskun*, a cegueira hereditária para as cores que existe entre os pingelapenses, vários dos quais ele atendeu como médico na época). Finalmente, em 1983, tendo experimentado as Marshall e as Carolinas, foi para as Marianas e para Guam. Esperava poder fixar-se ali e levar a vida tranquila de um médico do interior, de um clínico de ilha, cercado pela comunidade e por amigos — ainda que no fundo de sua mente pairasse sempre o mistério da doença de Guam, e embora ele imaginasse que talvez pudesse ser o médico que conseguiria resolvê-lo.

Primeiro John morou na barulhenta e ocidentalizada Agana, mas logo sentiu uma necessidade imperiosa de se mudar para Umatac. Se era para trabalhar com os chamorros e sua doença, ele queria estar no meio deles, cercado pela comida, pelos costumes, pela vida dos chamorros. E Umatac era o epicentro da doença, o lugar onde ela sempre prevalecera: os chamorros às vezes referiam-se ao *lytico--bodig* como *chetnut Humátag*, a doença de Umatac. Naquela aldeia, numa área de algumas centenas de acres, devia estar o segredo do *lytico-bodig*. E com ele, talvez, o segredo da doença de Alzheimer, da doença de Parkinson, da ALS, cujas variadas características pareciam estar reunidas no *lytico-bodig*. Em Umatac está a resposta, disse John, se pudermos encontrá-la: Umatac é a Pedra de Rosetta das doenças neurodegenerativas, Umatac é a chave para todas elas.

John mergulhara em uma espécie de devaneio enquanto relatava a história de sua paixão peregrina e vitalícia pelas ilhas e como finalmente chegara a Guam, mas de repente ergueu-se num pulo e exclamou: "Hora de ir! Estella e sua família estão à nossa espera!". Agarrou a maleta preta, colocou um chapéu maleável e se encaminhou para o carro. Eu também caíra em uma espécie de transe, mas o tom urgente na voz de John fez-me sair às pressas daquele estado.

Logo descíamos zunindo a estrada para Agat — uma viagem de carro que me deixou um tanto nervoso, pois John agora se entregava a uma outra reminiscência, uma história muito pessoal de seu encontro com a doença de Guam, das vicissitudes de seu pensamento, de seu trabalho e de sua vida na ilha. Falava com ardor, com gestos bruscos e veementes, e eu temia que sua atenção não estivesse totalmente voltada para a estrada.

"É uma história extraordinária, Oliver", começou ele, "de qualquer ângulo que você a examinar — em termos da doença em si, do impacto sobre o povo aqui da ilha, da busca torturante e inconcludente da causa." Harry Zimmerman, disse ele, encontrara a doença pela primeira vez em 1945, quando era médico recém-formado e chegara ali depois da guerra, a serviço da Marinha; tinha sido o primeiro a observar a extraordinária incidência de ALS na ilha, e, quando dois pacientes morreram, pôde confirmar o diagnóstico na autópsia.² Outros médicos mandados para Guam forneceram uma documentação adicional, mais rica, sobre aquela doença intrigante. Mas era preciso talvez um tipo diferente de mente, a mente de um epidemiologista, para perceber o significado maior de tudo aquilo. Pois os epidemiologistas são fascinados pela patologia geográfica, por assim dizer — as vicissitudes específicas da constituição, da cultura ou do ambiente que predispõem uma população a determinada doença. Leonard Kurland, jovem epidemiologista dos National Institutes of Health, NIH, de Washington, percebeu de imediato, ao ler aqueles primeiros relatórios, que Guam era o fenômeno raro, o sonho de todo epidemiologista: um insulamento geográfico.

"Esses insulamentos", Kurland escreveu mais tarde, "são constantemente procurados porque estimulam nossa curiosidade e porque o estudo das doenças nesses lugares pode demonstrar associações genéticas ou ecológicas que de outro modo talvez passassem despercebidas." O estudo dos insulamentos geográficos — ilhas de doença — tem um papel crucial na medicina, muitas vezes permitindo identificar um agente específico de doença, uma mutação genética, um fator ambiental ligado à moléstia. Assim como Darwin e Wallace constataram que as ilhas eram laboratórios inigualáveis, estufas da natureza que podiam mostrar processos evolutivos de um modo intensificado e dramático, também os insulamentos de doença excitam a mente epidemiológica com a promessa de compreensões que não podem ser obtidas de nenhuma outra maneira. Kurland achava que Guam era um lugar assim. Comunicou esse entusiasmo a seu colega Donald Mulder, da Clínica Mayo, e decidiram ir a Guam imediatamente; iniciariam ali uma investigação de peso, com todos os recursos dos NIH e da Clínica Mayo.

Aquele não foi apenas um importante momento intelectual para Kurland, pensava John, mas um evento que mudou sua vida. Sua estadia inicial, em 1953, abriu-lhe horizontes inebriantes — um caso de amor, uma missão que nunca terminaria. "Ele *ainda* escreve e pensa sobre o assunto, e ainda vem aqui, quarenta anos depois", acrescentou John — "quando você entra nisto, não consegue mais sair."

Ao chegarem, Kurland e Mulder encontraram mais de quarenta casos de *lytico* na ilha, e estes, imaginaram, eram apenas os mais graves; os casos mais brandos provavelmente haviam escapado à atenção médica. Um décimo de todas as mortes de chamorros adultos em Guam devia-se àquela doença, e sua prevalência era pelo menos cem vezes maior do que no continente (em algumas aldeias, como Umatac, era mais de quatrocentas vezes maior). Kurland e Mulder surpreenderam-se tanto com essa concentração da doença em Umatac que pensaram na possibilidade de ela ter se originado ali, depois se disseminando pelo resto da ilha. Umatac, salientou John, sempre havia sido a aldeia mais isolada, a menos modernizada de Guam. Não havia acesso por rodovias no século XIX, e mesmo em 1953 a estrada com frequência ficava intransitável. As condições de saneamento e saúde eram piores do que em qualquer outro lugar da ilha na época, e os costumes tradicionais permaneciam muito sólidos.

Kurland surpreendeu-se também com o modo como certas famílias pareciam predispostas a ter o *lytico*: mencionou um paciente que tinha dois irmãos, um tio e uma tia do lado paterno, quatro primos do lado paterno e um sobrinho com a doença (e observou que os registros de saúde de 1904 indicavam que já então aquela família se destacara). Muitos membros da família eram agora seus pacientes, disse John. E havia outras, como aquela que estávamos indo visitar, que pareciam particularmente vulneráveis à doença.

"Mas veja", disse John, gesticulando violentamente, fazendo com que o carro desse uma guinada para o lado, "havia mais uma coisa muito interessante que Len descreveu na época, mas que a princípio não lhe pareceu ligada à doença. Ele encontrou não só quarenta e tantas pessoas com *lytico*, mas também 22 com parkinsonismo — muito mais do que se esperaria achar em uma comunidade deste tamanho. E era um parkinsonismo de um tipo incomum: em geral começava por uma mudança nos hábitos de sono, com sonolência, e evoluía para uma intensa desaceleração mental e física, para uma profunda imobilidade. Alguns apresentavam tremor e rigidez, muitos tinham sudorese e salivação excessivas. No início ele achou que poderia se tratar de uma forma de parkinsonismo pós-encefalítico — tinha havido um surto de encefalite B japonesa poucos anos antes —, mas não conseguiu encontrar evidências diretas disso."

Kurland começou a matutar a respeito desses pacientes, e mais ainda ao encontrar outros 21 casos de parkinsonismo (alguns também acompanhados de demência) nos três anos seguintes. Em

1960, parecia claro que estes casos não poderiam ter origem pós--encefalítica, sendo exemplos do que os chamorros denominavam *bodig*, uma doença que, como o *lytico*, era endêmica em Guam havia pelo menos um século. Agora, com um exame mais atento, muitos pacientes pareciam apresentar sinais tanto do *bodig* como do *lytico*, e Kurland cogitou a possibilidade de as duas doenças estarem associadas.

Finalmente, quando Asao Hirano, um jovem neuropatologista (e aluno de Zimmerman) foi para Guam em 1960, para fazer um estudo *post-mortem* do cérebro de pessoas que haviam morrido de *lytico* e *bodig*, foi possível demonstrar que ambas as doenças traziam essencialmente as mesmas mudanças no sistema nervoso, embora com distribuição e graus de gravidade variados. Portanto, patologicamente, parecia que *lytico* e *bodig* poderiam não ser doenças separadas, mas uma só doença capaz de se manifestar de modos diferentes.[3]

Isto mais uma vez lembrava a encefalite letárgica: quando essa doença irrompeu na Europa, parecia estar havendo um surto simultâneo de meia dúzia de moléstias diferentes — que foram chamadas de poliomielite epidêmica, parkinsonismo epidêmico, esquizofrenia epidêmica etc. —, e só quando se fizeram estudos patológicos foi evidenciado que todas elas eram, na verdade, manifestações da mesma doença.

"Não existe uma forma padrão do *lytico-bodig*", disse John, enquanto estacionávamos na frente de uma casa na aldeiazinha de Agat. "Eu poderia lhe mostrar uma dúzia, duas dúzias de pacientes, e nenhuma forma seria igual. É uma doença extremamente polimorfa, pode assumir três, ou seis, ou vinte formas diferentes — você vai ver, aqui na família de Estella."

Fomos recebidos por uma jovem que timidamente nos fez sinal para entrar. "Olá, Claudia", disse John. "Que bom ver você. Como está sua mãe hoje?" Ele me apresentou à família: José e Estella, Claudia e seus dois irmãos, na casa dos vinte, e a irmã de José, Antonia. Fiquei impressionado com Estella assim que entramos na casa, pois ela se parecia imensamente com uma de minhas pacientes pós-encefalíticas, parada ali como uma estátua, braço estendido, a cabeça inclinada para trás e uma expressão de transe no rosto. Seria possível colocar seus braços em qualquer posição que eles se manteriam assim, aparentemente sem esforço, durante horas a fio.

Se ninguém interferisse, ela permaneceria em pé, imóvel, como que enfeitiçada, fitando inexpressiva o vazio e babando. Porém, no momento em que lhe dirigi a palavra, ela respondeu — de forma apropriada e inteligente; era perfeitamente capaz de pensar e falar com lucidez, desde que alguém tomasse a iniciativa de fazê-la começar. De modo semelhante, tendo companhia era capaz de ir às compras ou à igreja, sempre agradável e alerta, porém com uma espécie de ar distante, absorto, sonâmbulo, uma estranha prisão em si mesma. Imaginei como ela poderia reagir se tomasse levodopa — ainda não haviam tentado administrar-lhe a droga —, pois pacientes catatônicos como ela, pela minha experiência, podiam apresentar reações extraordinárias à droga, saindo explosivamente da catatonia com a força de um projétil e, às vezes, com a continuação da droga, desenvolvendo múltiplos tiques. Talvez a família desconfiasse disso, não sei ao certo; quando lhes perguntei, responderam apenas que ela não parecia estar sofrendo, que nunca se queixara da catatonia, que parecia gozar de uma perfeita serenidade interior.

Eu tinha dúvidas quanto a isso. Parte de mim queria argumentar: mas ela é doente, catatônica, não é capaz de reagir plenamente — vocês não gostariam de trazê-la de volta? Ela tem o direito de ser medicada, temos o dever de medicá-la. Mas hesitei em falar, sentia-me um forasteiro. Mais tarde, quando perguntei a John sobre aquilo, ele respondeu: "Sim, essa teria sido a minha reação quando vim para cá em 83. Mas a atitude diante da doença é diferente aqui". Em especial, disse ele, os chamorros parecem dotados de uma espécie de estoicismo ou fatalismo — não sabia bem que palavra empregar — no que respeita à doença, e ao *lytico-bodig* em particular.

Com Estella, especificamente, havia a sensação de calma, de que ela estava em seu próprio mundo, a sensação de um equilíbrio alcançado tanto no interior dela mesma como em relação à família e à comunidade — ao lado do temor de que a doença poderia "atiçá--la" e colocar tudo isso em risco.

Mas era muito diferente no caso de José, seu marido; fisiologicamente diferente, para começar — pois ele apresentava um parkinsonismo com altíssimo grau de obstrução, bloqueio e travamento, no qual os grupos de músculos, rígidos, lutavam uns contra os outros e impediam cada movimento já no início. Se queríamos endireitar-lhe o braço, a ativação do tríceps era imediatamente respondida por uma ativação de seu antagonista, o bíceps (que normalmente relaxa para permitir a extensão do braço) e vice-versa — de modo que o braço ficava perpetuamente emperrado, em posições estranhas, e José não conseguia dobrá-lo nem estendê-lo. Emperramentos e obstruções semelhantes afetavam todos os seus grupos de músculos — toda a inervação do corpo era ruim. Seu rosto ficava rubro com o esforço para sair do bloqueio, e este às vezes cedia subitamente, quando então a intensidade do esforço fazia-o ter uma contração violenta ou cair.

Neste tipo de parkinsonismo, o "explosivo-obstrutivo", todo o corpo, por assim dizer, trava uma luta consigo mesmo, preso num insolúvel conflito interno. É um estado marcado pela tensão, esforço e frustração, uma condição torturante que um de meus pacientes certa vez descreveu como "o aguilhão e o cabresto". O estado de José era totalmente diferente da estranha passividade muscular, da flexibilidade cérea que acompanhava a catatonia de Estella. Podíamos ver, neste casal, os extremos da resistência obstinada e da passividade absoluta — os antípodas da vontade subcortical. Depois de José e Estella, examinei rapidamente Claudia e seus dois irmãos, mas ficou claro que nenhum deles tinha sinais da doença. Também não pareciam ter o menor receio de contraí-la, embora seus pais e muitos parentes mais velhos serem afetados. John comparava a confiança deles com a grande ansiedade muitas vezes sentida por membros da geração mais velha, que com frequência temiam — especialmente se tivessem parentes com a doença — a possibilidade de trazê-la em estado latente no corpo. Essas atitudes vigentes entre as pessoas comuns, salientou John, eram inteiramente apropriadas, considerando o fato de não se ter notícia de nenhuma pessoa nascida após 1952 que houvesse contraído a doença.

A irmã de José, que mora com eles, apresentava uma outra forma da doença, marcada por uma demência grave e progressiva. Ela a princípio assustara-se com nossa presença — lançara-se contra mim e tentara me arranhar assim que entramos na casa. Ficou zangada, e talvez com ciúme, quando conversamos com os outros, e então atravessou a sala, apontando para si mesma e dizendo: "Eu, eu, eu — EU". Também apresentava intensa afasia e muita inquietação, com surtos de gritos e risadinhas — mas, surpreendentemente, a música em larga medida a acalmava e lhe dava coerência. Também isto a família descobrira; os conhecimentos tradicionais sobre aqueles distúrbios, bem como os modos de lidar com eles, são consideráveis. Para acalmá-la, a família começou a cantar uma antiga canção folclórica, e a anciã, tão demente, tão fragmentada na maior parte do tempo, juntou-se a eles, cantando fluentemente. Dava a impressão de entender todas as palavras, todo o sentimento da canção, e parecia recompor-se, restituída a si mesma, enquanto cantava. John e eu saímos discretamente enquanto eles estavam cantando, e sentimos de repente, naquele momento, que a neurologia nada tinha a fazer ali.

"Não se pode encontrar uma família como essa", comentou John quando saímos na manhã seguinte, "sem ficar pensando no que faz tantos deles serem afetados. Olhando José e a irmã, é inevitável pensar: isso só pode ser hereditário. Mas olhando Estella e o marido, que não são parentes consanguíneos, embora suas vidas estejam entrelaçadas: será que o *lytico-bodig* é causado por alguma coisa no ambiente que eles compartilham? Ou será que um deles transmitiu a doença ao outro? E quando vemos os filhos deles, nascidos na década de 60, livres da doença, como todos os seus contemporâneos, inferimos que a causa da doença, seja qual for, desapareceu ou se tornou inativa na década de 40 ou 50."

Essas, prosseguiu John, eram algumas das pistas e contradições que se apresentaram a Kurland e Mulder quando foram para Guam nos anos 50 — e não era nada fácil conciliá-las com uma única teoria. Kurland a princípio sentiu-se inclinado a pensar em termos de uma origem genética. Estudou a história antiga da ilha, descobrindo que um quase-genocídio reduzira a população de 100 mil para algumas centenas de pessoas — o tipo de situação que predispõe à disseminação de uma característica ou gene anormais (como no caso da acromatopsia em Pingelap); no entanto, não existia um padrão mendeliano simples ligando-os à doença. Na ausência de tal padrão, pensou ele, talvez se tratasse de um gene com "penetrância incompleta". (Ele também cogitou a possibilidade de uma predisposição genética ao *lytico-bodig* possuir uma paradoxal vantagem seletiva — talvez aumentar a fertilidade ou conferir imunidade a outras doenças.) Mas teve de ponderar se não haveria algum fator ambiental, além de uma suscetibilidade genética — "complemento necessário", segundo ele —, capaz de promover o desenvolvimento da doença.

Em fins da década de 50 Kurland estendeu seus estudos à grande população de chamorros que emigrara para a Califórnia. Entre aquelas pessoas, observou, havia a mesma incidência de *lytico-bodig* presente entre os chamorros de Guam, mas existiam casos em que a doença desenvolvera-se dez ou vinte anos depois de elas terem partido de Guam. Por outro lado, havia alguns imigrantes não chamorros que pareciam ter desenvolvido a doença uma ou duas décadas depois de mudar para Guam e adotar o estilo de vida chamorro.

Poderia o fator ambiental, se é que havia algum, ser um agente infeccioso, um vírus, talvez? A doença não parecia ser contagiosa nem transmissível de nenhuma das maneiras habituais, e não foi possível encontrar nenhum agente infeccioso nos tecidos das pessoas afetadas. E, se houvesse tal agente, ele teria de ser de um tipo muito incomum, um agente apto a atuar como um "detonador lento" — John repetiu a expressão, para dar ênfase —, um detonador lento no corpo, desencadeando uma cascata de eventos que só mais tarde se manifestavam como doença clínica. Quando John disse isso, pensei nas várias síndromes neurodegenerativas pós-virais e especialmente, mais uma vez, em meus pacientes pós-encefalíticos, que em alguns casos só haviam começado a manifestar sintomas décadas depois da encefalite letárgica inicial — algumas vezes até quarenta anos mais tarde.

Nesse ponto da história, John começou a apontar enfaticamente através da janela. "Olhe!", disse ele. "Olhe! Olhe! As cicadáceas." De fato, enquanto seguíamos de carro para Talafofo para visitar outro paciente de John, um ex-prefeito da aldeia chamado por todos de Comissário, vi cicadáceas por toda parte, algumas crescendo naturalmente, porém muitas, percebi então, sendo cultivadas em jardins.

As cicadáceas só crescem em regiões tropicais ou subtropicais, e eram uma novidade para os primeiros exploradores europeus que as encontraram. À primeira vista, as cicadáceas lembram as palmeiras — de fato, são às vezes chamadas de sagueiros —, mas a semelhança é superficial. As cicadáceas são uma forma de vida muito mais antiga, surgida no mínimo 100 milhões de anos antes das palmeiras ou de quaisquer outras plantas com flores.

Havia uma gigantesca cicadácea nativa, de pelo menos um século, no jardim do Comissário; parei para contemplar aquela árvore esplêndida, acariciei suas folhas duras e lustrosas e depois alcancei John na porta da frente da casa. Ele bateu e a porta foi aberta pela esposa do Comissário, que nos conduziu à sala de estar, onde estava seu marido. Sentado em uma grande poltrona — rígido, imóvel e parkinsoniano, mas dando uma impressão de imponência —, o Comissário aparentava ter menos do que seus 78 anos, e ainda emanava autoridade e poder. Além da esposa, moravam ali suas duas filhas e um neto — em grande medida ele continuava a ser, a despeito do grave parkinsonismo, o patriarca da família.

Com uma voz grave e musical, até então quase intocada pela doença, o Comissário contou-nos sobre sua vida na aldeia. Primeiro havia sido criador de gado — e também o homem mais forte da aldeia, capaz de entortar ferraduras com as mãos nuas (aquelas mãos, agora contorcidas e um pouco trêmulas, ainda pareciam poderosas o suficiente para esmagar pedras). Depois fora professor na escola local e por fim, após a guerra, acabaria sendo levado a participar cada vez mais dos assuntos da aldeia — que se tornaram muito complexos e desorganizados em seguida à ocupação japonesa —, e, com todas as novas pressões advindas da americanização da ilha, sempre tentando (sem ser "atrasado") preservar o estilo de vida, os mitos e os costumes dos chamorros, finalmente se tornara prefeito. Seus sintomas haviam começado dezoito meses antes, a princípio com uma estranha imobilidade, uma perda de iniciativa e de espontaneidade; descobriu que precisava de um esforço monumental para andar, para ficar em pé, para fazer o menor movimento — seu corpo estava desobediente, parecia desconectado de sua vontade. A família e os amigos, que sempre tinham visto nele um homem impetuoso e enérgico, no início interpretaram aquilo como sinais da velhice que chegava, uma desaceleração natural depois de uma vida de atividade intensa. Só gradualmente evidenciou-se para eles, e para o próprio Comissário, que se tratava de uma doença orgânica. Uma doença muito conhecida: o *bodig*. Aquela imobilidade terrível, pesada, avançou com uma rapidez extraordinária: em um ano ele era incapaz de se erguer sozinho; posto em pé, não conseguia sentir nem controlar a postura do corpo, podendo desabar pesadamente, e de repente, para qualquer lado. Agora precisava ter sempre por perto um genro, uma filha, ao menos se desejasse levantar e ir para algum lugar. De certo modo, pensei, talvez tenha considerado isso uma humilhação, mas ele não parecia se sentir um fardo que os outros tinham de carregar. Pelo contrário, parecia natural que a família viesse em seu socorro; quando jovem, também ele tivera de ajudar outras pessoas — o tio, o avô, dois vizinhos da aldeia que haviam contraído a estranha doença que ele agora tinha. Não vi ressentimento no rosto das filhas nem em seu comportamento; a ajuda que prestavam parecia inteiramente espontânea e natural.

Perguntei, com uma certa timidez, se eu poderia examiná-lo. Ainda o via como a uma poderosa autoridade, alguém em quem não pomos as mãos. E eu ainda não estava seguro quanto aos costumes locais: ele consideraria uma indignidade um exame neurológico? Algo que, se fosse feito, deveria ocorrer a portas fechadas, longe das vistas da família? O Comissário pareceu ler meus pensamentos e assentiu com um gesto de cabeça, dizendo: "Pode me examinar aqui, com minha família".

Quando o examinei, testando o tônus muscular e o equilíbrio, constatei a existência de um parkinsonismo bastante avançado, embora os sintomas tivessem começado havia pouco mais de um ano. Ele apresentava pouco tremor ou rigidez, mas uma acinesia muito intensa — uma dificuldade insuperável para iniciar os movimentos —, além de um grande aumento da salivação e uma profunda deterioração do senso postural e dos reflexos. Era um quadro um pouco diferente daquele encontrado na doença de Parkinson "comum", lembrando mais a forma pós-encefalítica, muito mais rara.

Quando perguntei ao Comissário o que, a seu ver, poderia ter provocado aquela doença, ele encolheu os ombros: "Dizem que é o *fadang*", respondeu. "Algumas vezes foi essa a opinião do nosso povo, e então é a dos médicos também."

"O senhor come muito *fadang*?", perguntei.

"Eu gostava quando era moço, mas quando disseram que causava *lytico-bodig* eu deixei de comer, todos deixamos." Apesar de os receios com respeito à ingestão do *fadang* remontarem à década de 1850 (suspeita reiterada por Kurland na década de 1960), a ideia de que ele poderia ser perigoso só foi amplamente divulgada em fins da década de 80, e por isso era provável que só muito recentemente o Comissário houvesse parado de comê-lo — e sem dúvida sentia saudade daquele alimento. "Tem um gosto especial", disse, "forte, picante. A farinha comum não tem gosto nenhum." Ele então fez sinal para a esposa, que trouxe um frasco enorme contendo lascas de cicadácea — obviamente o estoque que a família não havia jogado fora, tendo o cuidado de guardar não obstante a decisão de "largar o hábito". Pareciam deliciosas — como grandes salgadinhos de milho; senti-me fortemente tentado a experimentar um bocadinho, mas me contive.

O ancião sugeriu que fôssemos todos lá para fora, tirar uma fotografia antes de partir, e nos enfileiramos — ele, a esposa e eu no meio — na frente da imensa cicadácea. Depois ele caminhou vagarosamente de volta para casa, uma figura régia, um Lear parkinsoniano amparado pela filha mais nova — não meramente dignificado a despeito do parkinsonismo, mas, de algum modo, ganhando com a doença uma estranha dignidade.

Fazia já dois séculos ou mais que existia uma controvérsia com respeito às cicadáceas do local. John interessava-se pela história de Guam e possuía cópias de documentos deixados pelos primeiros missionários e exploradores, inclusive um documento espanhol de 1793 que exaltava o *fadang* ou *federico* como uma "providência divina", além do *Voyage autour du monde*, de Freycinet, publicado em 1819, no qual o autor menciona que viu o produto ser colhido em grande escala em Guam.[4] Ele descreveu o elaborado processo de embeber e lavar as sementes, secá-las e moê-las para fazer uma farinha grossa, ideal para preparar *tortillas* e *tamales*, além de uma sopa ou mingau chamado *atole* — tudo isso é ilustrado em seu relato. Sabia-se muito bem, comentou Freycinet, que se as sementes não fossem suficientemente lavadas, ainda poderiam conservar um alto teor venenoso:

> Um pássaro, bode, ovelha ou porco que beber a primeira água da lavagem do *federico* tende a morrer. Isso não acontece com a segunda água, muito menos com a terceira, que podem ser consumidas sem perigo.

Embora supostamente essa lavagem das sementes fosse eficaz para separar e eliminar os venenos, vários governadores de Guam expressaram suas reservas, sobretudo nas ocasiões em que o *federico* se tornava o principal elemento da dieta (como inevitavelmente acontecia depois da passagem de um tufão, quando toda a vegetação era destruída exceto as resistentes cicadáceas). O governador Pablo Perez, por exemplo, escreveu durante a fome aguda de 1848:

> sem batata-doce, inhame e taro, alimentos básicos destruídos pela tempestade, [os chamorros] precisam deslocar-se para a mata em busca dos poucos frutos que restam, os quais, embora nocivos, são usados como último recurso [...] Essa agora é a base de sua alimentação; e não obstante as precauções que tomam ao prepará-lo, todos julgam que lhes é prejudicial à saúde.

Sete anos mais tarde, essa opinião foi reafirmada por seu sucessor, dom Felipe de la Corte, que apontou o *federico* como o mais perigoso de todos os "frutos [...] da floresta".[5]

Kurland, um século depois, sem encontrar evidências claras de uma origem infecciosa ou genética no *lytico-bodig*, cogitou a possibilidade de algum elemento da dieta dos chamorros ser o agente patogênico que ele procurava, e convidou Marjorie Whiting, uma nutricionista que trabalhava em Pohnpei, a ir para Guam e investigar isso. Whiting tinha um interesse especial pelas plantas e culturas nativas das ilhas do Pacífico; assim que Kurland esboçou-lhe o problema, ficou fascinada e concordou em ir. Em sua primeira visita a Guam, em 1954, passou algum tempo em duas comunidades muito diferentes — Yigo, nas proximidades de Agana, que pertence ao centro administrativo e ocidentalizado da ilha, e Umatac, onde morou em uma casa chamorro tradicional. Tornou-se uma grande amiga da família de chamorros com quem morava, os Quinata, e muitas vezes juntava-se à sra. Quinata e às mulheres da aldeia no preparo de comidas especiais para as freqüentes *fiestas* de Umatac.

As cicadáceas nunca tinham chamado particularmente sua atenção (não há cicadáceas em Pohnpei) — mas agora tudo o que encontrava parecia induzi-la a reparar na espécie local, tão comum em Guam e na ilha vizinha de Rota. A *Cycas circinalis* era nativa, crescia naturalmente, era livre, requeria apenas o trabalho da colheita e do preparo.

Eu conhecera Marjorie no Havaí, quando estava a caminho da Micronésia, e ela me contara histórias muito pessoais do tempo que morara em Guam. Durante seis meses, saiu para estudos de campo todos os dias voltando à noite para a casa da família de chamorros — só foi descobrir mais tarde, um tanto contrariada, que as suculentas sopas que lhe serviam diariamente haviam sido engrossadas com *fadang*. As pessoas tinham plena consciência das propriedades tóxicas da planta e da necessidade de uma lavagem muito cuidadosa, mas apreciavam o gosto do *fadang* e davam-lhe grande valor no preparo de *tortillas* e como ingrediente para engrossar sopas, "devido à sua singular qualidade mucilaginosa". Os chamorros às vezes mascavam as cascas verdes das sementes para aliviar a sede; quando secas, as cascas eram consideradas um doce saboroso.

A experiência de Whiting em Guam deu início a toda uma década de pesquisas; às vezes em colaboração com o botânico F. R. Fosberg, ela empreendeu uma investigação enciclopédica das cicadáceas do mundo todo e do uso dessas plantas por dúzias de diferentes culturas, seja como alimento, remédio ou veneno.[6] Fez pesquisas históricas, exumando incidentes de envenenamento por cicadáceas entre exploradores já no século XVIII. Reuniu as esparsas mas volumosas evidências dos efeitos neurotóxicos das cicadáceas em vários animais. Por fim, em 1963, publicou uma detalhada monografia sobre seu trabalho na revista *Economic Botany*.

Em todo o mundo, havia aproximadamente cem espécies de cicadáceas e nove gêneros,[7] Whiting registrou, e a maioria fora usada como fonte de alimento, por conter grandes quantidades de amido comestível (sagu) que podia ser extraído tanto da raiz como do caule ou das nozes.[8] As cicadáceas, observou, não eram comidas meramente como reserva em tempos de carestia, mas constituíam um alimento de "especial prestígio e popularidade". Eram usadas na ilha de Melville nos rituais das primícias, entre os karawas, da Austrália, nas cerimônias de iniciação, e em Fidji, onde eram um alimento especial reservado exclusivamente aos chefes. Na Austrália, onde os colonizadores as chamavam de "batatas dos negros", as sementes com frequência eram torradas. Todas as partes das cicadáceas já tinham sido usadas como alimento: as folhas podiam ser comidas como tenros brotos; as sementes, quando verdes, podiam ser "cozidas até adquirir maciez comestível; a parte branca comestível tinha gosto e textura [...] comparáveis aos da castanha assada".

Assim como Freycinet, Whiting descreveu o demorado processo de destoxificação: fatiar as sementes, embebê-las por dias ou semanas, secá-las e esmagá-las e, em algumas culturas, também fermentá-las. ("Os ocidentais compararam o gosto das sementes fermentadas de cicadáceas com o de alguns dos mais conhecidos queijos europeus.") O caule da *Encephalartos septimus* fora usado em partes da África para fazer uma deliciosa cerveja de cicadácea, escreveu ela, enquanto as sementes da *Cycas revoluta* eram empregadas, nas ilhas Ryukyu, para preparar uma espécie de saquê.[9] O amido fermentado da *Zamia* era considerado uma iguaria em todo o Caribe, onde o consumiam na forma de grandes balas alcoólicas.

Todas as culturas que usam as cicadáceas perceberam seu potencial tóxico, o qual se insinua, acrescenta ela, em alguns dos nomes nativos dados a essas árvores, como "coco do diabo" e "samambaia da fraqueza". Em algumas culturas, elas eram deliberadamente empregadas como veneno. Rumphius (o naturalista holandês cujo nome agora está ligado à espécie amplamente disseminada no Pacífico, *Cycas rumphii*), escreveu que na ilha das Celebes "dava-se de beber às crianças a seiva das sementes [...] para que os pais não fossem estorvados quando partissem para suas vidas errantes nas matas selvagens".[10] Outros relatos, de Honduras e Costa Rica, sugerem que a raiz da *Zamia* podia ser usada para dar cabo de criminosos ou inimigos políticos.

Ainda assim, muitas culturas também atribuíam às cicadáceas propriedades curativas ou medicinais; Whiting citou como exemplo o uso, pelos chamorros, de sementes frescas raladas da *Cycas circinalis* em cataplasmas para úlceras tropicais na perna.

O uso das cicadáceas como alimento foi descoberto independentemente por muitas culturas, e cada uma desenvolveu maneiras próprias de destoxificá-la. Houve, é claro, inúmeros acidentes isolados, em especial entre exploradores (e suas tripulações) que não dispunham daqueles conhecimentos culturais. Membros da tripulação de Cook adoeceram gravemente depois de comer sementes de cicadácea não preparadas no rio Endeavour, na Austrália, e em 1788 participantes da expedição de La Pérouse caíram doentes depois de simplesmente mordiscar as sementes da *Macrozamia communis* em Botany Bay — o apetitoso e polpudo sarcoderma daquelas sementes está carregado de macrozamina tóxica.[11] Porém nunca acontecera um acidente cultural, julgava Whiting, no qual toda uma cultura houvesse sido prejudicada pela ingestão de cicadáceas.

No entanto, existiam exemplos de animais envenenados em massa, não protegidos pelo conhecimento "instintivo". O gado que come samambaias pode ser acometido de um distúrbio neurológico que lembra o beribéri ou deficiência de tiamina — provocada por uma enzima da samambaia que destrói a tiamina do corpo. Cavalos do Vale Central, na Califórnia, tiveram parkinsonismo depois de comer o tóxico cardo-estrelado. Mas o exemplo especialmente destacado por Whiting é o dos ovinos e bovinos, que têm grande predileção pelas cicadáceas; de fato, na Austrália usa-se o termo *dependência*, pois ali os animais viajam grandes distâncias em busca dessas plantas. Surtos de neurocicadismo, salientou ela, foram registrados no gado australiano desde meados do século XIX. Alguns animais, comendo os brotos de cicadáceas novas (isso ocorria principalmente nas estações secas, quando as outras plantas haviam morrido, ou depois de incêndios, quando as cicadáceas eram as primeiras plantas a ter folhas novamente), sofriam uma doença intestinal aguda e de pouca duração, com vômitos e diarreia — que, se não fosse fatal, era seguida por uma recuperação plena, como ocorre nos casos de envenenamento agudo por cicadáceas no homem. Porém, se comessem continuamente as cicadáceas, o neurocicadismo se desenvolvia; o início era um andar cambaleante ou sinuoso (daí o nome coloquial "zigue-zague da zâmia"), vindo depois uma tendência a cruzar as pernas traseiras ao andar e, por fim, a paralisia total e permanente dos membros posteriores. Afastar os animais das cicadáceas nesse estágio não surtia efeito; depois que os zigue-zagues começavam, o dano era irreversível.

Whiting e Kurland perguntaram-se: poderia ser esse um modelo para o *lytico*? A ideia era fascinante; o *fadang* tinha sido um alimento comum antes da guerra e, durante a ocupação japonesa, fora usado em quantidades muito maiores, pois os outros produtos agrícolas haviam sido confiscados ou destruídos. Depois da guerra o consumo do *fadang* declinou abruptamente, devido à maior dispo-

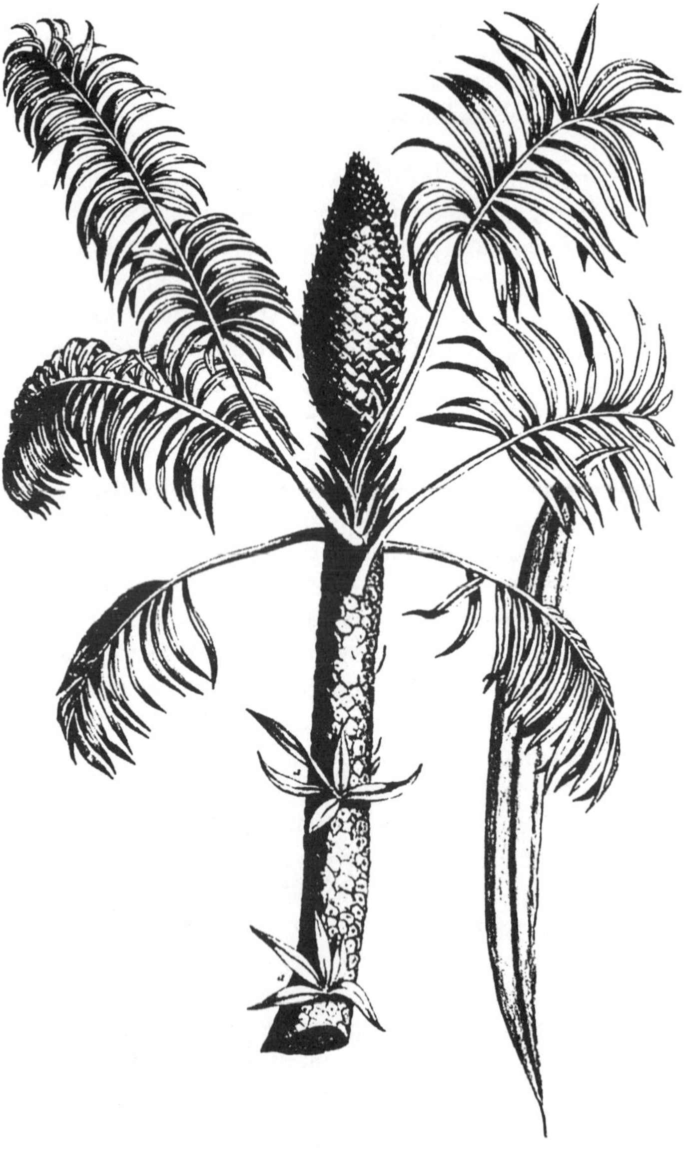

Cycas circinalis: *planta masculina com cone*. *Extraído de Rumphius*, Herbarium Amboinense, *1741 (página oposta) e megasporófilos em desenvolvimento na planta feminina (nesta página), primeiro com óvulos e depois com grandes sementes e folhas novas (abaixo), extraído de Rheede*, Hortus Indicus Malabaricus, *1682*.

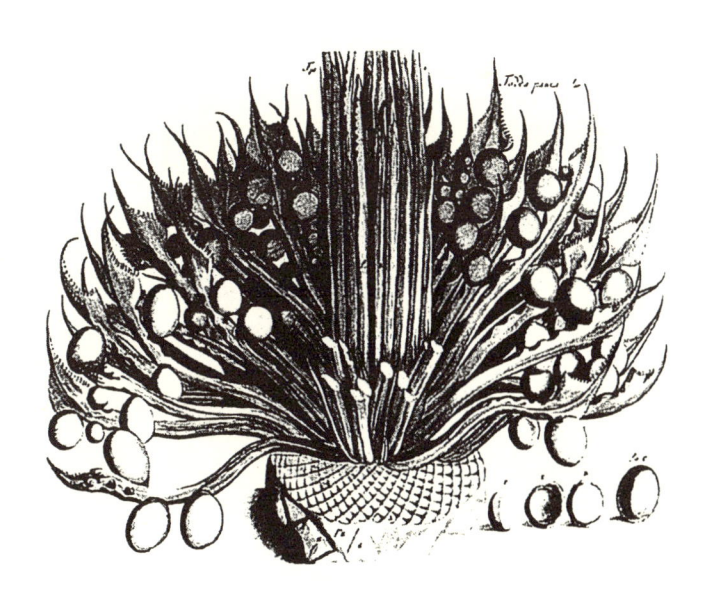

nibilidade de farinhas de trigo e milho importadas — este, parecia-lhes, poderia constituir um cenário bastante plausível para a doença, para explicar por que ela teria atingido o auge em seguida à guerra e declinado constantemente desde então, com uma incidência que era paralela ao uso do *fadang*.

Mas a teoria das cicadáceas era problemática por vários motivos. Primeiro, fora de Guam não se conheciam outros exemplos de uma doença humana crônica atribuível ao uso de cicadáceas, apesar de seu emprego amplamente disseminado e muito antigo em todo o mundo. Claro, talvez existisse algum aspecto específico nas cicadáceas de Guam ou alguma vulnerabilidade especial a elas entre os chamorros. Segundo, o período de décadas que podia decorrer entre a exposição às cicadáceas e o início do *lytico-bodig*, se de fato essas duas coisas estivessem ligadas, era algo sem precedentes em termos de envenenamento do sistema nervoso. Todas as neurotoxinas conhecidas agiam imediatamente ou dentro de poucas semanas, o tempo necessário para se acumularem em níveis tóxicos no corpo ou para que o dano neurológico atingisse níveis críticos, sintomáticos — assim acontecia com o envenenamento por metal pesado, como no caso da famigerada paralisia da baía de Minamata, do neurolatirismo na Índia, causado pela ingestão da ervilha-doce tóxica, e do neurocicadismo do gado.[12] Mas estes pareciam bem diferentes de um veneno que, embora não provocasse efeitos imediatos, podia desencadear, muitos anos depois, uma degeneração progressiva de células nervosas específicas. Nunca fora descrito um efeito tóxico tão demorado — o próprio conceito era inacreditável.

Partimos novamente, de regresso a Umatac; John tinha mais pacientes que desejava me apresentar. Adorava me mostrar os pacientes, comentou, levar-me às consultas domiciliares, eu também apreciava muito aquilo, ver sua energia, sua habilidade de neurologista e, mais ainda, a delicada compreensão, o cuidado que demonstrava para com seus pacientes. Isso me lembrou o tempo em que, ainda menino, eu ia com meu pai, que era clínico geral, em suas visitas domiciliares — eu sempre fora fascinado por suas habilidades técnicas, seu modo de trazer à luz sintomas e sinais sutis, sua perícia em fazer diagnósticos, mas também pela simpatia que fluía claramente entre ele e os pacientes. Era parecido com John, pensei; também ele é uma espécie de clínico geral — um clínico geral neurológico, um clínico de ilha —, para suas centenas de pacientes com *lytico-bodig*. Não é apenas médico de um grupo de indivíduos, mas médico de toda uma comunidade — a comunidade dos atormentados chamorros e seus familiares que viviam em Umatac, Merizo, Yona, Talafofo, Agat, Dededo, nas dezenove aldeias espalhadas por Guam.

Juan, outro paciente, tinha uma forma muito rara da doença, contou-me John. "Não é como a ALS, nem como o parkinsonismo, nem se parece com nenhuma das formas típicas do *lytico-bodig*. O que ele tem é um tremor inusitado, que eu nunca tinha encontrado antes no *lytico-bodig* — mas tenho certeza de que é o início da doença para ele." Juan tinha 58 anos, uma constituição muito forte, a pele tostada de sol e aparentava bem menos idade. Seus sintomas haviam começado dois anos antes, e ele os notou pela primeira vez quando escrevia uma carta. O ato de escrever provocou tremor e, passado um ano, já não lhe era mais possível escrever, pelo menos com a mão direita. Mas ele não apresentava nenhum outro sintoma.

Examinei-o e fiquei intrigado com o tremor. Não se parecia em nada com o tremor estacionário que normalmente encontramos no parkinsonismo, pois era provocado por uma ação ou intenção (que suprime o tremor estacionário). Também não se parecia com o "tremor de intenção", que ocorre (juntamente com a descoordenação e outros sinais cerebelares) quando existe dano no cerebelo ou em suas conexões. Parecia-se, em vez disso, com aquilo que os neurologistas jovialmente denominam tremor essencial ou benigno. "Essencial" porque parece surgir sem nenhuma lesão detectável no cérebro, e "benigno" porque em geral ele próprio se impõe limites, além de responder bem à medicação e não interferir demais na vida.

Isso é o mais comum. Porém, algumas pessoas passam do tremor "benigno" ao parkinsonismo plenamente desenvolvido ou outras doenças neurodegenerativas. Lembrei-me de uma paciente minha, uma senhora idosa de Nova York que, quando começou a ter esse tremor, já na casa dos setenta, sentiu um grande incômodo. Ela desandava a tremer por qualquer coisa que fizesse, e só podia impedir isso permanecendo absolutamente imóvel. "Dizem que é benigno", ela comentou, "mas o que é que há de tão benigno nisso?" Em seu caso, o tremor era intensamente maligno, não só no modo como interferia na vida, mas pelo fato de se revelar o primeiro sintoma de um tipo raro de degeneração articobasal, evoluindo para rigidez, espasticidade, demência e, dentro de dois anos, morte.

Não havia razão para supor que Juan apresentasse algo parecido. O mais provável, julgava John — e eu confiava em sua intuição —, era que tivesse uma forma bastante branda de *bodig*, tão branda que ele provavelmente poderia trabalhar e viver com autonomia pelo resto da vida. Embora o *lytico-bodig* em geral seja progressivo e incapacitante, há algumas pessoas, como Juan, que são afetadas apenas ligeiramente e que, depois de um desenvolvimento às vezes rápido dos sintomas ao longo de um ou dois anos, parecem apresentar pouco avanço adicional da doença (se bem que há pouco tempo John tenha me comunicado que agora Juan está apresentando alguma rigidez parkinsoniana).[13]

Se eu tivesse deixado, John teria ido direto para a casa de outro paciente, e depois de outro. Ele estava ansioso para me mostrar tudo nos poucos dias que eu passaria em Guam, e sua energia e entusiasmo pareciam não conhecer limites. Mas eu já vira o bastante por um dia, precisava de um descanso, precisava nadar. "Sim, tem razão, Oliver", disse John. "Vamos fazer uma pausa — vamos mergulhar de *snorkel* com Alma!"

Alma van der Velde tem uma casa encantadora em Merizo, num declive à beira-mar, coberta de hera, talvez sustentada por elas, cercada de samambaias e cicadáceas. Ela própria é uma criatura aquática, e passa metade de seus dias nadando entre os recifes — sofrendo de uma artrite grave, move-se dolorosamente em terra, mas é uma nadadora graciosa, forte e incansável. Foi para a Micronésia ainda moça, apaixonou-se pelo lugar e nunca mais partiu. Tem nadado em meio àqueles recifes há trinta anos; sabe onde encontrar os melhores quítons e cauris e as conchas mais bonitas; conhece as cavernas onde os polvos se escondem, os declives dos recifes sob os quais se encontram os mais raros corais. Quando não está nadando, senta-se na varanda e pinta o mar, as nuvens, os afloramentos rochosos na orla dos recifes, ou lê e escreve, perfeitamente autossuficiente. Ela e John são grandes amigos, tão amigos que quase não precisam falar quando estão juntos; sentam-se e olham as ondas rebentando nos recifes, e John, por breves instantes, pode esquecer o *lytico-bodig*.

Alma nos cumprimentou e sorriu ao ver que eu levara nadadeiras e *snorkel*. John preferia ficar na varanda e ler; Alma e eu iríamos juntos para os recifes. Ela me deu um bastão para ajudar a andar sobre o raso banco de coral cheio de saliências afiadas como navalhas, e foi na frente — seguindo um caminho que eu não teria sido capaz de discernir, mas que ela sem dúvida conhecia intimamente, até as águas claras mais adiante. Assim que a profundidade ultrapassou meio metro, Alma mergulhou, e eu, acompanhando-a, mergulhei também.

Passamos por grandes desfiladeiros de coral, com suas formas e cores intermináveis, com suas saliências retorcidas — algumas em formato de cogumelo, outras de árvore, as quais eram mordiscadas por tetrodontídeos e peixes-porcos. Nuvens de minúsculos peixes-zebras e peixes de um azul iridescente nadavam entre eles e à minha volta, passando no meio dos meus braços e das minhas pernas, sem se assustar com os movimentos que eu fazia.

Nadamos através de cardumes de labros, bodiões e marias-moles, e vimos peixes-leões com ferrugentas plumagens de barbatanas flutuando acima de nós. Estendi a mão para tocar um que passou perto, mas Alma sacudiu a cabeça com veemência (mais tarde ela me contou que as "plumas" eram muito venenosas quando tocadas). Vimos plantelmintos ondulando como pequenos cachecóis na água e roliças poliquetas com cerdas iridescentes. Grandes estrelas-do-mar, espantosamente azuis, rastejavam lentamente no fundo, e espinhentos ouriços-do-mar deixaram-me feliz por eu ter os pés protegidos pelas nadadeiras.

Mais alguns metros e nos vimos subitamente em um canal profundo que terminava doze metros abaixo de nós, mas com água tão clara e transparente que enxergávamos todos os detalhes como se estivessem ao alcance da mão. Quando nadamos ali, Alma fez alguns gestos que não consegui compreender; em seguida, fizemos o caminho de volta para as águas mais rasas dos recifes. Vi centenas de pepinos-do-mar, alguns de quase um metro de comprimento, percorrendo vagarosamente seu caminho cilíndrico pela base do oceano, e achei-os encantadores — Alma, para minha surpresa, fez uma careta e sacudiu a cabeça. "Eles trazem mas notícias", explicou, quando já havíamos tomado um banho e estávamos na varanda com John, comendo atum fresco e salada. "Lixeiros do mar! Eles vêm junto com a poluição — você não viu como os recifes estavam pálidos hoje?" De fato, os corais eram variados e belos, mas não tão brilhantes quanto eu esperava, não tão brilhantes quanto os que eu vira ao mergulhar em Pohnpei. "A cada ano eles ficam mais pálidos", continuou Alma, "e os pepinos-do-mar se multiplicam. Se não fizerem alguma coisa, será o fim dos recifes."[14]

"Por que você gesticulou quando estávamos no canal?", perguntei.

"Queria dizer que é um canal de tubarões — aquela é a estrada deles. Eles têm seus próprios esquemas e horários, e nesses horários eu nem sonharia em me aproximar dali. Mas estávamos em um momento seguro."

Decidimos descansar e ler um pouco, imersos no silêncio sociável da varanda. Ao passar para a confortável sala de estar de Alma, avistei na estante um grosso volume intitulado *The Useful Plants of the Island of Guam* [As plantas úteis da ilha de Guam], de W. E. Safford. Retirei-o com todo o cuidado, pois ele estava começando a se desintegrar. Pelo título, cheguei a achar que fosse um livro restrito, bastante técnico, sobre arroz e inhames, embora esperasse encontrar ali também alguns desenhos interessantes de cicadáceas. Mas o título era enganosamente modesto, pois o livro parecia conter, em suas quatrocentas páginas densas, uma descrição minuciosa não só das plantas, dos animais e da geologia de Guam, mas uma descrição profundamente compreensiva da vida e da cultura dos chamorros, desde seus alimentos, artes, barcos e habitações, até sua linguagem, seus mitos e rituais, suas crenças filosóficas e religiosas.

Safford citava relatos pormenorizados sobre a ilha e seu povo feitos por vários exploradores — Pigafetta, o historiador de Fernão de Magalhães, que escrevera em 1521, Legazpi, em 1565, Garcia, em 1683, e mais uma meia dúzia.[15] Todos eles concordavam na descrição dos chamorros como um povo excepcionalmente vigoroso, saudável e longevo. No primeiro ano da missão espanhola, escreveu Garcia, havia mais de 120 centenários batizados — longevidade que ele atribuiu à resistência da constituição física, à qualidade natural dos alimentos e à ausência de vícios ou preocupações. Todos os chamorros, observou Legazpi, eram excelentes nadadores e conseguiam apanhar peixes com as mãos nuas; de fato, comentou, eles às vezes lhe pareciam "mais peixes do que seres humanos". Os chamorros também eram hábeis navegadores e agricultores, mantinham um comércio ativo com outras ilhas e possuíam uma sociedade e uma cultura vigorosas. O exagero romântico não está ausente nesses primeiros relatos, que às vezes parecem descrever Guam como um paraíso terrestre; mas não há dúvida de que a ilha era capaz de sustentar uma comunidade bastante numerosa — todas as estimativas estavam na faixa de 60 mil a 100 mil habitantes — em condições de estabilidade cultural e ecológica.

Embora houvesse visitantes ocasionais nos 150 anos que se seguiram ao desembarque de Magalhães, só ocorreria uma mudança radical depois da chegada dos missionários espanhóis, em 1668, em um esforço orquestrado para cristianizar a população. A resistência a isso — ao batismo forçado, sobretudo — levou a uma selvagem retaliação em que aldeias inteiras eram punidas pelo ato de um único homem, passando então a uma pavorosa guerra de exterminação.

Além de tudo, sobreveio uma série de epidemias trazidas pelos colonizadores — sobretudo varíola, sarampo, tuberculose e, como um presente especial que ardia em fogo lento, a lepra.[16] E, somando-se à doença e ao autêntico extermínio, havia os efeitos morais de uma colonização e cristianização forçadas — de fato, a tentativa de assassinar a alma de toda uma cultura.

> Isso [...] os oprimia a tal ponto [...] que alguns chegavam a sacrificar a própria vida por desespero; e algumas mulheres propositalmente esterilizavam-se ou jogavam às águas os filhos recém-nascidos, julgando-os afortunados por morrer assim tão cedo, poupados das agruras de uma vida triste, dolorosa e miserável [...] para eles, a sujeição é a pior desgraça deste mundo.

Em 1710 praticamente não restavam homens chamorros em Guam, sobrando apenas cerca de mil mulheres e crianças. No decorrer de quarenta anos, 99% da população fora aniquilada. Assim, já que a resistência cessara, os missionários procuraram ajudar os chamorros quase extintos a sobreviver — isto é, a sobreviver segundo as condições cristãs e ocidentais —, adotando outro modo de vestir, aprendendo o catecismo, abandonando seus mitos, deuses e hábitos. Com o passar do tempo, as novas gerações foram se tornando cada vez mais híbridas, com crianças mestiças nascidas de mulheres que, pelo casamento ou pelo estupro, tinham filhos dos soldados que chegavam para subjugar sua nação. Antoine-Alfred Marche, que passou pelas ilhas Marianas entre 1887 e 1889, supôs que não haviam sobrado chamorros de sangue puro em Guam — ou que no máximo haveria algumas famílias na ilha vizinha de Rota, para onde tinham fugido dois séculos antes. Suas audaciosas habilidades marítimas, outrora célebres em todo o Pacífico, haviam se perdido. A língua chamorro metamorfoseara-se; misturada a muito espanhol, tornara-se um dialeto crioulo.

Ao longo do século XIX, Guam, antes uma cobiçada colônia espanhola na rota dos galeões, foi caindo no abandono e no esquecimento; a própria Espanha estava em declínio, tinha problemas internos, voltara-se para outros interesses e praticamente esquecera suas colônias no oeste do Pacífico. Esse período, para os chamorros, teve um lado bom e um lado ruim: se estavam sendo menos perseguidos, se agora era menos ativo o jugo dos conquistadores, sua terra, sua dieta, sua economia tinham se tornado cada vez mais pobres. O comércio e a navegação continuaram a declinar, e a ilha transformou-se em um fim de mundo atrasado cujos governadores não tinham dinheiro nem influência para mudar a situação.

O derradeiro sinal desse declínio revelou-se no modo farsesco com que o domínio espanhol foi oficialmente encerrado, por uma única canhoneira americana, a *Charleston*, em 1898. Fazia dois meses que não chegavam navios, e, quando a *Charleston* e seus três navios auxiliares apareceram na costa de Guam, a ilha encheu-se de animação. Que notícias, que novidades os navios poderiam trazer! Quando a *Charleston* abriu fogo, Juan Marina, o governador, gostou — devia ser algum tipo de saudação formal, supôs. Ficou pasmo ao descobrir que não se tratava de saudação, mas de guerra —

ele não tinha a *mínima* ideia de que estava acontecendo uma guerra entre Estados Unidos e Espanha —, e se viu posto a ferros a bordo da *Charleston*, prisioneiro de guerra. Assim terminaram os três séculos de domínio espanhol.

Foi nesse momento que o próprio Safford entrou para a história de Guam. Era tenente da Marinha na época, auxiliar do capitão Richard Leary, o primeiro governador americano — mas Leary, por motivos particulares, preferiu não deixar o navio, que estava ancorado no porto, e enviou Safford para substituí-lo. Safford logo adquiriu conhecimentos práticos da língua e dos costumes chamorro, e seu respeito pelo povo, sua cortesia e curiosidade fizeram dele um elo essencial entre os ilhéus e os novos senhores.[17] O novo governo americano, embora não tão distante quanto o espanhol que o antecedera, não instituiu grandes mudanças em Guam. Mas abriu escolas e cursos de inglês — o primeiro dos quais foi dado por Safford, em 1899 — e melhorou muito a assistência médica e o registro das informações na área de saúde. Os primeiros informes médicos sobre a "paralisia hereditária" e sua incidência incomum datam de 1900; o termo mais específico, ALS, foi empregado já em 1904.

A vida em Guam permaneceu muito semelhante ao que fora durante os dois séculos anteriores. A população aumentara gradualmente desde o genocídio de 1670-1700; um censo de 1901 registrou 9676 pessoas, das quais apenas 46 se consideravam chamorros. Quase 7 mil desses habitantes viviam na capital, Agana, ou nas aldeias adjacentes. Os caminhos eram péssimos, e as aldeias do sul, como Umatac, ficavam quase inacessíveis nas épocas chuvosas do ano — só através do mar havia garantia de alcançá-las.

Mesmo assim, Guam era considerada importante do ponto de vista militar, devido a seu tamanho e a sua posição crucial no Pacífico. Na Primeira Guerra Mundial, o Japão era aliado dos Estados Unidos, e Guam não foi arrastada para o conflito. Mas houve muita tensão em 8 de dezembro de 1941, quando chegou a Guam a notícia do ataque a Pearl Harbor; em poucas horas Guam também se viu atacada, com Mitsubishis vindos de Saipan, a apenas 160 quilômetros ao norte, aparecendo subitamente no céu de Agana e cuspindo fogo de metralhadora. A infantaria japonesa, que se concentrara em Rota, desembarcou dois dias depois, e Guam pouca resistência pôde oferecer.

A ocupação japonesa foi um período de crueldade e agruras que fez lembrar os conquistadores espanhóis. Muitos chamorros foram mortos, muitos foram torturados ou escravizados em trabalhos de guerra, outros fugiram de suas aldeias e plantações para sobreviver à ocupação, tanto quanto possível, nas colinas e na selva. Famílias e aldeias foram destruídas, campos e gêneros alimentícios foram confiscados, sobreveio a fome. As sementes de cicadáceas tinham sido uma parte importante da dieta dos chamorros durante pelo menos dois séculos; tornaram-se então a dieta quase exclusiva de alguns. Muitos chamorros foram brutalmente assassinados quando a guerra chegava ao fim, em especial quando ficou claro que os japoneses estavam com os dias contados e que a ilha em breve seria "libertada" pelos americanos. Os chamorros tinham sofrido terrivelmente durante a guerra e, quando os soldados americanos chegaram, receberam-nos com júbilo.

A verdadeira americanização de Guam deu-se após 1945. Agana, que abrigara metade da população antes da guerra, fora arrasada por ocasião da retomada da ilha, precisando ser totalmente reconstruída; a reconstrução fez com que deixasse de ser uma cidadezinha de casas térreas tradicionais para se transformar numa cidade americana com ruas pavimentadas, postos de gasolina, supermercados e prédios de apartamentos cada vez mais altos. Chegaram imigrantes em massa, a maioria soldados e seus dependentes, e a população da ilha inchou, passando dos 22 mil habitantes de antes da guerra para mais de 100 mil.

Guam permaneceu fechada a visitantes e imigrantes, mantendo-se sob restrição militar até 1960. Toda a área norte e noroeste, onde estavam as melhores praias da ilha e a bela e antiga aldeia de Sumay (tomada pelos japoneses em 1941 e finalmente arrasada pelos americanos em 1944), foi reservada para novas bases militares e fechada até mesmo para os chamorros que antes viviam ali. Desde a década de 60, uma avalanche de turistas e imigrantes tem desembarcado na ilha — dezenas de milhares de trabalhadores filipinos e turistas japoneses aos milhões, demandando hotéis de luxo e campos de golfe cada vez mais vastos.

O modo de vida tradicional dos chamorros está declinando; vai desaparecendo, retira-se para bolsões nas aldeias mais remotas do sul, como Umatac.[18]

* * *

John em geral faz suas rondas acompanhado por Phil Roberto, um jovem chamorro com certo preparo médico e que atua também como seu intérprete e assistente. Assim como Greg Dever em Pohnpei, John é da opinião de que a Micronésia já está há tempo demais sob o domínio dos Estados Unidos e dos médicos americanos, que impõem suas atitudes e valores, e julga crucial treinar pessoas nativas — médicos, enfermeiros, paramédicos, técnicos — para se obter um sistema de saúde autônomo. John espera que Phil venha a sucedê-lo, completando a pós-graduação em medicina e assumindo sua clientela quando ele se aposentar, pois Phil, sendo chamorro, será parte integrante da comunidade, de um modo como John nunca poderá ser inteiramente.

Com o passar dos anos, tem aumentado entre os chamorros o ressentimento em relação aos médicos ocidentais. Os chamorros vêm dando suas histórias, seu tempo, seu sangue e, por fim, seus cérebros — muitas vezes sentindo que eles próprios não passam de cobaias ou objeto de experiências e que não é com *eles* que os médicos que os visitam e fazem testes estão preocupados. "As pessoas admitirem que sua família tem essa doença já é uma grande coisa", disse Phil. "E deixar depois que um médico entre em suas casas é outro grande passo. No entanto, em termos de tratamento ou assistência, assistência médica, assistência domiciliar, elas na verdade não recebem ajuda suficiente. Os médicos visitantes vêm e vão, têm lá seus formulários e procedimentos de pesquisa, mas não conhecem o povo. John e eu vamos regularmente à casa das pessoas e com o tempo ficamos conhecendo as famílias, conhecendo sua história e como chegaram a este ponto de suas vidas. John conhece muitos de seus pacientes já há dez ou doze anos. Filmamos centenas de horas de entrevistas com pacientes. Eles ganharam confiança em nós e se mostram mais propensos a pedir ajuda — por exemplo: 'Fulano de Tal está pálido demais, o que devo fazer?'. Eles sabem que estamos aqui para ajudá-los.

"Somos nós que voltamos à casa deles algumas semanas depois que os pesquisadores estiveram lá, colheram amostras e levaram-nas para os Estados Unidos. Os pacientes nos perguntam: 'E então, o que aconteceu com aqueles testes que fizeram conosco?'. Mas não temos resposta para lhes dar, porque não são os nossos testes."

* * *

Na manhã seguinte, John e Phil vieram buscar-me cedo. "Ontem você viu um pouco de parkinsonismo e demência — o *bodig*", disse John. "Kurland achou que essa forma da doença estava substituindo a ALS na década de 70, mas não pense que a ALS está extinta. Tenho pacientes com *lytico* que venho acompanhando há anos e também casos novos — veremos alguns hoje." Ele fez uma pausa e depois acrescentou: "Há uma coisa intolerável na ALS; tenho certeza de que você percebeu, Oliver — todo neurologista percebe. Ver a força e os músculos sumirem, as pessoas incapazes de abrir a boca para falar, pessoas que morrem sufocadas porque não conseguem engolir... ver isso tudo e sentir que você não pode fazer nada, absolutamente nada para ajudá-las. Às vezes parece ainda mais terrível porque a mente dessas pessoas permanece inteiramente lúcida até o fim — elas sabem o que está acontecendo com elas."

Estávamos indo visitar Tomasa, que John conhece desde que chegou a Guam. Ela já tinha o *lytico* havia quinze anos quando ele a conheceu; a doença avançou ininterruptamente desde então, paralisando não apenas seus membros mas os músculos usados para respirar, falar e engolir. Agora ela está próxima do fim, mas continua a suportar tudo com coragem, tolerando o tubo nasogástrico, a asfixia e a aspiração frequentes e a dependência total com um fatalismo calmo, destemido. De fato, a adversidade paira sobre toda a sua família — o pai sofria de *lytico*, assim como as duas irmãs de Tomasa, enquanto os dois irmãos têm parkinsonismo e demência. De oito crianças de sua geração, cinco foram afetadas pelo *lytico-bodig*.

Quando entramos no quarto, Tomasa parecia exausta, paralisada, mas alerta. Com um animado "Olá, Tomasa, como vão as coisas hoje?", John foi até a cama onde ela estava deitada. Inclinou-se e tocou-lhe o ombro, e ela acompanhou suas mãos com um olhar inteligente e atento. Acompanhou tudo com um sorriso ocasional (talvez às vezes reflexo, pseudobulbar) e um ligeiro gemido ao exalar. Depois de 25 anos de uma doença implacável, estava morrendo inteiramente consciente, num quarto banhado de sol. John apresentou-me a Tomasa e sua filha, Angie, que estava com ela. Quando perguntei sua data de nascimento, Tomasa emitiu uma série de sons ininteligíveis (para mim), os quais a filha interpretou como significando 12 de abril de 1933. Quando solicitada, Tomasa conseguia abrir a boca e pôr a língua para fora. Esta, pavorosamente danificada, estava cheia de fissuras e era fasciculada, como um amontoado de vermes. Ela emitiu outro som ininteligível. "Ela quer que eu traga alguma coisa para o senhor e o dr. Steele beberem", disse Angie. As boas maneiras de Tomasa não a haviam abandonado, mesmo àquela altura. "Ela ensinou inúmeras pessoas sobre a doença de Guam", disse John. Tomasa sorriu. "Não se preocupe, Tomasa: Angie não terá o *lytico*. Ninguém da geração mais nova tem isso, graças a Deus", acrescentou ele com brandura.

Parentes, amigos e vizinhos chegam a toda hora, leem os jornais para ela, contam-lhe as novidades, põem-na a par das fofocas locais. Em dezembro, a árvore de Natal é colocada ao lado de sua cama; se há festas ou piqueniques locais, as pessoas encontram-se primeiro no quarto dela. Tomasa pode ser praticamente incapaz de se mover ou falar, mas todos ainda a veem como uma pessoa inteira, ainda é parte da família e da comunidade. Permanecerá em casa, no seio da família e da comunidade; vai se manter consciente, digna e dona de sua personalidade até o dia em que morrer — morte que não deve estar muito longe agora.

Ver Tomasa cercada por sua grande família lembrou-me uma descrição dos chamorros feita em 1602 por um dos primeiros missionários, frei Juan Pobre, e que eu lera ao folhear os livros do consultório de John:

> Eles são por natureza um povo muito solidário [...] No dia em que adoece o chefe da família, ou sua esposa, ou um filho, todos os parentes na aldeia levam para eles o almoço e o jantar, que preparam com os melhores ingredientes existentes na casa. Isso continua até o paciente morrer ou recobrar-se.

Essa aceitação da pessoa doente *como* pessoa, como parte viva da comunidade, estende-se aos que têm doenças crônicas ou incuráveis, os quais, a exemplo de Tomasa, podem viver anos e anos de invalidez. Pensei em meus pacientes com ALS avançada em Nova York, todos em hospitais ou asilos, com tubos nasogástricos, aparelhos de sucção, às vezes respiradores e todo tipo de apoio técnico — mas imensamente sozinhos, evitados (de modo deliberado ou inconsciente) pelos familiares, que não suportam vê-los naquela situação e quase preferem pensar neles (como faz o hospital) não como seres humanos, mas como casos médicos terminais em pleno estado de "manutenção da vida", usufruindo o melhor dos cuidados médicos modernos. Esses pacientes com frequência são evitados também pelos médicos e riscados até por eles do livro da vida. Mas John tem estado próximo de sua paciente, e estará com ela e a família no dia em que Tomasa finalmente morrer.

Da casa de Tomasa atravessamos a ilha em direção ao norte, sempre de carro, subindo as colinas salpicadas de cicadáceas e passando ao largo do plácido lago Fena, o único reservatório de água doce em Guam.[19] Tudo parecia muito seco no planalto; em determinado trecho, John apontou as árvores carbonizadas e vastas áreas de solo enegrecido: eram o legado de um grande incêndio na floresta ocorrido no verão anterior. E, no entanto, mesmo naquelas áreas enegrecidas havia novos rebentos verdes — rebentos que vinham dos tocos de cicadáceas.

Dededo é uma aldeia mais moderna, hoje em dia a maior de Guam, depois de Agana. Sua aparência lembra um pouco a de um subúrbio americano, com as casas dispostas a certa distância umas das outras, o que sugere mais senso de "privacidade" (embora este pareça ser mais um conceito ocidental do que chamorro). É em uma dessas casas que mora Roque, um homem forte e musculoso mal entrado na casa dos cinquenta — robusto, coberto de tatuagens dos tempos em que serviu o Exército, aparentemente gozava de perfeita saúde, até catorze meses antes, quando começou a se queixar de que alguma coisa bloqueava sua garganta. Logo notou sintomas na voz, no rosto, nas mãos, e ficou claro que sofria de um tipo rapidamente progressivo, quase fulminante, de *lytico*. Embora ainda não esteja num grau avançado de incapacitação, ele sabe que estará morto dentro de alguns meses. "Pode falar comigo a respeito disso", disse ele, percebendo minha relutância. "Não guardo segredos para mim mesmo." Parte do problema, explicou, provinha dos médicos melífluos de Agana, que eram evasivos e desejavam transmitir esperança e tranquilidade — uma visão otimista e falsa que poderia impedi-lo de lidar com a doença, com a vida que se esvaía e com a certeza da morte. Mas seu corpo dizia-lhe a verdade — e John também.

"Eu era um homem atlético, e agora a doença me derrubou", ele nos disse. "Aceito isso, mas às vezes fico tão deprimido que tenho vontade de fazer alguma coisa drástica [...] Suicídio não adianta. Não é certo. Mas eu gostaria que o Senhor me levasse, em vez de deixar esperando um resultado ou uma cura que não virão. Se não há cura, prefiro que Deus me leve."

Roque disse estar imensamente triste porque não veria seus filhos crescerem e porque o filho mais novo (que agora tem apenas dois anos) talvez não se lembrasse dele; estava triste porque sua esposa ficaria viúva; estava triste porque deixaria seus pais, idosos mas ainda com saúde, consternados.

O que acontecerá com ele, perguntei a John — vai morrer em casa, como Tomasa, ou irá para o hospital? "Depende do que ele desejar, do que a família desejar, da evolução da doença", respondeu John. "Quem sofre de paralisia bulbar total e tem a respiração afetada, precisa de ajuda para respirar; precisa de um respirador, para não morrer. Algumas pessoas desejam isso, outras não. Tenho dois pacientes em respiradores no St. Dominic's — vamos visitá-los amanhã."

Phil e eu tínhamos planejado ir à praia mais no fim da tarde, em Sumay, que dizem ser a melhor para nadar com *snorkel* em Guam. Como o local ficava na base militar, Phil conseguira permissão para irmos. Chegamos por volta das quatro horas e apresentamos nossos documentos. Mas nos portões receberam-nos com carrancas e desconfiança, especialmente quando os guardas viram que Phil era chamorro. Quando tentei explicar as coisas de um jeito bem-humorado e jovial, deparei com um olhar vazio e inexpressivo — lembrei-me, inevitavelmente, do odioso episódio em Kwajalein, do desamparo dos civis, da inutilidade da cortesia diante da burocracia militar. Phil tinha me avisado de que era melhor eu não dizer nada, de que nós dois precisávamos nos comportar do modo mais respeitoso e abjeto possível, ou eles achariam uma razão para nos negar a entrada. Na hora, pensei que aquele conselho era exagerado — mas depois percebi que não. No fim das contas, tivemos de ficar no portão esperando por uma hora, enquanto os guardas telefonavam em busca de vários consentimentos e confirmações. Às cinco horas, disseram-nos que nossa permissão fora aprovada — mas também que era tarde demais, pois a base já estava fechada. Naquele momento, felizmente (pois eu estava prestes a explodir de raiva), um oficial graduado aproximou-se; poderíamos deixar de lado o regulamento desta vez, disse ele — poderíamos entrar e nadar, mas teríamos de ser acompanhados por policiais militares enquanto estivéssemos na base.

Phil perdeu o fôlego ao ouvir isso, e a ideia de ser supervisionado me enfureceu; porém, tendo chegado até aquele ponto, decidimos ir em frente e nadar. Colocar roupas e equipamento para nadar bem à vista de um jipe com quatro policiais era um tanto enervante, e uma parte antinomiana de mim queria fazer alguma coisa ultrajante — mas me controlei, um tanto a contragosto; tentei afastar a polícia da mente e me abandonei às águas.

Realmente, era primoroso. Há mais de cem espécies nativas de corais em Guam, e suas cores em Sumay pareciam muito mais vivas do que as que eu vira do lado da casa de Alma, ou mesmo do que as dos esplêndidos corais de Pohnpei. Um pouco mais distante da costa, pudemos ver o contorno dos destroços de um navio de guerra japonês, rica e singularmente metamorfoseado por uma crosta de cracas e corais — mas seria preciso mais tempo, e tanques de oxigênio, para examiná-lo do modo apropriado. Nadando de volta para a praia pude ver, tremulando através das águas transparentes, a forma do jipe que nos esperava e a figura rígida dos policiais, distorcidas pela refração inquieta. Enquanto nos enxugávamos no crepúsculo, fervi de raiva ao pensar que aqueles recifes perfeitos eram negados ao povo de Guam, entesourados e trancados pelo poder institucional.

Mas a raiva de Phil atingia um nível mais profundo. Aquele era o local da antiga aldeia de Sumay, disse ele enquanto seguíamos de carro até a entrada da base. "Era a aldeia mais bonita de toda Guam. Foi bombardeada pelos japoneses no primeiro dia em que atacaram a ilha; depois, todos os habitantes foram expulsos ou mortos. Quando os aliados chegaram, os japoneses fugiram para aquelas cavernas que você pode ver nos rochedos; tentando fazê-los sair, os americanos bombardearam e arrasaram tudo. Aquele fragmento de igreja e o cemitério — foi só o que sobrou. Meus avós nasceram aqui", acrescentou ele, "e também estão enterrados aqui. Muitos de nós têm ancestrais neste cemitério, e queremos visitar as sepulturas, prestar nossas homenagens — mas temos de passar pelo processo burocrático que você viu. É uma grande indignidade."

* * *

No dia seguinte, John e eu partimos para o St. Dominic's, um hospital novo e bonito ou, como as freiras preferem chamá-lo, um Lar, com jardins, pátios e uma capela tranquila, construído no alto do monte Barrigada, com vista para Agana. Estavam lá mais dois pacientes de John — ambos, como Roque, ainda na casa dos cinquenta e acometidos pelo *lytico* em sua forma mais virulenta. Ambos aparentemente haviam gozado de perfeita saúde até dezoito meses antes, ambos agora haviam atingido um estágio no qual os músculos da respiração estavam paralisados e dependiam de ventilação mecânica para respirar. Quando nos aproximamos dos quartos ouvi a respiração pesada e animalesca dos respiradores, bem como os desagradáveis sons de sucção produzidos pelos pacientes quando a garganta engolia em seco (pois eles já não conseguiam engolir as próprias secreções, que precisavam ser sugadas mecanicamente de modo a não serem aspiradas para a traqueia ou os pulmões). Não pude deixar de pensar que talvez a vida não valesse a pena naquelas condições, mas ambos os pacientes tinham a companhia de um filho — um filho adulto em um caso, uma filha adulta no outro —, com quem ainda era possível algum contato, alguma comunicação simples; ainda podiam ouvir o que liam para eles, ver televisão, ouvir rádio. Suas mentes continuavam vivas e ativas, embora os músculos não, e ambos haviam indicado que desejavam prosseguir, permanecer vivos enquanto pudessem, mesmo que isso significasse ser mantidos por uma máquina. Ambos estavam cercados por figuras e ícones religiosos, e os fitavam sem piscar. Seus rostos, eu preferia pensar, pareciam estar em paz, a despeito dos corpos pesados e gorgolejantes embaixo.

Muitos pacientes em estágios bem avançados do *bodig* também vão para o St. Dominic's, em alguns casos sofrendo não só de parkinsonismo, mas igualmente de grave demência e espasticidade. Nesses pacientes, nos estágios finais a boca permanece aberta, há salivação intensa, o palato fica imóvel, sendo impossível falar e engolir, e os braços e pernas, gravemente espásticos, curvam-se em flexões contraídas impossíveis de mover. Mesmo para as famílias mais devotadas é dificílimo cuidar em casa de pacientes assim, e eles em geral são levados para o St. Dominic's, onde ficam aos cuidados das freiras. Comoveu-me profundamente a dedicação delas a essa tarefa; lembraram-me as Little Sisters of the Poor, uma ordem religiosa com a qual trabalhei em Nova York. Ao contrário do que se vê na maioria dos hospitais, a preocupação principal e contínua das irmãs é a dignidade e o estado de espírito de cada paciente. Impera sempre a ideia do paciente como um indivíduo total e não só como um problema médico, um corpo, um "caso". E em Guam, onde os laços familiares e comunitários são tão estreitos, os quartos dos pacientes, os corredores, os pátios e jardins de St. Dominic's estão sempre abarrotados de parentes e vizinhos — a família, a aldeia, a comunidade de cada paciente é reconstituída ali em miniatura. Ir para o St. Dominic's não significa ser afastado de tudo o que é querido e familiar — significa antes um deslocamento de tudo isso, na medida do possível, para o ambiente médico do hospital.

Senti-me arrasado ao ver aqueles pacientes com *lytico* e *bodig* num terrível estágio terminal; quis desesperadamente ir embora, deitar, desabar na cama, nadar de novo em recifes intocados. Não sei ao certo o porquê de tamanha consternação; boa parte do meu trabalho em Nova York consiste em lidar com o incurável e a incapacitação, mas ALS é rara — em geral, encontro apenas um caso a cada dois ou três anos.

Tentei imaginar como John, que tem quarenta ou mais pacientes com *lytico-bodig* avançado, lida com seus sentimentos. Notei que, quando estava com eles, muitas vezes adotava sua tonitruante voz profissional e modos otimistas, estimulantes, joviais — mas isso apenas na superfície, pois no fundo ele permanecia intensamente sensível e vulnerável. Phil contou-me mais tarde que, quando John está sozinho, ou pensa estar, ele às vezes chora pelo sofrimento de seus pacientes e por sua impotência — nossa impotência — em fazer qualquer coisa a respeito.

Depois do almoço, fomos ver uma parte diferente do St. Dominic's — uma agradável sala aberta com vista para um jardim, onde alguns dos pacientes de ambulatório estavam reunidos para os procedimentos da tarde. O St. Dominic's não é apenas um hospital para doentes crônicos, possuindo também um ativo programa diurno para pacientes de ambulatório provenientes de todas as partes da ilha. É um lugar onde eles podem se encontrar, fazer as refeições juntos, andar pelos jardins ou participar de trabalhos em grupo, além de submeter-se a terapias de todo tipo — psicoterapia, terapia da fala, terapia artística e musical. Foi lá que John me apresentou Euphrasia, outra de suas pacientes. Tem setenta anos mas aparenta muito menos, e sofre de uma forma parkinsoniana do *bodig* há 24 anos, embora não apresente nenhum comprometimento da memória nem demência. Ela se mudara para a Califórnia quando jovem e recém-casada, pouco depois da guerra, e não voltara a Guam durante muitos anos. Não obstante, foi acometida pelo *bodig* em 1969, apesar de ter vivido fora de Guam por 22 anos.

Ver Euphrasia lembrou-me a enorme defasagem que podia existir entre a exposição a sabe-se lá o que há (ou havia) em Guam e o desenvolvimento subsequente do *lytico-bodig*. De fato, John contou-me que ouvira falar de um paciente para quem o tempo decorrido entre a saída de Guam e o aparecimento da doença superava quarenta anos — e disse que podiam existir defasagens semelhantes no caso daqueles que iam *para* Guam. Nenhum caucasiano, pelo que ele soubesse, contraíra a doença, mas ele tinha notícia de alguns pacientes japoneses e filipinos que, ao mudarem para Guam, haviam casado com chamorros e se integrado completamente à cultura, sendo acometidos por manifestações evidentes de *lytico* ou *bodig* muitos anos mais tarde.[20]

Essa era, para ele, a mais convincente evidência clínica do extraordinário período "silencioso" no qual o *lytico-bodig*, em certo sentido, tinha de estar presente — mas em estado subclínico ou latente. Ficaria a doença agindo lentamente sob a superfície durante todos aqueles anos? Ou seria preciso ocorrer um novo evento que pudesse acirrar um processo anteriormente inofensivo, talvez inibido, transformando-o em um processo ativo? Às vezes John inclinava-se mais para a primeira hipótese, contou-me, e às vezes para a segunda — embora diante de um paciente como Roque, para quem o início da doença fora tão explosivo, irrompendo em meio a uma saúde aparentemente perfeita, a impressão não fosse tanto de um processo constante e contínuo que finalmente emergisse, e sim de uma transformação súbita e letal.

Lembrei-me de que Von Economo, o médico que pela primeira vez identificou a encefalite letárgica, usara a expressão "vulcões extintos" para designar os pacientes pós-encefalíticos. Esta pareceu ser uma comparação apropriada até o surgimento da levodopa, quando comecei a pensar neles como vulcões *adormecidos*, aptos a entrar em erupção de um modo súbito (e às vezes perigoso) com a nova droga. Mas aqueles pacientes já estavam manifestamente doentes — paralisados, catatônicos —, enquanto os doentes com *lytico-bodig*, ao que parecia, estavam ativos e em perfeitas condições de saúde quando os sintomas haviam começado. "Mas não se pode ter certeza disso em bases puramente clínicas", disse John. "Não há como ter uma ideia precisa do que pode estar acontecendo no nível celular." Ficamos imaginando o que estivera acontecendo com Euphrasia durante aqueles 22 anos depois de ela ter saído de Guam.

Euphrasia começou a tomar levodopa na Califórnia, em 1969, administrada por seu médico (isso me surpreendeu, pois foi nesse mesmo ano que comecei a ministrar levodopa a meus pacientes pós--encefalíticos). Na doença de Parkinson comum, os efeitos iniciais da droga são suaves e constantes, perdurando por várias horas, embora cedo ou tarde possam passar a instáveis, permitindo aos pacientes um breve período de fluidez, às vezes acompanhado de coreia e outros movimentos involuntários, seguindo-se, mais ou menos uma hora depois, uma imobilidade intensa — o chamado efeito "liga-desliga". Constatei que o efeito "liga-desliga" tendia a ocorrer muito mais cedo com meus pacientes pós-encefalíticos — de fato, às vezes desde o princípio, e também Euphrasia, disse John, apresentara reações fortes e extremadas desde o início. Contudo, apesar dos altos e baixos, a levodopa continuou a lhe trazer benefícios cruciais, pois lhe permitia algumas horas diárias de funcionamento relativamente bom.

Fazia várias horas que ela não tomava a medicação quando fomos vê-la: estava no estado "desligado", sentada totalmente imóvel na poltrona, a cabeça caída, quase enterrada no peito, só os olhos ainda capazes de algum movimento. Havia uma rigidez extrema em todos os seus membros. A voz era baixíssima, monotônica, quase inaudível, sem nenhuma animação ou expressividade. Ela babava constantemente.

John nos apresentou. Pegando-lhe a mão, cumprimentei Euphrasia delicadamente. Ela não conseguia falar, mas respondeu com um sorriso, enrugando os olhos; pude sentir um débil aperto de mão.

Com uma piscadela conspiratória para Euphrasia, eu disse a John: "Vou lhe mostrar uma coisa, ou melhor, Euphrasia vai mostrar". Consegui, com certa dificuldade, fazê-la levantar-se. Andando de costas na frente dela, segurando suas mãos retorcidas, indicando-lhe o que fazer o tempo todo, consegui conduzi-la, com minúsculos passinhos vacilantes, ao jardim do lado de fora. Havia um jardim de pedras justapostas que iam subindo e formando uma pequena colina, com saliências e declives irregulares. "Muito bem", eu disse a Euphrasia, apontando uma pedra, "suba aqui, vá sozinha — pronto!" Para desespero de John e das freiras, soltei-a e deixei-a ir. Mas Euphrasia, que se mostrara quase incapaz de movimentar-se no assoalho plano e sem linhas de referência da sala de estar dos pacientes, ergueu bem alto a perna e subiu corajosamente na pedra, depois em outra e mais outra, até o topo do jardim de pedras, sem dificuldade. Ela sorriu e desceu, pisando com tanta segurança quanto na subida. Assim que atingiu o nível inferior, plano, voltou a ficar tão incapacitada quanto antes. John estava boquiaberto, mas Euphrasia ainda tinha a sombra de um sorriso nos lábios — *ela* não estava nem um pouco surpresa. E, se tivesse condição de falar, talvez pudesse ter dito, como tantos de meus pacientes pós-encefalíticos: "Como seria bom se o mundo fosse feito de escadas!".

Eram duas horas: hora do remédio, disse a freira. Ela trouxe para Euphrasia, já novamente sentada na sala de estar, um minúsculo comprimido branco com um pouco de água. Catorze minutos depois de tomar a levodopa — cronometramos, como que esperando uma reação química ou uma explosão —, ela subitamente se pôs de pé num pulo, e com tamanha energia que a cadeira caiu para trás; desembestou pelo corredor e irrompeu em uma conversa animadíssima, desordenada mesmo, pondo para fora atropeladamente tudo o que tivera vontade de dizer mas não conseguira enquanto estava paralisada. Aquilo não foi só um desaparecimento do parkinsonismo, dos problemas motores, mas uma transformação dos sentidos, dos sentimentos, de toda a conduta. Eu não via uma coisa assim já fazia mais de vinte anos. Senti-me ao mesmo tempo perplexo (embora até certo ponto esperasse vê-la apresentar uma reação assim) e um pouco nostálgico — Euphrasia lembrava-me especialmente Hester, uma de minhas pacientes pós-encefalíticas, em quem ocorria uma

transformação instantânea semelhante, sem estado intermediário, sem nenhum período de "aquecimento".
Mas não era um "despertar" inteiramente simples para Euphrasia, assim como não fora para a hiperbólica Hester. Pois, ao lado da animação motora, do vigor e da jovialidade que apareciam de repente, surgia também uma tendência a fazer gracejos, a ter tiques e olhares súbitos, a tocar compulsivamente nas pessoas e coisas, arremessar-se e desembestar, dar socos e golpes — toda uma série de impulsos estranhos, um ímpeto físico e mental. Ocorria aquele tremendo surto de vida, de ativação exagerada, a um só tempo saudável e patológica, e em seguida, vinte minutos depois, uma recaída ao estado original acompanhada de bocejos repetidos, de uma letargia súbita e total.
"O que você me diz disso, hein?", perguntou John a meu lado, ansioso. "Lembra alguma coisa?"

Quando não está atendendo pacientes, John leciona no Guam Memorial Hospital em Tamuning e trabalha em estudos de laboratório. Tem se empenhado em conseguir das autoridades mais verbas de pesquisa a serem empregadas nas instalações locais e gostaria de montar na ilha um centro completo para estudar o *lytico-bodig*, com sofisticados equipamentos de neuropatologia e instalações para exames de ressonância magnética e outros diagnósticos por imagem do cérebro. Atualmente, muitos desses estudos têm de ser feitos no continente, ao passo que boa parte do trabalho epidemiológico — entrevistar pacientes e montar grandes árvores genealógicas —, além do trabalho clínico e laboratorial básico de vários tipos, são feitos na ilha.
John levou-me ao seu laboratório; tinha algo especial que desejava mostrar. "Quero que veja estes slides, Oliver", disse ele, fazendo sinal para que eu me aproximasse de um microscópio. Olhei pela ocular, primeiro na potência baixa, e vi células pigmentadas dispostas simetricamente em v.
"Uma substância preta", falei. "Muitas células estão pálidas e despigmentadas. Há muita reação glial e fragmentos soltos de pigmento." Mudei para uma potência mais elevada e vi um número enorme de emaranhados neurofibrilares, massas densamente colori-

das, convolutas, claramente evidentes no interior das células nervosas destruídas. "Você tem amostras de córtex, hipotálamo, cordão espinhal?" John entregou-me as amostras, examinei-as uma após a outra — estavam todas repletas de emaranhados neurofibrilares.

"Então é assim a aparência do *lytico-bodig*", comentei, "degeneração neurofibrilar por toda parte!"

"Sim", John respondeu. "Isso é bem característico. Aqui está um outro caso — dê uma olhada." Procedi como antes: as constatações foram bem semelhantes, e a distribuição dos emaranhados era muito parecida.

"Todos os casos de *lytico-bodig* têm este aspecto?", perguntei.

"Na verdade, Oliver", John deu um largo sorriso, "o que você está vendo agora não é absolutamente o *lytico-bodig*. É a *sua* doença, o parkinsonismo pós-encefalítico — todos esses slides me foram enviados por Sue Daniel, de Londres."

"Não tenho trabalhado muito com patologia desde que fiz a residência", repliquei, "e não sou especialista, mas não consigo distinguir um do outro."

John deu um sorriso satisfeito. "Veja, tenho mais alguns slides para você." Examinei a nova série, começando pela substância preta, o mesencéfalo, descendo e subindo a partir dali.

"Desisto", falei. "Não sei dizer se é *lytico-bodig* ou parkinsonismo pós-encefalítico."

"Nenhum dos dois", replicou John. "Essa é a *minha* doença, a paralisia supranuclear progressiva. De fato, o material provém de um dos primeiros casos que descrevemos em 1963 — e mesmo na época a semelhança com o parkinsonismo pós-encefalítico nos surpreendeu. Agora observamos a doença de Guam... e as três parecem praticamente a mesma.

"Sue Daniel, Andrew Lees e seus colegas do Banco de Cérebros Parkinsonianos levantaram a hipótese de serem doenças realmente afins — talvez até a mesma doença, uma doença viral que poderia assumir três formas diferentes.

"Estes emaranhados neurofibrilares encontrados são muito parecidos com os da doença de Alzheimer", disse John, "embora aqui eles ocorram em número menor e tenham uma distribuição diferente. Assim, esses emaranhados — que são como pequeninas lápides no sistema nervoso — estão presentes em quatro das principais doenças neurodegenerativas. Talvez eles contenham pistas vitais para o processo de neurodegeneração, ou talvez sejam reações neurais não inteiramente exclusivas da doença — não sabemos."

Quando entramos no carro para retornar a Umatac, John continuou a esboçar a história do *lytico-bodig*. Uma outra dimensão adicionou-se ao problema no decorrer da década de 60, e uma alteração curiosa foi observada na história natural da doença: os casos de *bodig*, que haviam sido muito mais raros do que os de *lytico* nos anos 40 e no início dos anos 50, passaram a superar estes últimos em índices sempre crescentes. E a idade do início da doença também estava aumentando — não havia mais casos de adolescentes (como o do rapaz de dezenove anos com *lytico* encontrado por Kurland) e quase nenhum na casa dos vinte.

Mas por que uma única doença se manifestaria sobretudo como *lytico* em uma década e predominantemente como *bodig* no decênio seguinte? Teria isso alguma relação com a idade? De modo geral, os pacientes com *bodig* eram uma década mais velhos do que os que sofriam de *lytico*. Haveria alguma relação com a dose — seria possível que os pacientes mais gravemente expostos tivessem sofrido um processo de destruição dos neurônios motores nos anos 50, surgindo daí uma síndrome semelhante à ALS, ao passo que os pacientes expostos a um nível menor do agente (qualquer que fosse ele) se vissem mais tarde vítimas de efeitos mais lentos no cérebro, os quais poderiam causar parkinsonismo ou demência? Será que a maioria dos pacientes com *lytico*, se sobrevivessem o suficiente, poderiam desenvolver o *bodig* anos mais tarde? Esta, evidentemente, era uma questão impossível, pois o *lytico* em sua forma aguda abrevia o curso da vida. Mas Tomasa, ainda viva depois de 25 anos com *lytico*, não apresentava nenhum sinal do *bodig*. Todas essas questões tinham sido levantadas, mas não havia sido possível responder a nenhuma delas.

Kurland sempre fora da opinião de que a possibilidade de as cicadáceas serem tóxicas, por mais esdrúxula que parecesse, devia ser investigada a fundo; com esse objetivo ele organizara, em parceria com Whiting, uma série de importantes conferências que tiveram início em 1963 e prosseguiram por uma década. As primeiras foram marcadas pela empolgação, pela esperança de uma grande descoberta, e reuniram botânicos, nutricionistas, toxicologistas, neurologistas, patologistas e antropólogos de todas as partes do mundo para apresentarem seus estudos. Um componente das sementes de cicadácea era a cicasina, um glicosídeo que fora isolado nos anos 50; informou-se no decorrer dessas conferências que a cicasina apresentava um conjunto notável de efeitos tóxicos. Doses grandes acarretavam a morte por insuficiência aguda do fígado; doses menores podiam ser toleradas pelo fígado, porém gerando posteriormente vários tipos de câncer. Embora a cicasina não parecesse tóxica para as células nervosas de adultos, era um dos carcinógenos mais potentes que se conheciam.

O entusiasmo renovou-se quando foi isolado outro composto encontrado em sementes de cicadáceas — um aminoácido, beta-N--metilamino-levoalanina (BMAA), muito semelhante, em estrutura, ao aminoácido neurotóxico beta-N-oxalilamino-levoalanina (BOAA), que sabidamente provocava a paralisia do neurolatirismo. Seria então o BMAA a causa do *lytico-bodig*? Ele fora administrado em muitos experimentos com animais, disse John, mas nenhum destes desenvolveu algo parecido com o *lytico-bodig*.

Nesse meio-tempo houve duas descobertas adicionais na área da epidemiologia. Em 1962, Carleton Gajdusek, que vinha trabalhando para encontrar a causa do *kuru*, uma doença neurológica fatal no leste da Nova Guiné (trabalho pelo qual ele mais tarde receberia o prêmio Nobel), descobriu uma doença endêmica semelhante ao *lytico-bodig* entre os auyus e os jakais, povos da planície costeira meridional da Nova Guiné Ocidental.[21] Esse foco revelou-se extremamente significativo, pois ali a incidência da doença era superior a 1300 em 100 mil, e 30% dos afetados tinham menos de trinta anos. Por volta da mesma época, no Japão, Kiyoshi Kimura e Yoshiro Yase descobriram um terceiro foco de uma doença semelhante ao *lytico-bodig* na península de Kii, na ilha de Honshu. Mas em nenhum desses lugares foram encontradas cicadáceas.

Com essas novas descobertas, não tendo sido possível obter um modelo animal da doença, a plausibilidade da hipótese das cicadáceas parecia ter desaparecido. "Os defensores da hipótese das cicadáceas ficaram fartos", disse John, com certa tristeza. "Pensaram que tinham resolvido o problema do *lytico-bodig*, e foi realmente uma perda ter de abrir mão da hipótese das cicadáceas. Especialmente porque não tinham nada para substituí-la; eles se viram em uma espécie de vácuo conceitual." Em 1972, apenas Kurland continuava a considerá-la uma possibilidade; para a maioria dos pesquisadores, a hipótese das cicadáceas morrera, e a atenção voltou-se para outras partes.

John combinara levar-me aquela noite a um restaurante japonês em Agana. "Com nossa enorme atividade turística, temos aqui a melhor comida japonesa do mundo fora do Japão", disse ele. Quando nos sentamos e examinamos o longo e exótico cardápio, fiquei curioso ao ver na lista o *fugu*, ou baiacu japonês; era dez vezes mais caro do que qualquer outro item do cardápio.

"Não experimente!", disse John, peremptoriamente. "Você tem uma chance em duzentas de ser envenenado — os *chefs* são muito bem treinados, mas às vezes cometem um erro: deixam um vestígio da pele ou das vísceras no peixe. As pessoas gostam de brincar de roleta-russa com essa comida, mas acho que existem modos melhores de morrer. Tetrodotoxina — um jeito horrível de passar desta para a melhor!"

Em Guam, prosseguiu John, animando-se com o tema, a forma mais comum de doença provocada por frutos do mar era a intoxicação por ciguatera: "É tão comum por aqui que a chamamos simplesmente de intoxicação por peixe". A ciguatoxina é uma potente neurotoxina produzida por um minúsculo organismo, um dinoflagelado de nome *Gambierdiscus toxicus*, que vive entre as algas que crescem nos canais dos recifes de coral. Os peixes herbívoros comem as algas, e os peixes carnívoros, por sua vez, comem os herbívoros, e por isso as toxinas acumulam-se em peixes grandes e predadores, como o vermelho, a garoupa, o barbeiro, o *jack salmon* (todos incluídos no cardápio). A ciguatoxina não provoca doenças nos peixes — eles parecem beneficiar-se dela —, mas é perigosíssima para os mamíferos e para o homem. John parece ser um especialista no assunto. "O primeiro caso que vi foi quando trabalhava nas ilhas Marshall, vinte anos atrás — um garoto de catorze anos que ficou totalmente paralisado, com paralisia respiratória inclusive, depois de comer garoupa. Naquela época encontrei centenas de casos.

Descobrimos 55 espécies diferentes de peixe que podiam conter ciguatoxina. É impossível para um pescador saber se determinado peixe é tóxico, e não existe nenhum modo de preparar ou cozinhar o peixe que possa desativar a toxina.

"Houve uma época", acrescentou ele, "que se chegou a pensar na possibilidade de o *lytico-bodig* ser causado por um tipo semelhante de intoxicação por peixe — mas nunca encontramos evidências disso."

Pensando no delicioso *sushi* pelo qual eu ansiara o dia todo, senti um arrepio de horror percorrer-me a espinha. "Quero um *teriyaki* de frango, talvez um enroladinho de abacate — nada de peixe hoje", falei.

"Uma escolha sábia, Oliver", aprovou John. "Vou pedir o mesmo."

Mal tínhamos começado a comer e as luzes se apagaram. Um gemido — "Ah, não, de novo!" — percorreu o restaurante, e os garçons logo apareceram com velas e as acenderam. "Eles parecem muito bem preparados para a falta de energia", comentei.

"Claro", replicou John, "isso acontece aqui o tempo todo, Oliver. São provocadas pelas cobras."

"O quê?" Será que eu tinha ouvido mal? Será que ele estava louco? Surpreso, por um instante fiquei pensando se ele não teria comido algum peixe venenoso e estava começando a ter alucinações.

"Parece estranho, não é? Temos milhões dessas cobras pardas arborícolas — a ilha inteira está infestada. Elas sobem nos postes de telefone, entram nas subestações, atravessam os dutos, penetram nos transformadores e então... puft! Falta energia de novo. Os blecautes acontecem duas ou três vezes por dia, e por isso todo o mundo está preparado para eles — nós os chamamos de *cobrautes*. É claro que não podemos adivinhar quando eles vão acontecer.

"E como é que você tem dormido?", perguntou ele, como quem não quer nada.

"Muito bem", respondi. "Melhor que de costume. Lá em casa minha tendência é ser acordado pelos pássaros ao amanhecer."

"E aqui?", instigou John.

"Sabe, agora que você mencionou, não tenho ouvido pássaros quando amanhece. Nem em nenhuma outra hora. É estranho. Eu não tinha percebido até você me perguntar." "Não há canto de pássaros em Guam — a ilha é silenciosa", disse John. "Tínhamos muitos pássaros, mas acabaram-se todos — não sobrou nenhum. Foram todos comidos pelas cobras arborícolas." John tinha um senso de humor travesso, e eu não sabia muito bem se devia acreditar naquela história. Mas quando retornei ao hotel naquela noite e saquei meu confiável *Micronesia Handbook*, encontrei a confirmação de tudo o que ele dissera. A cobra arborícola chegara a Guam no porão de um navio da Marinha já no final da Segunda Guerra Mundial e, encontrando pouca competição entre a fauna nativa, multiplicou-se com rapidez. Segundo estava escrito ali, as cobras eram noturnas e podiam atingir um metro e oitenta de comprimento, "mas não oferecem perigo aos adultos, pois têm as presas muito recuadas na mandíbula". Porém, comiam todo tipo de mamíferos pequenos, pássaros e ovos; este fora o motivo da extinção de todos os pássaros de Guam, inclusive de várias espécies exclusivas da ilha. Os morcegos frugívoros que restavam encontram-se atualmente ameaçados de extinção. Os ataques à rede elétrica, conforme li, dão prejuízos de milhões de dólares todo ano.[22]

Na manhã seguinte eu programara passar algum tempo procurando samambaias na floresta de Guam. Meus amigos da Sociedade Americana das Samambaias, de Nova York, haviam me falado sobre a botânica Lynn Raulerson. Ela e uma colega, Agnes Rinehart, trabalham no herbário da Universidade de Guam e publicaram, entre outros, um encantador livro sobre as samambaias e orquídeas das ilhas Marianas, *Ferns and Orchids of the Mariana Islands* (na folha de rosto, a representação do ciclo de vida de uma samambaia foi desenhada por Alma). Encontrei Lynn na universidade e partimos para a selva acompanhados por um de seus alunos, Alex, que estava equipado com um facão de mato. Alex comentou sobre a densidade da floresta em alguns lugares. "Você pode se perder completamente mesmo que tenha um ótimo senso de direção", disse ele. "Entra cinco metros na mata, e ela é tão densa que você já não sabe mais onde está."

A própria estrada logo estava cercada por um oceano de samambaias ensiformes muito grandes, de um verde brilhante. Centenas, milhares delas, apontando eretas para o alto, quase até onde a vista alcançava. A *Nephrolepis biserrata*, pelo menos a variedade que vimos, não é a samambaia ensiforme comum e modesta que muita gente conhece, mas uma espécie nativa das Marianas, com frondes gigantescas cujo comprimento pode chegar a três metros. Depois que as transpusemos com muita dificuldade, entramos na selva, com seus grandes pandanos e fícus, e um dossel tão denso que se fechava sobre nossas cabeças. Era uma selva das mais ricas e verdes que eu já vira, os troncos de cada árvore recobertos com uma dúzia de epífitas, cada centímetro disponível repleto de plantas. Alex andava alguns metros à nossa frente, abrindo caminho com o facão. Vimos gigantescas samambaias ninhos-de-pássaro — os chamorros as chamam de *galak*, disse Alex — e uma "ninho-de-pássaro" menor que parecia ser parente próxima da outra, mas que na verdade pertencia a um gênero diferente, disse Lynn, o *Polypodium*, nativo das Marianas.

Encantei-me ao ver samambaias de todas as formas e tamanhos, desde as frondes rendadas e triangulares da *Davallia* e a eriçada *Pyrrosia* que envolvia os troncos dos pandanos até a cintilante *Vittaria*, em forma de cordão, que parecia pendurada por toda parte. Nas áreas úmidas e protegidas vimos uma samambaia membranosa, a *Trichomanes*, que me emocionou não só pela delicada beleza mas porque Safford, num erro atípico, escrevera que não existiam samambaias membranosas em Guam (na verdade, existiam três espécies, disse Lynn). Deparamos com a rara *Ophioglossum pendulum*, uma imensa samambaia em forma de fita, com grandes frondes carnudas, onduladas e bifurcadas, que desciam de uma forquilha de árvore.[23] Eu nunca tinha visto aquela espécie, e até Lynn estava excitada por encontrá-la. Tiramos fotografias da planta, posando ao lado dela — como quem tira foto ao lado de um marlim que pescou ou de um tigre que caçou. Mas tomamos cuidado para não perturbar a planta — e ficamos felizes ao pensar que nossa trilha se fecharia totalmente em poucos dias.

"Há mais uma samambaia por aqui que você vai gostar de ver", disse Lynn. "Dê uma olhada nesta, que tem dois tipos diferentes de fronde. As frondes divididas são as férteis; as que parecem espadas são estéreis. Seu nome é *Humata heterophylla*, e esse nome provém de Umatac (ou Humátag), onde ela foi encontrada na década de 1790 pela primeira expedição botânica a Guam — pode chamá-la de samambaia nacional de Guam."

John e eu fizemos mais algumas visitas domiciliares à tarde. Fomos de carro à aldeia de Yona e paramos na primeira casa, onde um paciente de John, Jesus, estava sentado na varanda; agora que o *bodig* quase o petrificara, era ali que ele adorava, acima de tudo, sentar-se o dia inteiro. Fiquei sabendo que ele tinha o *man-man*, o termo chamorro empregado para designar o olhar inexpressivo e fixo no vazio — embora aquele não fosse um olhar vazio, um olhar para o nada, mas um olhar quase dolorosamente absorto, desejoso: fitava as crianças que brincavam na rua, fitava os carros e carroças que passavam de vez em quando, fitava os vizinhos que saíam para o trabalho toda manhã e voltavam no fim do dia. Jesus sentava-se na varanda, sem piscar, sem se mexer, imóvel como uma tartaruga, do amanhecer até a meia-noite (exceto nos raros dias em que ventos fortes ou chuva a açoitavam), contemplando eternamente o espetáculo sempre variado da vida à sua frente — um espectador extasiado que já não podia participar.[24] Lembrei-me de uma descrição de Ibsen, idoso, depois de ter sofrido um derrame, afásico, parcialmente paralítico, incapaz de sair de casa, escrever ou falar — mas insistindo, sempre, que o deixassem ficar de pé diante das altas janelas de seu quarto, olhando o porto, as ruas, o vívido espetáculo da cidade. "Vejo tudo", ele murmurara certa vez, anos antes, a um jovem colega — e restava ainda aquela paixão por ver, a paixão de observar, quando tudo o mais se fora. Assim era, parecia-me, com o velho Jesus em sua varanda.

Quando John e eu cumprimentamos Jesus, ele respondeu com voz monotônica, sem inflexões, sem modulação, mas as respostas foram precisas e cheias de detalhes. Falou de Agana, onde nascera em 1913, de como era agradável e tranquila na época ("Não é como agora — está completamente mudada desde a guerra"); falou sobre a ida para Umatac com os pais aos oito anos e sobre uma longa vida dedicada à pesca e à agricultura. Falou da esposa, mestiça de japonês e chamorro, que morrera quinze anos atrás devido ao *bodig*.

Muitas pessoas da família de sua esposa tinham *lytico* ou *bodig*; mas seus filhos e netos felizmente pareciam livres daquilo. Tínhamos sido informados de que Jesus podia passar o dia inteiro quase sem dizer uma só palavra. E no entanto falava bem, era até loquaz quando puxavam conversa; porém, logo ficou evidente que ele esperava pelas nossas perguntas. Era capaz de responder com presteza, mas não de iniciar uma sentença. E tampouco um movimento, ao que parecia — podia permanecer sentado e imóvel durante horas se ninguém ou nada o *incitasse* a se mover. Mais uma vez, lembrei-me claramente de meus pacientes pós-encefalíticos, de como tinham uma dependência crucial da iniciativa dos outros, que os instigavam a falar ou a agir. Arranquei uma página de meu caderno, amassei-a fazendo uma bola e joguei-a para Jesus. Ele estivera sentado, aparentemente incapaz de se movimentar, mas seu braço ergueu-se rápido como um raio e ele apanhou a bola de papel com precisão. Um de seus netos estava ali perto e arregalou os olhos de espanto ao ver aquilo. Continuei jogando a bola, e então pedi a Jesus que a jogasse para o neto, depois para outra criança e mais outra. Logo tínhamos ali a família inteira jogando bola, e o acinético Jesus, já não mais acinético, a mantinha em movimento entre nós todos. As crianças não sabiam que seu avô "paralítico" era capaz de se mover, e muito menos que conseguia apanhar uma bola, atirá-la com pontaria certeira, fintar, jogá-la com diferentes estilos e em direções variadas e improvisar um veloz jogo de bola entre eles.

Para seus netos, aquela foi uma descoberta, e uma descoberta que, a meu ver, poderia transformar o relacionamento do avô com eles — mas aquele chamado à ação era bem conhecido por seus velhos amigos da comunidade. Uma vez por semana ele ia ao centro dos idosos — precisava que o pegassem e erguessem ("como um cadáver", disse ele) para pô-lo dentro do carro; mas, ali chegando e sentando-se a uma mesa de cartas, era capaz de jogar um rápido e difícil jogo de *gin rummy*. Não conseguia iniciar o jogo — alguma outra pessoa precisava fazer isso —, mas, depois de a primeira carta ser virada, ele subitamente ganhava vida, respondia, pegava outra carta e continuava o jogo. As pessoas de Umatac, Merizo, Dededo e Santa Rita podem ter pouco conhecimento científico sobre o parkinsonismo, mas possuem muitos conhecimentos informais, uma neurologia popular baseada em décadas de íntima observação do *bodig* em seu meio. Sabem muito bem como "desbloquear" ou desemperrar os pacientes quando eles ficam paralisados, iniciando a conversa ou a ação por eles — isso pode exigir que alguém caminhe junto com o paciente ou que se providencie o pulsar rítmico de uma música. Sabem até que ponto padrões no piso ou no solo podem ajudar o parkinsoniano a organizar sua caminhada, sabem que pacientes quase incapazes de andar em uma superfície plana conseguem transpor obstáculos complexos e terrenos acidentados com facilidade (e, na verdade, com uma facilidade singular nestes casos), sabem que o parkinsoniano mudo e imóvel pode reagir esplendidamente à música, cantando e dançando quando antes a fala e o movimento pareciam impossíveis.

Mas o que provocara o *lytico-bodig*, por que a doença tinha surgido e desaparecido? Instalara-se uma espécie de vácuo conceitual, disse John, quando a hipótese das cicadáceas caíra por terra no início dos anos 70. A doença continuou a vitimar mais chamorros, e os pacientes eram tratados, quando possível, em seus sintomas — mas houve uma notável calmaria nas pesquisas durante algum tempo, pelo menos em Guam.

No entanto, na década de 70 fez-se uma descoberta de grande importância. Dois patologistas, Frank Anderson e Leung Chen, fizeram autópsias em duzentos chamorros, muitos dos quais haviam tido morte repentina em acidentes de trânsito. (Antes da guerra Agana fora uma cidadezinha de ritmo vagaroso, e o transporte se fazia lentamente — em geral por carroças puxadas pelo chifrudo búfalo-da-índia — pelas ruas cheias de sulcos e frequentemente inundadas. Mas depois da guerra houve um súbito aumento da população, sobretudo com militares americanos, trazendo junto as ruas e os carros de alta velocidade; isso provocou um abrupto crescimento das mortes no trânsito entre os chamorros, que não tinham a mínima experiência com um ritmo tão veloz.) Nenhuma daquelas pessoas apresentara sintomas neurológicos de espécie alguma; ainda assim, 70% das que haviam nascido antes de 1940 mostravam claras alterações patológicas no sistema nervoso, semelhantes aos emaranhados neurofibrilares que Hirano encontrara nos pacientes com *lytico-bodig*. A ocorrência de emaranhados neurofibrilares diminuía acentuadamente nos nascidos na década de 40 e não foi encontrada em nenhuma das pessoas nascidas depois de 1952. Essa descoberta extraordinária indicava que o *lytico-bodig* poderia ter sido quase universal entre os chamorros em certa época — muito embora apenas uma pequena proporção acabasse desenvolvendo sintomas neurológicos manifestos. Indicava, além disso, que o risco de contrair a doença estava então muito reduzido — e que, apesar de continuarem a ocorrer casos, estes provavelmente haviam sido contraídos muitos anos antes e só então haviam se tornado sintomáticos. "O que estamos vendo agora, Oliver", disse John, esmurrando o volante para dar ênfase, "são os derradeiros efeitos de uma coisa que aconteceu muito tempo atrás."[25]

Quando Yoshiro Yase, um ardoroso adepto da pesca esportiva, além de neurologista, começou a estudar o recém-identificado foco da doença na península de Kii, ficou sabendo que quase não havia peixes nos rios locais, e isto o instigou — a lembrança da tragédia de Minamata estava ainda bem vívida — a analisar aquelas águas. Embora elas estivessem livres de agentes infecciosos ou toxinas, eram singularmente pobres em cálcio e magnésio. Poderia ser essa, pensou, a causa da doença?

Gajdusek ficou interessadíssimo nas descobertas de Yase, e mais ainda porque se surpreendera com o solo vermelho, rico em ferro e bauxita, nas terras pantanosas ao redor das aldeias de Auyu e Jakai. Quando ele pôde retornar, em 1974 — a Nova Guiné Ocidental transformara-se em Irian Jaya durante as revoluções ocorridas naquele meio tempo —, fez testes com a água retirada dos poços rasos que os aldeões cavavam no solo vermelho, encontrando níveis anormalmente baixos de cálcio e magnésio, além de níveis elevados de ferro, alumínio e outros metais.

Naquela época, Kurland mudou-se para a Clínica Mayo, onde se dedicaria a outras pesquisas, julgando que a hipótese das cicadáceas, embora válida, não podia ser comprovada. Seu lugar nos NIH foi ocupado por Gajdusek, que estava na época curioso e excitado com a ideia de uma etiologia mineral na doença do Pacífico Ocidental. Gajdusek recrutou Yase e, juntos, examinaram a água dos poços de Guam, descobrindo que também esta era pobre em cálcio e magnésio. Essa tripla coincidência parecia decisiva, escreveu Gajdusek:

A comparação entre o foco da Nova Guiné Ocidental e os focos de *als* e parkinsonismo em Guam e na península de Kii, no Japão, é inevitável, e a clara associação entre o parkinsonismo e sintomas do neurônio motor em um outro grupo populacional não chamorro não só deve dissipar a maioria das dúvidas sobre a probabilidade de uma estreita relação entre as duas síndromes, mas também indicar o papel etiológico de algum fator ambiental desconhecido.

Parecia provável que o fator ambiental desconhecido estivesse ligado aos baixos níveis de cálcio e magnésio na água potável e às consequências destes no sistema nervoso. Aqueles níveis reduzidos, especulou Gajdusek, poderiam desencadear uma reação compensatória nas glândulas paratireoides, levando, por sua vez, a uma absorção excessiva de íons de cálcio, alumínio e manganês. A deposição destes no sistema nervoso, supôs, poderia resultar no envelhecimento e morte neuronal prematuros encontrados no *lytico-bodig*.

John esperava, em 1983, poder se juntar à equipe de Gajdusek para enfim ajudar a resolver o mistério da doença. Mas Gajdusek disse-lhe que era tarde demais: a causa do *lytico-bodig* já estava estabelecida e, de qualquer modo, a doença quase desaparecera, graças à mudança para uma dieta ocidental, rica em cálcio — não havia muito mais a fazer, e sua equipe logo iria embora dali. Foi uma surpresa e uma decepção, contou-me John, ouvir Gajdusek expressar-se com tanta veemência, pois teria gostado de trabalhar com ele. Mas decidiu ir para Guam mesmo assim, ainda que fosse só para cuidar de pacientes como médico e não como pesquisador.

Porém, já no dia seguinte à sua chegada a Guam, John teve uma experiência comparável à de Zimmerman quase quarenta anos antes: atendendo no hospital naval em Agana, recebeu uma dúzia de pacientes com *lytico-bodig* em seu primeiro dia de trabalho. E um deles apresentava também paralisia supranuclear — um complexo distúrbio do olhar no qual o paciente consegue dirigir os olhos para os lados, mas não para cima nem para baixo. Este sintoma nunca fora relatado em casos de *lytico-bodig*, mas era a marca registrada da síndrome que John e seus colegas de Toronto haviam descrito em linhas gerais quase vinte anos antes. Isto o convenceu de que o *lytico-bodig* não estava extinto nem fora descrito de maneira abrangente, havendo ainda tempo e oportunidade para um estudo adicional.

Guam possui instalações médicas excelentes na base naval, mas nas aldeias fora da área militar a assistência médica básica é muito inadequada e a assistência neurológica é escassa — havia somente um neurologista sobrecarregado de trabalho, o dr. Kwang-Ming Chen, para atender não apenas 50 mil chamorros, mas também 100 mil outros residentes da ilha. Não só existiam ainda muitas centenas de chamorros com o *lytico-bodig*, segundo Chen informou a John, mas também novos casos surgiam constantemente — várias dezenas por ano, a seu ver, e esses novos casos às vezes assumiam formas diferentes do *lytico* ou do *bodig* clássicos; o homem com paralisia supranuclear era um exemplo.

Em especial, John observou, ele havia começado a atender um número crescente de idosos, sobretudo mulheres, com graves distúrbios de memória, síndromes amnésicas sem demência, catatonia sem parkinsonismo (como Estella), demência sem parkinsonismo (como sua cunhada), distúrbios da animação (como Euphrasia) ou síndromes inclassificáveis (como a de Juan), formas novas da doença nunca descritas até então.

John continuava entusiasmado com a hipótese dos minerais; queria aprofundar-se nela, reunir mais evidências conclusivas. Convidou um velho amigo e colega de Toronto, Donald Crapper McLachlan (neurologista e químico que já em 1973 comprovara a existência de níveis elevados de alumínio no cérebro das pessoas com doença de Alzheimer), para juntar-se a ele em Guam; trabalhando junto com colegas da Universidade de Guam, eles compararam amostras de solo de Umatac com as de 55 outros locais de Guam e reexaminaram os níveis de minerais em amostras de água de poço de toda a ilha.

Os resultados, para surpresa de todos, diferiram muito dos de Gajdusek e Yase — de fato, parecia que a única fonte de água em Umatac, a nascente de Piga, onde os outros pesquisadores haviam registrado baixos níveis de cálcio, era bem atípica. Todas as demais fontes de água e todos os solos da amostragem possuíam níveis de cálcio *elevados*, como se poderia esperar em uma ilha de calcário.

Análises adicionais dos solos e dos vegetais ali cultivados indicaram níveis adequados de cálcio e magnésio e níveis normais de alumínio, o que parecia abalar a concepção da deficiência mineral ou do excesso de alumínio como causa do *lytico-bodig* (sem, no entanto, excluí-la por completo). John possui uma índole impetuosa e tende a abraçar de corpo e alma teorias e ideias. Tinha um respeito enorme pela intuição de Gajdusek e ficara muito atraído pela hipótese dos minerais; sua esperança fora confirmar e talvez elucidar essa hipótese com investigações próprias. Ficara entusiasmado com essa esperança e com a promessa contida na hipótese de Gajdusek e Yase — e agora, subitamente, tudo aquilo caía por terra. Ele estava de volta ao ponto em que Kurland estivera uma década antes, em um vácuo conceitual.

Mas, em 1986, sua atenção foi atraída por uma carta na *Lancet* que, curiosamente, ressuscitava a hipótese das cicadáceas. Peter Spencer, neurotoxicólogo, usando uma forma purificada do aminoácido BMAA de sementes de cicadácea, descobriu que ela podia induzir uma síndrome neurológica em macacos, presumivelmente análoga ao *lytico* humano.

O trabalho de Spencer nessa área começara nos anos 70, quando, juntamente com seu colega Herb Schaumburg, viajara para a Índia a fim de investigar o neurolatirismo ali existente. Séculos antes já se sabia que uma paralisia espástica das pernas podia se desenvolver devido à ingestão contínua da ervilha-doce; e desde a década de 60 sabia-se que isso era causado pelo aminoácido neurotóxico BOAA, que danificava as células corticais motoras e suas conexões descendentes no cordão espinhal. Os novos estudos de Spencer deixaram claro que o BOAA intensificava a sensibilidade ao glutamato, um dos neurotransmissores participantes do sistema motor, além de estimular sua ação. A intoxicação por BOAA podia levar as células receptoras de glutamato a uma espécie de sobrecarga, até que elas praticamente morressem de superexcitação e exaustão. O BOAA era uma excitotoxina — este era o novo termo. Poderia o BMAA, imaginou Spencer, tão semelhante em estrutura ao BOAA, agir também como uma excitotoxina e produzir um distúrbio como o *lytico*?
Nos anos 60 haviam sido feitas tentativas de induzir esses dis-

túrbios em experimentos com animais, mas os resultados mostraram-se inconclusivos e essa linha de investigação foi posta de lado. Agora, usando macacos *cynomolgus* e repetidas administrações de BMAA, Spencer conseguira, após oito semanas, induzir uma "doença degenerativa do sistema motor" associada a dano nas células motoras do córtex cerebral e cordão espinhal.[26] Spencer observou ainda que o BMAA podia produzir dois efeitos distintos: administrado em doses elevadas, provocava uma doença semelhante à ALS, que se desenvolvia com rapidez, mas doses pequenas pareciam causar, depois de um período consideravelmente mais longo, um quadro parkinsoniano — um duplo efeito que lembrava a doença de Guam.

Esses resultados pareciam refutar a crítica inicial feita na década de 60 à hipótese das cicadáceas — a de que inexistia um modelo animal. Spencer, num característico surto de energia, tratou então de refutar a outra crítica, aparentemente letal, à hipótese das cicadáceas — a de que não havia cicadáceas na península de Kii nem em Irian Jaya. Como Gajdusek antes dele, Spencer embrenhou-se nas florestas de Irian Jaya com sua colega Valerie Palmer e descobriram que *havia* cicadáceas ali (embora parecessem ser uma espécie diferente das encontradas em Guam). Descobriram, além disso, que as cicadáceas eram usadas como um autêntico armário de remédios pela população local, que empregava as sementes cruas (como os chamorros) em cataplasmas sobre feridas abertas. Na península de Kii, descobriram em seguida, as cicadáceas também tinham aplicações medicinais, como tônicos. Com essas duas descobertas, no laboratório e no campo, a hipótese das cicadáceas, descartada quinze anos antes, foi ressuscitada.

John não podia conter o entusiasmo diante daquelas novas ideias e descobertas — tudo parecia se encaixar perfeitamente. Telefonava a Spencer em Nova York, e os dois mantinham conversas animadíssimas durante horas, às vezes a noite inteira, discutindo dados clínicos e trazendo à luz um número cada vez maior de "coincidências" entre as cicadáceas e a doença das Marianas. Com sua colega Tomasa Guzman, John se pôs a reexaminar toda a questão da distribuição e uso das cicadáceas nas Marianas. Observaram que, embora o *lytico-bodig* fosse comum entre os chamorros de Guam e Rota, onde as cicadáceas eram abundantes, não havia notícia de casos de *lytico-bodig* na ilha de Saipan (pelo menos não nos setenta anos anteriores — não se sabia com certeza se os chamorros de Saipan tinham sido propensos à doença antes disso ou não).²⁷ Mas deram destaque ao fato de que as florestas de cicadáceas de Saipan tinham sido destruídas pelos japoneses em 1914 para abrir clareiras para o cultivo da cana-de-açúcar e que o uso do *fadang* cessara pouco tempo depois. E em Tinian, onde não havia *lytico-bodig* mas existiam florestas de cicadáceas, os chamorros nunca as tinham usado. Apresentaram a hipótese de que os agrupamentos familiares da doença encontrados em Guam, que não seguiam nenhuma distribuição genética conhecida, poderiam estar relacionados a diferenças na maneira como cada família preparava o *fadang* — algumas receitas de família exigiam embeber as sementes por um dia inteiro, outras por três semanas; algumas usavam água do mar, outras água doce; algumas abreviavam o processo da lavagem para que a farinha tivesse um sabor mais acentuado. Steele e Guzman terminaram seu artigo com alguns relatos espantosos sobre pessoas que, após uma única exposição ao *fadang*, tinham desenvolvido o *lytico-bodig* até vinte anos depois.

Mas muitos pesquisadores acharam, passado o primeiro assomo de entusiasmo, que as quantidades de BMAA que Spencer estava administrando aos macacos eram completamente afisiológicas — superavam o que o mais aficionado comedor de *fadang* consumiria em toda a vida. De fato, calculou Gajdusek, para reproduzir o experimento de Spencer em um ser humano, este precisaria comer uma tonelada e meia de sementes de cicadácea não beneficiadas em doze semanas. Isto, em si, não era uma crítica arrasadora — a toxicologia experimental utiliza frequentemente doses gigantescas de materiais em seus experimentos iniciais a fim de aumentar a chance de obter resultados significativos em um período de tempo razoável. John, entretanto, sabendo como as sementes eram meticulosamente destoxificadas antes da produção do *fadang*, decidiu medir a quantidade de BMAA que a farinha realmente continha; começou a enviar amostras para análise, surpreendendo-se ao constatar que muitas delas apresentavam níveis baixíssimos de BMAA — e algumas quase nada. Com isso, voltou-se contra a hipótese das cicadáceas, que tanto o ocupara por mais de três anos — voltou-se contra ela com a mesma veemência com que antes a defendera.

Gajdusek e seu grupo, nesse ínterim, também vinham tentando produzir um modelo animal do *lytico-bodig*, mantendo vários símios do gênero *Macacus* com uma dieta pobre em cálcio e rica em alumínio. Os macacos não desenvolveram sintomas clínicos nos quatro anos do experimento, mas as autópsias mostraram muitos emaranhados neurofibrilares, além de alterações degenerativas nos neurônios motores, por todo o neuroeixo. Essas mudanças pareciam lembrar as do *lytico-bodig* ou as alterações pré-sintomáticas descritas por Anderson e Chen, e pensou-se na possibilidade de a manifestação clínica da doença ser provocada por um período mais longo de deficiência de cálcio ou por doses mais elevadas de metais tóxicos. E, embora Gajdusek houvesse dito a John em 1983 que a seu ver o *lytico-bodig* estava desaparecendo em Guam, continuou a investigar a doença em Irian Jaya, onde, em 1993, constatou uma incidência ainda notavelmente elevada. Ele e seus colegas continuaram a considerar a neurotoxicidade do alumínio a causa do *lytico-bodig* e, na verdade, de um vasto conjunto de outras doenças.

Embora fosse enorme o entusiasmo de Spencer por seu êxito em induzir distúrbios neurológicos em primatas com o BMAA, ele não tardou a ter certas reservas. Os distúrbios apresentados pelos macacos estavam relacionados à dose, surgiam de imediato e eram agudos e não progressivos (pareciam, neste aspecto, o neurocicadismo do gado), ao passo que o *lytico-bodig* nos humanos, como estava bem claro, passava por um período de latência ou incubação muito longo, mas depois de se tornar sintomático era quase invariavelmente progressivo. Seria possível, especulou Spencer, que algum outro fator além do BMAA estivesse envolvido de modo a não predispor a pessoa a manifestar os distúrbios durante muitos anos? Gajdusek descrevera vírus lentos; não poderia haver, analogamente, uma toxina lenta? Spencer não tinha, naquele estágio, uma ideia clara do modo como uma toxina assim poderia funcionar nem dispunha de alguma forma de validar o conceito.

Embora se pudesse esperar que Gajdusek visse com bons olhos a ideia de uma toxina lenta, ele argumentou contra ela com grande veemência, num trabalho implacavelmente intitulado "A toxicidade das cicadáceas não é causa da incidência elevada de ALS/parkinsonismo-demência em Guam, na península de Kii no Japão ou na Nova Guiné Ocidental", asseverando que tal hipótese era, em primeiro lugar, redundante, em segundo, sem precedentes, em terceiro, sem fundamento e em quarto, impossível:

Não está demonstrado que uma toxina dê origem a doença fatal do sistema nervoso central, a sinais e sintomas neurológicos cujo início seja detectável anos depois de a exposição à neurotoxina ter cessado. De fato, *não* temos exemplo de toxina que produza dano progressivo a algum órgão anos depois da última exposição à substância. [...] Apenas distúrbios de hipersensibilidade, infecções lentas e distúrbios de tempo geneticamente controlado provocam esse padrão de longo prazo.

Spencer, não se dando por vencido, viu nas palavras de Gajdusek um desafio (de fato, citou-as em vários trabalhos) e continuou a considerar tarefa sua a busca de um novo tipo de toxina, um novo tipo de mecanismo tóxico até então não reconhecido pela medicina. Nos anos 60 e 70 deu-se muita atenção à carcinogênese, ao aparecimento de cânceres — em alguns casos, anos depois de uma exposição inicial ao carcinógeno, fosse ele a radioatividade, uma toxina ou um vírus. Ficara estabelecido, nas primeiras conferências de Kurland sobre as cicadáccas, que a *cicasina* era um potente carcinógeno, capaz de induzir cânceres de fígado e malformações de cólon e rins. Além disso, observara-se que se ratos recém-nascidos recebessem dietas com alto teor de cicasina, as células de Purkinje do cerebelo, ainda em divisão, poderiam desenvolver bizarras formas multinucleadas e "ninhos" ectópicos, e essas descobertas tinham sido registradas, ocasionalmente, em casos de *lytico-bodig* humano.

Então qual poderia ser o efeito da cicasina, cogitou Spencer, sobre células nervosas de adultos, que já não são capazes de divisão? Ele e Glen Kisby postularam recentemente que a cicasina (ou seu componente, MAM, metazoximetanol) pode ser capaz de formar compostos estáveis com o DNA nas células nervosas (essa formação por adução, acredita-se, fundamenta os efeitos carcinogênicos e teratogênicos manifestos da cicasina em outras partes do corpo). Esse DNA anômalo nas células nervosas, na opinião de Spencer, poderia acarretar alterações sutis mas persistentes nas funções metabólicas, com as células nervosas acabando por se tornar excessivamente sensíveis a seus próprios neurotransmissores, seu próprio glutamato, de modo que isto, em si, poderia agir como uma excitotoxina. Nenhum agente externo seria necessário para provocar um desastre neurológico nesse estágio, pois, em seu estado patologicamente sensibilizado, mesmo o funcionamento neural regular agora superestimularia as células receptoras neurotransmissoras e as impeliria à autodestruição.

A ideia de uma toxina de gene como essa não é tão esquisita quanto parecia uma década atrás, e Spencer e Kisby já observaram, em culturas de tecidos, alterações de DNA nas células expostas a cicasina, indicando que tal mecanismo poderia estar atuando no *lytico-bodig*. Essa toxina de gene realmente alteraria o caráter genético das células nervosas que ela afeta, produzindo de fato uma forma de distúrbio de hipersensibilidade de base genética. Passando a estudar os possíveis efeitos da cicasina sobre células nervosas de adultos, Spencer encomendou novas análises de farinhas de cicadácea preparadas segundo a tradição, e descobriu (contrariamente ao que John informara antes) que as amostras de Guam, embora com baixos níveis de BMAA, continham quantidades significativas de cicasina. De fato, os níveis mais elevados de cicasina foram encontrados nas amostras de aldeias com a maior presença de *lytico-bodig*, o que forneceu um significativo apoio circunstancial à hipótese da toxicidade da cicasina.[28]

John é um eloquente contador de histórias, e, enquanto me contava a história acima — relato não só de uma odisseia científica, mas de suas esperanças e decepções mais profundas —, parecia revivê-la com uma intensidade quase insuportável. Ele mantivera um relacionamento cordial com Kurland e Gajdusek, a seu ver, e um relacionamento arrebatado com Spencer — mas quando, em 1990, desistiu da hipótese das cicadáceas (como desistira quatro anos antes da hipótese dos minerais), uma sensação de enorme isolamento apoderou-se dele; sentiu-se só no mundo, visto por todos como um apóstata. No início dos anos 90, cogitou uma hipótese viral (que o ocupava bastante quando nos conhecemos, em 1993). Porém, como médico sobretudo, como clínico geral vivendo e trabalhando em meio a toda a comunidade afetada de Umatac, viu-se forçado a raciocinar a partir das famílias ou clãs inteiros com *lytico-bodig* que estavam sob seus cuidados — isoladamente, parecia claro que nenhuma causa externa podia explicar de modo satisfatório um padrão de distribuição assim. Teriam descartado prematuramente uma teoria genética? Muita coisa mudara desde que Kurland e Mulder primeiro levaram em conta e depois rejeitaram tal teoria, nos anos 50. Os padrões clássicos de herança mendelianos agora somavam-se a conceitos de herança complexa envolvendo a presença de várias anormalidades genéticas, que interagiam entre si e com fatores ambientais. Além disso, tornara-se possível examinar diretamente o material genético graças à biologia molecular, empregando-se tecnologias e conceitos que não estavam à disposição dos primeiros investigadores.

Trabalhando com a antropóloga Verena Keck, John começou a montar árvores genealógicas de todo paciente que atendia — árvores genealógicas com um grau sem precedentes de precisão e detalhe, incluindo histórias médicas iniciadas cinquenta anos antes. Quanto mais árvores genealógicas obtinham, mais ele se convencia de que tinha de haver alguma predisposição genética, ou talvez diversas predisposições — pois parecia que o *lytico* e o *bodig* manifestavam padrões diferentes em famílias diferentes. Às vezes encontrava-se uma família na qual as pessoas afetadas tinham apenas o *lytico*, às vezes uma na qual a expressão clínica era sempre o *bodig* e outras vezes, mais raramente, uma família com ambas as manifestações. John começou a pensar que talvez a semelhança dos quadros patológicos do *lytico* e do *bodig* tivesse desencaminhado todos os estudiosos; genealogicamente, parecia tratar-se de duas doenças separadas.

Recentemente John iniciou uma nova série de estudos, coletando amostras de DNA de todos os seus pacientes e enviando-as para análise genética. Entusiasmou-se muito com os resultados preliminares indicativos da presença de um marcador genético em vários casos de *bodig* — um marcador que parece estar ausente nas pessoas com *lytico* e nos controles normais. Sua reação imediata foi de animação: "Sinto o entusiasmo voltando, e é um sentimento que eu não vinha tendo desde 1986, quando fui cativado pela hipótese de Spencer". Mas é uma animação temperada por doses consideráveis de cautela ("Não sei exatamente o que isso significa"). A procura de marcadores genéticos é extraordinariamente trabalhosa e difícil — foi preciso mais de uma década de trabalho incessante até se encontrar um marcador para a coreia de Huntington —, e John não tem certeza de que esses resultados preliminares serão comprovados. (E mesmo que uma clara base genética venha a ser estabelecida para o *lytico* e para o *bodig*, na opinião de John isso indicará apenas uma vulnerabilidade ou predisposição; ele nunca duvidou de que também é necessário algum agente externo.)

Já faz um terço de século que John e seus colegas descreveram em linhas gerais a paralisia supranuclear progressiva (PSP), no início dos anos 60, e perceberam ser ela uma doença única mas exemplar, pois poderia lançar alguma luz sobre as doenças neurodegenerativas em geral. A semelhança entre o quadro clínico do *lytico-bodig* e do parkinsonismo pós-encefalítico com o da PSP continua a intrigá--lo. Desde o princípio, surpreendeu-se com o fato de que as paralisias supranucleares podiam ser encontradas em alguns pacientes com *lytico-bodig* e ocasionalmente também em pessoas com síndromes pós-encefalíticas (em uma viagem recente a Nova York, ele se interessou por um de meus pacientes pós-encefalíticos que teve paralisia supranuclear por mais de trinta anos). Mas ainda não sabe ao certo como interpretar essas afinidades.

John também se deixou fascinar pelas semelhanças entre os emaranhados neurofibrilares tão característicos do *lytico-bodig*, do parkinsonismo pós-encefalítico e da PSP e os que estão presentes na doença de Alzheimer clássica; tem estudado essa semelhança juntamente com Patrick McGeer, um neuropatologista de Vancouver. Os emaranhados em si são praticamente idênticos, e o mesmo se pode dizer das áreas de reação inflamatória em suas proximidades (embora haja outras características da doença de Alzheimer, sobretudo a presença das chamadas "placas", que não são encontradas nas outras três doenças). Em um nível imediato e prático, a presença dessas reações inflamatórias ao redor dos emaranhados levou John a pensar na possibilidade de agentes anti-inflamatórios serem úteis nos casos de *lytico-bodig*. Seu uso na doença de Alzheimer está em estudo, e John mostra-se ansioso por saber se eles podem ajudar seus pacientes, mesmo que apenas para retardar o curso de uma doença fatal. Essa é uma das poucas ideias que lhe dão alguma breve sensação de otimismo ou esperança na esfera da terapia quando faz a ronda diária entre pacientes que sofrem de uma doença crônica e progressiva. E ele se preocupa com a incidência sempre crescente das doenças de Alzheimer e Parkinson clássicas — que raramente ou nunca ocorreram em Guam antes da Segunda Guerra Mundial —, apesar do declínio do *lytico-bodig*, a doença nativa.

Assim, após quarenta anos de pesquisas, temos quatro (ou mais) linhas de pensamento e investigação aparentemente divergentes — genética, cicadácea, mineral e viral (Alma aposta na dos príons) —, todas com uma certa base, porém sem evidências conclusivas. A resposta não será simples, na opinião de John; será uma complexa interação de vários fatores genéticos e ambientais, como parece acontecer com várias doenças.[29] Ou talvez seja alguma outra coisa, como reflete Ulla Craig, uma das colegas pesquisadoras de John. "Não sei ao certo o que estamos procurando, embora, assim como John, eu tenha o palpite de que seja algum tipo de vírus que veio e se foi. Algum vírus mutante, talvez, sem um efeito imediato, que afetou as pessoas mais tarde, quando seus sistemas imunológicos reagiram. Mas não tenho certeza. Receio estarmos deixando passar alguma coisa — este é o valor de uma mente nova: ver as coisas de um novo modo, alguém que talvez faça a pergunta que não fizemos. Estamos agora procurando algo complexo, mas poderia ser alguma coisa que nos passou despercebida, alguma coisa muito simples."

"Nas décadas de 40 e 50", ponderou John, "achava-se que descobriríamos a causa do *lytico-bodig* em questão de meses. Quando Donald Mulder veio para cá em 1953, pensou que poderia ter a solução do problema no momento em que Kurland chegasse, seis semanas depois — mas passados 45 anos, a doença permanece um enigma absoluto. Às vezes chego a duvidar de que algum dia o decifraremos. Mas o tempo está se esgotando: a doença pode desaparecer antes de conseguirmos entendê-la [...] Essa doença tornou-se a minha paixão, Oliver, e a minha identidade." Se ela é a paixão e a identidade de John, é também a de Kurland, Spencer e de muitos outros. Um de meus colegas, que conhece e respeita todos eles, comentou: "Guam tem sido para todos eles como um carrapato — depois que gruda, não solta mais".

De fato, a doença finalmente está desaparecendo, e, com o passar do tempo, os pesquisadores que a estudam se veem mais pressionados, mais exasperados. Conseguirá a presa perseguida com tanto ardor por quarenta anos, com todos os recursos que a ciência pode fornecer, escapar-lhes finalmente, dolorosamente, desaparecendo no momento em que estavam prestes a agarrá-la?

"Vamos ver Felipe", disse John ao entrarmos no carro mais uma vez. "Você vai gostar dele, é um homem muito afável. E foi

afetado por pelo menos quatro formas diferentes de *lytico-bodig*."
John meneou a cabeça lentamente.
Felipe estava sentado no quintal nos fundos de sua casa, como faz quase todo dia, fitando o jardim com um débil sorriso fixo. Era um jardim adorável, repleto de plantas nativas, e o quintal ficava à sombra de bananeiras. Felipe passou a maior parte da vida em Umatac, pescando e plantando. Cria frangos e tem uma dúzia deles, de um colorido deslumbrante, e todos muito mansos. Meu exame neurológico foi pontuado pelo cocoricó dos galos, um som que Felipe imitava com perfeição e com voz bem alta (o que contrastava notavelmente com seu volume vocal reduzido ao falar), pelos frangos empoleirando-se em cima de nós durante o exame e pela focinhada carinhosa mais o latido ocasional de seu cachorro preto. Aquilo era encantador, pensei — neurologia rústica, neurologia rural, nos confins de Guam.
Felipe falou de maneira comovente sobre sua vida e seu passado. Comera o *fadang* algumas vezes ("todos comemos"), mas não foi, como muitos outros chamorros, forçado a usá-lo como fonte de subsistência durante a guerra. Pelo contrário, passara a guerra como marinheiro da Marinha dos Estados Unidos, aquartelado parte do tempo em Portsmouth, Virgínia (daí seu inglês excelente) e participara da força naval que retomou Guam. Teve de participar do bombardeio de Agana — tarefa dolorosa, pois significava destruir sua cidade natal. Felipe falou de maneira comovente sobre amigos e parentes seus com *lytico-bodig*. "E agora eu também tenho", disse. Disse-o com serenidade, de um modo simples, sem nenhum indício de autocomiseração ou drama. Ele tem 69 anos.
Sua memória, intacta para o passado, tornou-se gravemente prejudicada para os eventos recentes. De fato, tínhamos passado no dia anterior por sua casa, parando para cumprimentá-lo — mas ele não se lembrava disto, não demonstrou reconhecer-nos quando chegamos para visitá-lo novamente. Quando John contava-lhe a versão chamorro de seu nome (John Steele se traduz por "Juan Lulac"), ele ria, repetia e esquecia um minuto depois.
Embora Felipe fosse incapaz de registrar os eventos do presente, de transferi-los da memória de curto prazo para a permanente, não apresentava outras deficiências cognitivas — seu uso da linguagem, as capacidades perceptivas, a capacidade de julgamento

estavam todos em ordem. Seu problema de memória fora piorando muito lentamente durante cerca de dez anos. Em seguida ele começou a apresentar algum definhamento muscular — impressionei-me, ao examiná-lo, com o afinamento de suas mãos, outrora mãos fortes e grossas de agricultor. Por fim, dois anos antes ele desenvolvera o parkinsonismo. Foi isto, afinal, que lhe diminuiu muito o ritmo, que o tirou da vida ativa, que fez dele um aposentado no quintal. Quando John o examinara pela última vez, havia alguns meses, o parkinsonismo estava totalmente limitado a um lado, mas progrediu rápido e agora afetava ambos os lados. Havia pouquíssimo tremor, apenas uma imobilidade geral, uma falta de iniciativa motora. E agora, John mostrou-me, começava a manifestar-se também uma paralisia do olhar (indicando outra forma, a quarta, de *lytico-bodig*). Apesar da doença, a cordialidade de Felipe, seu caráter, estavam perfeitamente preservados assim como o senso de humor e um triste discernimento. Quando me virei para dizer adeus, ele tinha um galo empoleirado em cada braço. "Volte breve", disse alegremente. "Não me lembrarei de você, e por isso terei o prazer de conhecê-lo de novo."

Voltamos para Umatac, desta vez parando no velho cemitério na encosta da montanha, acima da aldeia. Um dos vizinhos de John, Benny, o zelador do cemitério — ele corta a grama, atua como sacristão na pequena igreja e como coveiro quando necessário —, mostrou-nos o local. A família de Benny, contou-me John, é uma das mais afetadas em Umatac e uma das três famílias que chamaram a atenção de Kurland quando ele fora para Guam quarenta anos antes. De fato, um de seus antepassados, em fins do século XVIII, havia sido amaldiçoado depois de roubar algumas mangas do padre local, sendo-lhe dito que sua família contrairia paralisias fatais geração após geração, até o fim dos tempos. Esta, pelo menos, é a história, o mito em Umatac.

Andamos lentamente com Benny por entre as lápides de calcário, as mais antigas semidestruídas e afundadas pelo tempo, as mais recentes na forma de simples cruzes brancas, muitas vezes adornadas com estátuas de plástico da Virgem Maria ou fotografias do morto, algumas com flores frescas por cima. Mostrando o caminho,

Benny ia apontando algumas lápides: "Aqui está Herman, que morreu disso... e meu primo, logo ali... e outro primo mais adiante. E daquele casal ali, a mulher morreu disso... É, todos eles morreram de *lytico-bodig*. E lá, o sogro de minha irmã morreu da mesma doença... minha prima e o pai e a mãe dela, a mesma coisa... a irmã do prefeito, o mesmo problema... tem um primo aqui que também morreu. É, ali é outra prima, Juanita, e o pai dela, os dois tiveram isso. Meu tio Simon, bem aqui, foi o mais velho da família que morreu de *lytico-bodig*... e outro primo, esse morreu faz só dois meses. Outro tio, o mesmo problema... e a esposa, a mesma doença; esqueci o primeiro nome dele. Na verdade, eu não o conhecia, morreu antes de eu o conhecer".

Benny prosseguiu, levando-nos de uma sepultura a outra, continuando sua interminável e trágica litania: aqui está meu tio, aqui estão meu primo e sua esposa; aqui está minha irmã, e aqui, meu irmão... e aqui (era o que tínhamos a impressão de ouvir, insinuado em sua voz, impelido pela lógica trágica daquilo tudo), aqui também eu serei enterrado, em meio a toda a minha família, minha comunidade de Umatac, todos mortos de *lytico-bodig*, neste cemitério perto do mar. Vendo os mesmos nomes repetidos tantas vezes, tive a impressão de que todo o cemitério estava reservado para o *lytico-bodig* e de que todos ali pertenciam à mesma família, ou talvez a duas ou três famílias inter-relacionadas que tinham em comum a mesma maldição.

Enquanto caminhávamos devagar por entre as lápides, recordei um outro cemitério, também perto do mar, que eu vira ao norte da ilha de Martha's Vineyard. Era muito antigo, remontava ao final do século XVII, e ali também vi os mesmos nomes repetidos vezes sem conta. Em Martha's Vineyard, aquele era um cemitério para os surdos congênitos; em Umatac, era o cemitério do *lytico-bodig*.

Quando estive em Martha's Vineyard, já não havia pessoas surdas — a última morrera em 1952 —, e com isso a estranha cultura de surdos que fora uma parte importante da história e da comunidade da ilha durante mais de duzentos anos chegara ao fim, como ocorre com esses tipos de insulamento. O mesmo ocorreu com Fur, a pequena ilha de daltônicos dinamarquesa; assim acontecerá, com grande probabilidade, a Pingelap, e talvez também a Guam — anomalias genéticas singulares, transitórias, sorvedouros que tiveram uma breve possibilidade de existência graças à natureza e ao isolamento das ilhas. Mas as ilhas se abrem, as pessoas morrem ou se casam com membros de grupos diferentes; a atenuação genética se impõe, e a doença desaparece. Nos insulamentos a vida de uma doença genética desse tipo tende a durar seis ou sete gerações, duzentos anos talvez, e depois evapora, junto com sua lembrança e seus vestígios, perdida no curso contínuo do tempo.

2
ROTA

Quando eu tinha cinco anos, nosso jardim em Londres era repleto de samambaias, com uma enorme selva delas erguendo-se sobre minha cabeça (embora todas tivessem sido arrancadas no início da Segunda Guerra Mundial, para dar lugar à plantação de topinambos, ou girassóis batateiros, que fomos incentivados a cultivar como parte do esforço de guerra). Minha mãe e minha tia favorita adoravam jardinagem e tinham inclinações para a botânica, e algumas das primeiras recordações que tenho é das duas trabalhando lado a lado no jardim, parando com frequência para olhar com enorme carinho e prazer as frondes novas, de pontas enroladas como volutas. A lembrança daquelas samambaias e de uma tranquila e idílica atividade botânica passou a associar-se em mim à sensação de infância, de inocência, de um tempo antes da guerra.

Uma das heroínas de minha mãe, Marie Stopes (que lecionou botânica fóssil antes de se devotar à cruzada pelo controle da natalidade), escrevera um livro intitulado *Ancient plants* que despertou em mim um entusiasmo singular.[1] Pois foi ali, quando a autora discorre sobre as "sete eras" da vida das plantas, que tive pela primeira vez uma vaga ideia do tempo profundo, dos milhões de anos, centenas de milhões, que separam as plantas mais antigas das nossas de hoje. "A mente humana", escreveu ela, "não é capaz de compreender o significado dos grandes números, do espaço imenso, das eras"; mas seu livro, ilustrando a enorme variedade das plantas que já viveram na Terra — a grande maioria extinta há muito tempo —, permitiu-me o primeiro vislumbre daquelas eras.[2] Eu passava horas fitando o livro, deixando de lado as plantas com flores e indo direto às mais antigas — ginkgos, cicadáceas, samambaias, licopódios,

Licopódios gigantes do devoniano.

cavalinhas. Os próprios nomes, para mim, continham mágica: *Bennettitales*, *Sphenophyllales*, eu dizia para mim mesmo, e as palavras repetiam-se intimamente, como um feitiço, como um mantra.

Nos anos da guerra, minha tia foi diretora de uma escola em Cheshire, uma "escola ao ar livre", como era chamada, nas profundezas da floresta Delamere. Ela foi a primeira a mostrar-me cavalinhas vivas no meio do mato, crescendo a uma altura de trinta a sessenta centímetros no solo úmido à beira dos riachos. Fazia-me tocar os caules rígidos e articulados e dizia que elas estavam entre as plantas vivas mais antigas — e que seus ancestrais atingiam tamanhos colossais, formando densos bosques de árvores gigantescas, semelhantes a bambus, duas vezes mais altas do que as árvores à nossa volta. Elas haviam recoberto a Terra centenas de milhões de anos antes, quando anfíbios gigantes chafurdavam nos pântanos primevos. Ela me mostrava como as cavalinhas escoravam-se em uma rede de raízes, os flexíveis rizomas que enviavam estolhos para cada talo.[3]

Depois procurava minúsculos licopódios para mostrar-me — as "samambaias de pendão", com suas folhas escamosas; também estes, ela me dizia, antigamente tinham a forma de árvores imensamente altas, com mais de trinta metros de altura, os enormes troncos escamosos sustentando a folhagem pendente, os cones no topo. De noite eu sonhava com aquelas silenciosas e sobranceiras cavalinhas e licopódios, com as tranquilas e pantanosas paisagens de 350 milhões de anos atrás, um Éden paleozoico — e acordava com um sentimento de exaltação e perda.

Creio que esses sonhos, essa paixão por recuperar o passado, tinham alguma relação com o fato de eu ter sido separado de minha família e levado para fora de Londres (como milhares de outras crianças) durante os anos da guerra. Mas o Éden da infância perdida, da infância imaginada, transformou-se, por alguma prestidigitação do inconsciente, em um Éden do passado remoto, um mágico "outrora" tornado absolutamente benigno pela omissão, pela retirada de toda mudança, de todo movimento. Pois havia uma qualidade singularmente estática e pictórica naqueles sonhos, com no máximo uma leve brisa que perpassava as árvores ou encrespava a superfície da água. Não evoluíam nem mudavam, nada jamais acontecia neles; estavam encapsulados como em âmbar. Nem eu mesmo estava presente naquelas cenas, creio, mas contemplava-as como quem contempla um diorama. Ansiava por entrar nelas, tocar as árvores, fazer parte de seu mundo — mas elas não me permitiam o acesso, eram tão inatingíveis quanto o passado.

Minha tia levava-me com frequência ao Museu de História Natural, em Londres, onde havia um jardim fóssil com muitas árvores de licopódio antigas, *Lepidodendra*, de troncos recobertos por fortes escamas romboides como as dos crocodilos, e os troncos delgados das árvores de cavalinhas, *Calamites*. No interior do museu, ela me levava para ver os dioramas do paleozoico (tinham títulos como "A vida em um pântano devoniano") — eu adorava aqueles quadros, mais até do que as ilustrações do livro de Marie Stopes, e eles se tornaram minhas novas paisagens de sonho. Eu tinha o desejo de ver aquelas plantas gigantescas *vivas*, diretamente, e fiquei consternado quando minha tia me contou que não existiam mais árvores de cavalinhas nem de licopódios, que a antiga flora gigantesca estava extinta, desaparecera — se bem que boa parte dela, acrescentou, tivesse afundado nos pântanos, onde fora comprimida e transformada em

Lepidodendra e Calamites *do carbonífero*.

carvão ao longo das eras (certa vez, em casa, ela partiu uma bola de carvão e me mostrou os fósseis que havia dentro). Depois avançávamos 100 milhões de anos e víamos os dioramas do jurássico ("A era das cicadáceas"), e ela me mostrava aquelas árvores gigantescas e fortes, tão diferentes das paleozoicas. As cicadáceas tinham cones enormes e grandes folhas no topo — no passado, já haviam sido a forma dominante, dizia minha tia; os pterodáctilos voavam entre elas, eram elas que os dinossauros gigantescos mastigavam. Embora eu nunca tivesse visto uma cicadácea viva, aquelas árvores grandiosas com seus troncos grossos e sólidos pareciam muito mais plausíveis e menos alienígenas do que as inimagináveis *Calamites* e *Cordaites* que as precederam — pareciam um cruzamento de samambaia com palmeira.[4]

Nos domingos de verão, pegávamos o velho bonde para Kew — a linha fora inaugurada em 1877 e muitos dos tradicionais carros elétricos continuavam em uso. A entrada custava 1 penny, e com ela tinha-se o direito de ver todo o jardim, suas amplas calçadas, seus minúsculos vales, seu pagode do século XVIII, além das minhas favoritas, as grandes estufas de vidro e ferro.

O gosto pelo exótico era incentivado por visitas à ninfeia gigante, a vitória-régia, em sua estufa particular — suas grandes folhas, contou-me minha tia, poderiam suportar com facilidade o peso de uma criança. Fora descoberta nas selvas da Guiana, disse ela, e recebera o nome em honra da jovem rainha.[5]

Eu ficava ainda mais impressionado com a grotesca *Welwitschia mirabilis*, com suas duas folhas compridas, coriáceas, retorcidas como molas — aos meus olhos, parecia um estranho polvo vegetal. A *Welwitschia* não é facilmente cultivada fora de seu hábitat natural, no deserto da Namíbia, e o grande espécime de Kew era um dos poucos que se conseguira cultivar com êxito, um tesouro muito especial. (Joseph Hooker, que o batizou e obteve o material original do eufônico Welwitsch, considerava-a a planta mais interessante, embora também a mais feia, já levada para a Grã-Bretanha; e Darwin, fascinado por sua mistura de características avançadas e primitivas, chamava-a de "ornitorrinco do reino vegetal".)[6]

Minha tia adorava especialmente as estufas de samambaias, de tamanho menor, chamadas *ferneries*. Tínhamos samambaias comuns em nosso jardim, mas ali, pela primeira vez, vi samambaias arborescentes, atingindo até seis ou sete metros de altura, com frondes rendilhadas e arqueadas no topo, os troncos sustentados por raízes que pareciam grossas cordas — vigorosas e vivas, e no entanto praticamente iguais às do paleozoico.

E foi em Kew que finalmente vi cicadáceas vivas, agrupadas como tinham estado por um século ou mais em um canto da grande estufa das palmeiras.[7] Também elas eram sobreviventes de um passado muito distante, e a marca de sua antiguidade era visível em todas as suas partes — nos cones enormes, nas folhas aguçadas e espinhosas, nos pesados troncos colunares, reforçados como uma armadura medieval por tenazes crostas de folhas. Se as samambaias arborescentes eram graciosas, aquelas cicadáceas eram grandiosas, e, para minha mente infantil, tinham uma espécie de dimensão moral também. Outrora muito disseminadas, agora reduzidas a alguns gêneros, eu não podia deixar de considerá-las ao mesmo tempo trágicas e heroicas. Trágicas porque haviam perdido o mundo pré-moderno no qual tinham crescido: todas as plantas a quem tinham sido intimamente ligadas — as samambaias de semente, as *Bennettites*, as *Cordaites* do paleozoico — haviam desaparecido da Terra fazia muito tempo, e agora elas se viam, raras, estranhas, singulares, anômalas, em um mundo de animaizinhos barulhentos e céleres, de flores vivamente coloridas e de crescimento rápido, sem sincronia com sua majestosa e monumental escala de tempo. Mas também heroicas, pois haviam sobrevivido à catástrofe que destruíra os dinossauros, adaptando-se a climas e condições diferentes (e não menos à hegemonia dos pássaros e mamíferos, que agora as cicadáceas exploravam como dispersadores de sementes).

Para mim, a noção de sua resistência, de sua grande idade filogenética, ganhava magnitude em função da idade de algumas das plantas individuais — uma delas, a africana *Encephalartos longifolius*, era considerada a planta em vaso mais antiga de Kew: fora levada para lá em 1775. Se aquelas maravilhas podiam ser cultivadas em Kew, pensei, por que eu não poderia cultivar uma em casa?

Quando tinha doze anos (logo depois do fim da guerra), peguei o ônibus até um viveiro em Edmonton, na parte norte de Londres, e comprei duas plantas — uma samambaia arborescente lanosa, a *Cibotium*, e uma pequena cicadácea, a *Zamia*.[8] Tentei cultivá-las em nossa pequena estufa nos fundos da casa, mas a estufa era fria demais — elas murcharam e morreram.

Já mais velho, quando fui a Amsterdã pela primeira vez descobri lá o pequenino e belo Hortus Botanicus — era triangular, muito antigo e ainda conservava um ar medieval, um eco dos jardins de ervas, dos jardins de mosteiros dos quais nasceram os jardins botânicos. Havia uma estufa particularmente rica em cicadáceas, inclusive um espécime muito antigo, retorcido, deformado pelo tempo (ou talvez pelo confinamento em um vaso e em espaço reduzido), que (também) era considerado a planta em vaso mais antiga do mundo. Chamava-se cicadácea de Espinosa (embora eu não saiba se Espinosa a viu), e fora plantada em vaso, se é que a informação era confiável, em meados do século XVII; assim, rivalizava com a velha cicadácea de Kew.[9]

Mas há uma diferença infinita entre um jardim, por maior que seja, e a selva, onde podemos ter uma ideia das verdadeiras complexidades e dinâmicas da vida, das forças que impelem rumo à evolução e à extinção. E eu ansiava por ver as cicadáceas em seu próprio contexto, não plantadas, não rotuladas, não isoladas para observação, mas crescendo lado a lado com bânias, pandanos e samambaias — toda a harmonia e complexidade de uma floresta de cicadáceas em escala natural, a realidade viva da paisagem dos meus sonhos de criança.

Rota é a vizinha mais próxima de Guam na cadeia das Marianas, e é geologicamente semelhante; possui uma história complexa de subidas e descidas, de formações e destruição de recifes que remonta a aproximadamente 40 milhões de anos. As duas ilhas são habitadas por vegetação e animais semelhantes — mas em Rota, onde faltam o tamanho, os grandes ancoradouros, o potencial comercial e agrícola de Guam, a modernização sempre andou a passos muito mais lentos. Rota tem sido, em grande medida, deixada por sua própria conta, biológica e culturalmente, e talvez possa dar uma ideia de como era Guam no século XVI, quando esta ainda era uma ilha coberta por densas florestas de cicadáceas; foi por isso que eu quis ir para lá.[10]

Estava indo conhecer uma das poucas curandeiras remanescentes da aldeia, Beata Mendiola — John Steele a conhecia, e a seu filho Tommy, fazia muitos anos. "Eles sabem mais sobre cicadáceas, sobre todas as plantas, alimentos, remédios naturais e venenos primitivos daqui do que qualquer outra pessoa", disse ele. Foram encontrar-me na pista de pouso. Tommy é um homem simpático, inteligente, aparentando cerca de trinta anos; fala fluentemente o chamorro e o inglês. Beata, magra, morena, com uma aura de poder, nasceu durante a ocupação japonesa e fala somente o chamorro e o japonês; por isso, Tommy precisa servir de intérprete para nós.

Percorremos de carro alguns quilômetros de estrada poeirenta até a orla da floresta e depois seguimos a pé; Tommy e a mãe, munidos de facão de mato, mostravam o caminho. A mata era tão densa em certos lugares que a luz não passava, e eu às vezes tinha a sensação de estar num bosque encantado, com cada tronco, cada ramo, enroscado em musgos e samambaias epífitas.

Em Guam eu vira apenas cicadáceas isoladas, talvez duas ou três próximas umas das outras — mas ali em Rota havia centenas, dominando a floresta. Cresciam por toda parte, ora em grupo, ora como troncos isolados que às vezes superavam três ou quatro metros de altura. A maioria, porém, era relativamente baixa — entre um metro e meio e dois metros, talvez — e cercada por um espesso tapete de samambaias. Engrossados e fortalecidos pelas cicatrizes de velhas folhas, por escamas de folhas, aqueles troncos pareciam poderosos como locomotivas ou estegossauros. Ventos fortes e tufões assolavam regularmente aquelas ilhas, e os troncos de algumas árvores eram curvados em todos os ângulos, por vezes até mesmo prostrados no chão. Mas isso até parecia aumentar-lhes a vitalidade, pois onde eles arqueavam, especialmente na base, novos brotos, bulbilhos, haviam irrompido às dezenas, sustentando suas próprias coroas de folhas novas, ainda verde-claras e tenras. Embora a maioria das cicadáceas à nossa volta fossem árvores altas e sem galhos cuja força vital parecia jorrar em direção ao céu, havia outras, quase monstruosas, que pareciam amotinadas, explodindo em todas as direções, repletas de vitalidade anárquica, de absoluta exuberância vegetal, de um orgulho arrogante.

Beata indicou as rígidas bases de folhas que circundavam e fortaleciam cada tronco de árvore — quando uma nova coroa de folhas brotava no topo, as folhas mais velhas morriam, mas suas bases permaneciam. "Podemos calcular a idade de uma cicadácea contando estas escamas de folhas", disse Beata. Comecei a fazer isso com uma gigantesca árvore deitada, mas Tommy e Beata sorriram. "É mais fácil se você observar os troncos", disse ela. "Muitos dos mais antigos têm um anel muito estreito em 1900, pois foi o ano do grande tufão, e outro anel estreito em 1973, quando tivemos ventos muito fortes."

"É verdade", acrescentou Tommy, "dizem que aqueles ventos chegaram a 320 quilômetros por hora."

"O tufão arranca todas as folhas da planta", explicou Beata, "e por isso elas não podem crescer normalmente." Algumas das árvores mais antigas, em sua opinião, tinham mais de mil anos.[11]

Uma floresta de cicadáceas não é sobranceira como as florestas de pinheiros ou carvalhos. É baixa, com árvores atarracadas e de pequena altura — mas árvores que dão a impressão de imensa solidez e força. São modelos de serviço pesado, é a impressão que temos — não são altas, não são vistosas, nem crescem rápido como as árvores modernas, mas foram construídas para durar, para suportar um tufão ou uma seca. Pesadas, encouraçadas, de crescimento vagaroso, larguíssimas, parecem conter, como os dinossauros, a marca do mesozoico, o "estilo" de 200 milhões de anos atrás.

É impossível distinguir as cicadáceas masculinas das femininas antes de elas amadurecerem e produzirem seus cones espetaculares. A *Cycas* masculina possui um enorme cone ereto, com trinta centímetros ou mais de comprimento, pesando talvez treze quilos, como uma pinha monstruosa, marchetada, as gordas escamas recobrindo toda a volta do cone com elegantes curvas em espiral.[12] A planta feminina do gênero *Cycas*, em contraste, não tem um cone propriamente dito, mas produz um grande aglomerado central de folhas lanosas e macias — megasporófilos, especiais para a reprodução —, de tom alaranjado, aveludadas, chanfradas; e, pendurados embaixo de cada folha, oito ou dez óvulos cor de ardósia — estruturas microscópicas na maioria dos organismos, mas que naquelas árvores são do tamanho de bagas de zimbro.

Paramos perto do cone, de 45 centímetros de altura, maduro e cheio de pólen. Tommy sacudiu-o, e uma nuvem de pólen desprendeu-se; tinha um odor forte, penetrante, e me provocou espirros e lágrimas. (As florestas de cicadáceas devem ficar cobertas de pólen na estação dos ventos, pensei, e alguns pesquisadores chegaram a sugerir a possibilidade de o *lytico-bodig* ser causado pela inalação dessa poeira.) O cheiro dos cones masculinos é, de um modo geral, muito desagradável para os seres humanos — já em 1795 havia regulamentos em Agana ordenando que os habitantes removessem os cones se cultivassem cicadáceas masculinas no jardim. Mas, obviamente, o cheiro não é para *nós*. As formigas são atraídas por aquele odor forte, disse Tommy; às vezes, uma horda encolerizada de formiguinhas sai do cone dando ferroadas quando a árvore é cutucada. "Olhe!", disse ele. "Está vendo aquela aranha minúscula? Em chamorro nós a chamamos de *paras ranas*, 'a que tece a teia'. Esse tipo de aranha é encontrado principalmente na cicadácea; ela come as formigas. Quando a cicadácea é nova e verde, a aranha também é verde. Quando a cicadácea começa a ficar marrom, a aranha também ganha essa cor. Fico contente quando vejo as aranhas, pois isso significa que não haverá formigas para me morder quando eu apanhar os frutos."

Fungos de cores brilhantes brotavam da terra molhada — Beata conhecia todos, sabia quais deles eram venenosos e que remédio usar em caso de envenenamento, quais eram alucinógenos, quais eram bons para comer. Alguns eram luminosos à noite, disse

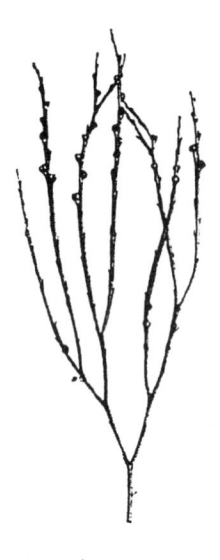

Tommy, e isto também acontecia com algumas samambaias. Olhando para baixo, entre as samambaias, distingui uma planta baixa, parecida com uma vassourinha, a *Psilotum nudum* — modesta, com caules rígidos e sem folhas do diâmetro de um grafite de lapiseira, bifurcando a cada poucos centímetros como uma árvore em miniatura, abrindo caminho através da vegetação rasteira. Curvei-me para examiná-la e vi que cada minúsculo ramo fractal terminava com um esporângio amarelo de três lóbulos não maiores que uma cabeça de alfinete, contendo todos os esporos. A *Psilotum* cresce por toda parte em Guam e Rota — na beira dos rios, na savana, em volta das casas e com frequência em árvores, tal uma epífita que pende dos ramos como a barba-de-velho —, e foi para mim uma emoção especial vê-la em seu hábitat natural. Ninguém repara na *Psilotum*, ninguém a colhe, ninguém a estima, ninguém a respeita — pequena, sem graça, sem folhas, sem raiz, não possui nenhuma das características espetaculares que atraem os colecionadores. Mas, para mim, é uma das plantas mais impressionantes do mundo, pois suas ancestrais, as psilófitas do siluriano, foram as primeiras plantas a desenvolver um sistema vascular, a livrar-se da necessidade de viver na água. Dessas pioneiras originaram-se os licopódios, as samambaias, as hoje extintas samambaias de sementes, as cicadáceas, as coníferas e a grande série de plantas com flores que posteriormente se espalhou por todo o planeta. Mas sua matriz, essa planta ancestral, continua viva, coexistindo com humildade e discrição junto às inúmeras espécies que ela gerou — se Goethe a tivesse visto, ele a chamaria de sua *Ur-pflanze*.[13]

Se para mim as cicadáceas evocavam as luxuriantes florestas do jurássico, uma visão bem diferente, muito mais antiga, emergia com a *Psilotum*: as rochas nuas do siluriano — 250 milhões de anos antes, quando os mares eram povoados por grandes cefalópodes, peixes encouraçados, euripterídeos e trilobites, mas a terra, com exceção de alguns musgos e liquens, era ainda desabitada e vazia.[14] As psilófitas, de caules rígidos como nenhuma alga jamais possuíra, estiveram entre os primeiros colonizadores da terra nua. Nos dioramas da "Primeira vida em terra firme", que eu adorava quando criança, víamos arquejantes peixes dipnoicos e tetrápodes anfíbios emergindo das águas primitivas, escalando as já então verdes margens da terra firme. As psilófitas, assim como outras plantas terrestres muito antigas, forneceram o solo, a umidade, o abrigo e o alimento sem os quais nenhum animal poderia ter sobrevivido em terra firme.

Um pouco adiante, surpreendi-me ao ver um grande acúmulo de cascas de coco quebradas e vazias no chão, mas, olhando em volta, não havia coqueiros, apenas cicadáceas e pandanos. Turistas porcalhões, pensei — devem ter jogado essas cascas aqui; mas em Rota não havia muitos turistas. Parecia estranho que os chamorros, que tanto respeitavam a floresta, deixassem ali um monte de lixo. "O que é isto?", perguntei a Tommy. "Quem trouxe todas essas cascas para cá?"

"Caranguejos", ele respondeu. Diante de minha perplexidade, explicou melhor. "Grandes caranguejos dos coqueiros vêm para cá. Os coqueiros ficam ali." Ele apontou em direção à praia, a algumas centenas de metros, onde avistávamos um bosque de coqueiros. "Os caranguejos sabem que serão perturbados se comerem os cocos na praia, por isso os trazem aqui para comê-los."[15]

Uma das cascas tinha um buraco enorme, como se houvesse sido mordida bem no meio. "Deve ter sido um caranguejo enorme

que fez isso", observou Tommy, "um monstro!" Os caçadores de caranguejo sabem, quando encontram cascas de coco como esta, que existem caranguejos dos coqueiros por toda parte, e então nós os procuramos e os comemos — eu bem que gostaria de apanhar o caranguejo que fez isto!
"Os caranguejos dos coqueiros também adoram cicadáceas. Por isso, quando saio para pegar os frutos de cicadáceas, trago também um saco para caranguejos." Com o facão, Tommy abriu caminho através da vegetação rasteira. "Isso é bom para as cicadáceas — dá a elas espaço para crescer."

"Ponha sua mão neste cone!", disse Tommy ao encontrarmos uma grande planta masculina — espantei-me ao sentir que estava quente. "É como uma fornalha", explicou Tommy. "Produzir pólen aquece — podemos perceber isso quando o tempo refresca, à noite." Os botânicos sabem já há um século (e os colhedores de cicadáceas há muito mais tempo, naturalmente) que os cones podem gerar calor — às vezes vinte graus ou mais acima da temperatura ambiente — quando estão prontos para a polinização. Os cones maduros produzem calor durante várias horas por dia, decompondo lipídeos e amidos no interior de suas escamas; acredita-se que o calor aumenta a liberação de odores que atraem os insetos, ajudando assim na disseminação do pólen. Fascinado pelo calor quase animal do cone, abracei-o impulsivamente e quase desapareci na grande nuvem de pólen.

Em seu livro *Useful Plants of the Island of Guam*, Safford oferece muitas informações sobre a *Cycas circinalis* — o papel que desempenha na cultura chamorro, seu uso como alimento; mas o "principal interesse" que apresenta, acrescenta o autor (cabe lembrar que ele é botânico), "reside na estrutura de sua inflorescência e no modo de frutificação". Nesse aspecto, ele não consegue disfarçar um entusiasmo e uma empolgação especiais. Descreve como o pólen deposita-se por cima dos óvulos expostos e insere neles um tubo, no interior do qual são produzidas as células germinadoras masculinas, os espermatozoides. Os espermatozoides maduros são "os maiores dentre os encontrados em todos os animais ou plantas. São visíveis até mesmo a olho nu". Safford prossegue descrevendo como os espermatozoides, que são móveis, impulsionados por cílios penetram na célula-ovo e se fundem totalmente com ela, "citoplasma com citoplasma, núcleo com núcleo".

Estas observações eram uma novidade na época em que ele as publicou, pois, embora as cicadáceas houvessem sido descritas por europeus no século XVII, havia muita confusão quanto às suas origens e lugar no reino vegetal. Foi somente a descoberta dos espermatozoides móveis por botânicos japoneses, em 1896, que forneceu a primeira comprovação absolutamente clara de seu parentesco (e, portanto, do parentesco de todo o seu grupo, o das gimnospermas) com as samambaias e outras plantas "inferiores" portadoras de esporos (que também possuem espermatozoides móveis). Essas descobertas, feitas apenas poucos anos antes de ele escrever seu livro, têm para Safford uma importância enorme, são uma novidade, e enriquecem seu texto com um sentimento de paixão intelectual. Ávido por testemunhar com meus próprios olhos aquele ato visível de fecundação, peguei minha lupa: espiei o interior dos cones masculinos e depois os óvulos "furados", como se todo o drama pudesse ser encenado diante de mim.

Tommy e Beata pareceram achar graça do meu tolo entusiasmo e desataram a rir — para eles, essencialmente, as cicadáceas são alimento. Importa-lhes não a planta masculina, seu pólen ou os espermatozoides gigantes que são produzidos dentro dos óvulos — estes, pelo que lhes diz respeito, servem apenas para que as plantas femininas sejam fecundadas e possam produzir grandes sementes lustrosas do tamanho de uma ameixa. São as sementes que eles colhem, fatiam, lavam, tornam a lavar e por fim secam e moem para fazer a mais fina farinha de *fadang*. Como *connoisseurs*, escolhendo apenas o melhor, Tommy e a mãe foram de árvore em árvore — esta não está fecundada, esta não está madura, mas lá está um carpofilo de sementes maduras e pesadas, um cacho com doze ou mais. Tommy deu um golpe com o facão e apanhou o cacho na queda. Outro cacho, que estava alto demais para cortar, ele cutucou com uma vara que trazia e me pediu que apanhasse as sementes quando caíssem. Senti meus dedos cobrirem-se com uma seiva branca pegajosa. "Isso é muito venenoso. Não vá lamber os dedos", avisou Tommy.

* * *

Não era apenas a estrutura reprodutiva das cicadáceas que me fascinava quando menino ou o absoluto gigantismo que parecia caracterizar o grupo (os maiores espermatozoides, as maiores células--ovo, os maiores ápices crescentes, os maiores cones, tudo o que era maior no reino vegetal), embora (eu não podia negar) estes não deixassem de ter atrativos. Era, antes, a ideia de que as cicadáceas constituíam formas de vida brilhantemente adaptáveis e engenhosas, dotadas de capacidades e poder de evolução incomuns que lhes haviam permitido sobreviver por 250 milhões de anos, quando tantas de suas contemporâneas haviam sucumbido pelo caminho. (Talvez tivessem sido tão venenosas que resistiam aos dinossauros que vinham comê-las, eu imaginava quando criança — talvez tivessem sido as responsáveis pela extinção dos dinossauros!)

Era verdade que as cicadáceas possuíam os maiores ápices crescentes de todas as plantas vasculares, mas — o que era igualmente importante — aqueles ápices delicados contavam com o embelezamento e a proteção de uma resistente base de folhas que permitia às plantas resistir ao fogo e a tudo em um grau incomum, bem como ganhar folhas novas mais cedo que outras plantas depois de uma catástrofe. E, se mesmo assim alguma coisa acontecesse aos ápices crescentes, as plantas tinham uma alternativa a que poderiam recorrer: os bulbilhos. As cicadáceas podiam ser polinizadas pelo vento ou por insetos: não eram exigentes — tinham evitado o caminho da especialização excessiva, que liquidara tantas espécies no último meio bilhão de anos.[16] Na ausência de fertilização, podiam reproduzir-se assexuadamente, por meio de bulbos reprodutores ou rebentos (também havia a hipótese de algumas plantas serem capazes de mudar espontaneamente de sexo). Muitas espécies de cicadáceas tinham desenvolvido raízes em forma de "curral", onde viviam em simbiose com algas verde-azuladas capazes de fixar o nitrogênio atmosférico para elas, em vez de depender unicamente do nitrogênio orgânico do solo. Isto me pareceu particularmente brilhante — e muito adaptativo, no caso de as sementes caírem em solo empobrecido; as leguminosas, plantas com flores, precisaram de mais 100 milhões de anos para realizar um truque semelhante.[17]

As cicadáceas tinham sementes enormes, de constituição tão

forte e tão repletas de nutrientes que suas chances de sobreviver e germinar eram muito grandes. E podiam recorrer não a um só, mas a uma série de vetores para sua disseminação. Todos os tipos de animais de pequeno porte — de morcegos a pássaros, de marsupiais a roedores — atraídos pelo revestimento exterior nutritivo, de cor brilhante, carregavam-nas para longe, mordiscavam a casca e depois descartavam, intacta, a semente propriamente dita, o cerne essencial. Alguns roedores armazenavam-nas, enterrando-as — para todos os efeitos, plantando-as —, e com isso aumentavam as chances de uma germinação bem-sucedida. Mamíferos grandes podiam comer a semente inteira — macacos comem a semente sozinha, elefantes ingerem os cones inteiros — e expelir o endosperma, dentro de sua noz dura, intacto nas fezes, muitas vezes em lugares bem afastados.

Beata estava examinando uma outra cicadácea, falando baixo em chamorro com o filho. Quando vêm as chuvas, dizia, as sementes podem flutuar. Podemos saber para onde elas flutuam na floresta porque novas cicadáceas brotam ao longo de rios e riachos. Ela acredita que as sementes flutuem também no mar, sendo esta a maneira como as cicadáceas chegam a outras ilhas. Enquanto falava, Beata abriu uma semente e me mostrou a camada esponjosa de flutuação logo abaixo da casca da semente — uma característica exclusiva da cicadácea das Marianas e de outras espécies litorâneas da *Cycas* que crescem em florestas costeiras e próximas da costa.

As cicadáceas propagaram-se por numerosos ecoclimas, das úmidas zonas tropicais em que proliferaram no jurássico até regiões semidesérticas, savanas, montanhas e praias. A espécie litorânea foi a que conseguiu a distribuição mais extensa, pois suas sementes podem flutuar e viajar por grandes distâncias em correntes oceânicas. Uma dessas espécies, a *Cycas thouarsii*, disseminou-se da costa oriental africana até Madagascar e as ilhas Comores e Seychelles. As outras espécies litorâneas, *C. circinalis* e *C. rumphii*, parecem ter se originado nas planícies costeiras da Índia e do Sudeste Asiático. Dali, suas sementes, levadas por correntes oceânicas, espalharam-se pelo Pacífico, colonizando a Nova Guiné, Molucas, Fidji, ilhas Salomão, Palau, Yap, algumas das Carolinas e Marshall e, naturalmente, Guam e Rota. E quando as sementes flutuantes das espécies ancestrais fixaram-se em diferentes ilhas, geraram variantes surpreendentes, algumas das quais hoje em dia se diferenciaram, de um modo que teria fascinado Darwin, em meia dúzia ou mais de novas espécies.[18] Embora as cicadáceas variem muito em tamanho e características, indo de árvores de dezoito metros de altura a delicadas plantas com rizomas subterrâneos, muitas das sessenta e tantas espécies de *Cycas* não têm uma aparência tão diferente (ao contrário, digamos, das espécies de *Zamia*, cuja aparência varia tanto que é difícil acreditar pertencerem ao mesmo gênero) — e é muito compreensível que uma dessas espécies venha a ser confundida com outra. De fato, eu me surpreendi, depois de minha estadia em Guam, quando fui a uma estufa em San Francisco, com a intenção de comprar uma *Cycas circinalis* para dar de presente de casamento: trouxeram-me uma planta que era claramente diferente da de Guam. Quando questionei a dona da estufa, ela asseverou, indignada, que se tratava de uma *circinalis* e insinuou que talvez a que eu tinha visto em Guam não fosse. Parecia espantoso existir uma confusão assim até mesmo entre especialistas — mas David Jones, em seu livro *Cycads of the World*, discorre sobre as dificuldades de identificar as cicadáceas das ilhas:

> As plantas adaptam-se ao longo das gerações, de várias maneiras pouco perceptíveis, às suas circunstâncias ambientais específicas e ao clima local [...] A situação complica-se ainda mais com as plantas recém-chegadas trazidas regularmente por correntes oceânicas. Ao atingir a maturidade, essas plantas recentes podem formar híbridos com as já existentes, e o conjunto complexo de variações resultantes pode às vezes dificultar em demasia uma separação taxonômica. Por exemplo, a *C. circinalis* deve ser considerada uma espécie extremamente variável.

De fato, depois que voltei de Guam, fiquei sabendo que a cicadácea exclusiva de Guam e Rota, durante séculos considerada uma variedade da *C. circinalis*, foi recentemente reclassificada como uma espécie distinta, junto com o "complexo" da *C. rumphii*, e rebatizada de *C. micronesica*.[19]

A *C. micronesica*, ao que parece, distingue-se não apenas no plano morfológico, mas também química e fisiologicamente —

com um teor de substâncias carcinogênicas e tóxicas (em especial, de cicasina e BMAA) notavelmente mais elevado do que qualquer outra cicadácea analisada. Portanto, a ingestão de cicadáceas, relativamente benigna em outros lugares, pode encerrar um perigo especial em Guam e Rota — e o processo darwiniano que trouxe outra espécie ao mundo pode também, provavelmente, estar contribuindo para uma nova doença humana.

Percebo que estou andando com delicadeza sobre a rica vegetação rasteira debaixo das árvores, procurando não quebrar um só ramo, não esmagar ou perturbar coisa alguma, pois é tamanha a sensação de quietude e paz que o tipo errado de movimento e até mesmo nossa presença podem ser sentidos como uma invasão e, por assim dizer, encolerizar a floresta. As palavras que Tommy dissera antes voltaram-me à memória: "Toda a minha vida ensinaram-me a não ser avançado na floresta e a não destruir nada [...] Sou da opinião de que estas plantas estão vivas. Têm poderes. Podem invocar algum tipo de doença em você, se você não as respeitar [...]". A beleza da floresta é extraordinária — mas *beleza* é uma palavra simples demais, pois estar ali não é uma experiência apenas estética, mas uma experiência permeada de mistério, de assombro reverente.

Eu tinha sentimentos parecidos quando criança, ao deitar-me sob as samambaias, e, mais tarde, quando entrava pelos maciços portões de ferro de Kew, um lugar que para mim não era só botânico: possuía também um elemento místico e religioso. Meu pai certa vez me disse que a própria palavra *paraíso* significava jardim, e explicou-me as quatro letras (*pe resh dalet samech*) de *pardes*, a palavra em hebraico que significa jardim. Mas os jardins — o Éden ou Kew — não são as metáforas apropriadas aqui, pois o primevo não tem relação alguma com o humano, e sim com o antigo, o aborígine, o começo de tudo. O primevo, o sublime, são palavras muito mais adequadas neste caso — pois indicam reinos distantes do moral ou do humano, reinos que nos forçam a contemplar imensos panoramas de espaço e tempo, onde jazem ocultos os princípios e as origens de todas as coisas. Agora, perambulando através da floresta de cicadáceas de Rota, parecia que meus sentidos estavam efetivamente se ampliando, como se um novo sentido, o sentido do tempo, estivesse se abrindo em mim, algo que me permitiria avaliar milênios ou eras diretamente, do mesmo modo como eu vivenciava os segundos e minutos.[20]

Moro em uma ilha — City Island, em Nova York — cercada pelos brilhantes artefatos transitórios feitos pelo homem. E no entanto cada mês de junho, sem falta, os caranguejos límulos saem do mar, arrastam-se pela praia, acasalam-se, botam ovos e depois, lentamente, partem a nado de novo. Adoro nadar na baía ao lado deles; eles me permitem isso, indiferentes. Têm rastejado pela praia e se acasalado todo verão, exatamente como seus ancestrais fizeram desde o siluriano, 400 milhões de anos atrás. Assim como as cicadáceas, os límulos são modelos resistentes, grandes sobreviventes que conseguiram permanecer. Ao ver as tartarugas-gigantes das Galápagos, Melville escreveu (em *The Encantadas*):

> Essas criaturas místicas [...] afetavam-me de um modo difícil de explicar. Pareciam ter acabado de sair rastejando debaixo das fundações do mundo [...] O sentimento grandioso inspirado por essas criaturas é o do tempo imemorial — de permanência sem data, indefinida.

Esse era o sentimento que me inspiravam os límulos todo mês de junho. A noção de tempo profundo traz uma grande paz, um afastamento da escala de tempo, das urgências do cotidiano. Ver aquelas ilhas vulcânicas e aqueles atóis de coral, e sobretudo andar pela floresta de cicadáceas em Rota, deixou-me uma sensação íntima da antiguidade da Terra e dos lentos e contínuos processos pelos quais diferentes formas de vida evoluem e adquirem seu modo de ser. Ali, na selva, senti-me parte de uma identidade mais ampla, mais calma; tive uma sensação profunda de estar em casa, uma espécie de companheirismo com a terra.[21]

É noite, Tommy e Beata afastam-se para colher algumas plantas medicinais; eu estou sentado na praia, olhando o mar. Cicadáceas chegam quase à beira da água; a praia está entulhada com suas sementes gigantescas, junto com cascas de ovos de tubarão e arraia, duras, de um formato que lembra um singular biscoito da fortuna. Uma leve brisa começa a soprar, perpassando as folhas das cicadáceas, arrepiando a superfície da água. Caranguejos-de-areia e uçás, escondidos no calor do dia, aparecem e correm de um lado para o outro. O som principal é o das ondas batendo na praia, batendo como têm feito por bilhões de anos, desde que a terra emergiu das águas — um som antigo, tranquilizador, hipnótico.

Olho com curiosidade para as sementes de cicadáceas, pensando nas palavras de Beata, em como flutuam e são capazes de sobreviver talvez a uma longa imersão na água do mar. A maioria, sem dúvida, caiu lá de cima, das árvores, mas algumas talvez sejam nômades, trazidas pelo mar de Guam ou de ilhas mais distantes — quem sabe até mesmo de Yap ou Palau, ou de mais longe.

Uma grande onda aproxima-se, levanta duas sementes: elas flutuam pela costa, bamboleantes. Cinco minutos depois, uma das sementes é lançada de volta à praia, mas a outra continua balançando sobre as ondas, a alguns metros da terra firme. Fico imaginando aonde ela irá, se conseguirá sobreviver, se será devolvida para Rota ou levada por centenas, talvez milhares de quilômetros até uma outra ilha do Pacífico. Dez minutos mais e eu já não consigo enxergá-la — está lançada, como um navio pequenino, na sua jornada em alto-mar.

NOTAS

NO GAFANHOTO DAS ILHAS (pp. 19-40)

¹ Na verdade, as estátuas da ilha da Páscoa, em sua maioria, não estão de frente para o mar; estão de costas, na direção do que eram as casas nobres da ilha. Também não são estátuas sem olhos — ao contrário, originalmente tinham olhos espantosos, brilhantes, feitos de coral branco, com íris de tufo vulcânico vermelho ou obsidiana; isto só foi descoberto em 1978. Minha enciclopédia infantil, porém, adotou o mito dos gigantes cegos, sem olhos, fitando sem esperança o mar — mito este que parece ter tido origem em alguns dos relatos dos primeiros exploradores, depois de contados e recontados ao longo do tempo, e nas pinturas de William Hodges, que viajou para a ilha com o capitão Cook na década de 1770.

² Humboldt descreveu pela primeira vez o enorme dragoeiro, muito sucintamente, em um pós-escrito a uma carta redigida em Tenerife, em junho de 1799:

> No distrito de Orotava há um dragoeiro com cerca de catorze metros de circunferência [...] Quatro séculos atrás, essa circunferência era tão grande quanto agora.

Em sua *Personal Narrative*, escrita alguns anos mais tarde, ele dedicou três parágrafos à árvore, especulando a respeito de sua origem:

> Ela nunca foi encontrada em estado natural no continente da África. As Índias Orientais são seu verdadeiro solo natal. Como terá sido essa árvore transplantada para Tenerife, onde ela absolutamente não é comum?

Mais uma vez, tempos depois, em "Physiognomy of plants" (coligido, juntamente com outros ensaios, em *Views of Nature*), Humboldt dedicou nove páginas inteiras ao "colossal dragoeiro de Orotava", expandindo então suas observações originais e compondo todo um ensaio com associações e especulações ricas e abrangentes:

> Esse colossal dragoeiro, *Dracaena draco*, encontra-se no jardim de M. Franqui, na cidadezinha de Orotava [...] um dos lugares mais encantadores do mundo. Em junho de 1799, quando escalamos o pico de Tenerife, encontramos essa árvore enorme medindo quase quinze metros de circunferência [...] Se lembrarmos que em todo lugar o dragoeiro tem um crescimento lentíssimo, podemos concluir que esse de Orotava é extremamente antigo.

Humboldt supõe uma idade aproximada de 6 mil anos para a árvore, o que a tornaria "contemporânea dos construtores das Pirâmides [...] e situaria seu nascimento [...] numa época em que o Cruzeiro do Sul ainda era visível no norte da Alemanha". Porém, apesar da idade avançada, a árvore ainda fornecia, segundo ele, "as flores e os frutos da perpétua juventude".

A *Personal Narrative* de Humboldt era uma das obras preferidas de Darwin, que escreveu à sua irmã Caroline: "Não vou sossegar enquanto não vir o pico de Tenerife e o grande dragoeiro". Ele ansiava por ir a Tenerife, e decepcionou-se amargamente quando não lhe foi permitido desembarcar ali devido a uma quarentena. Mas Darwin levou consigo, no *Beagle*, a *Personal Narrative* (junto com os *Principles of Geology*, de Lyell), e quando conseguiu repetir algumas das viagens de Humboldt pela América do Sul, seu entusiasmo foi ilimitado. "Eu antes admirava Humboldt", escreveu; "Agora quase o adoro."

[3] Especializações e evoluções notáveis podem ocorrer não só nas ilhas, mas em todo tipo de ambiente especial e isolado. Por exemplo, uma medusa única, que não provoca queimaduras, foi descoberta recentemente em um lago de água salgada no interior de Eil Malk, uma das ilhas de Palau, como descreve Nancy Barbour:

> As medusas do lago pertencem ao gênero *Mastigias*, comumente encontrado na lagoa de Palau, cujos poderosos tentáculos que provocam queimaduras são usados para proteção e para capturar presas

planctônicas. Acredita-se que os ancestrais dessas medusas *Mastigias* ficaram presos no lago milhões de anos atrás, quando forças vulcânicas ergueram recifes submersos em Palau, transformando bolsas profundas nos recifes em lagos de águas salgadas sem acesso para o mar. Como havia pouco alimento e poucos predadores no lago, seus tentáculos compridos em forma de bastão evoluíram gradualmente para apêndices curtos incapazes de queimar, e a medusa passou a depender das algas simbióticas que vivem em seus tecidos para obter nutrientes. As algas captam energia do sol e a transformam em alimento para a medusa. Em troca, a medusa nada para perto da superfície durante o dia, a fim de assegurar que as algas recebam suficiente luz solar para a ocorrência da fotossíntese [...] Toda manhã o cardume de medusas, que se calcula ser composto de mais de 1,6 milhão de exemplares, atravessa o lago até a margem oposta, cada medusa fazendo uma rotação em sentido anti-horário, para que as algas de todos os lados de seu corpo em forma de sino recebam igualmente a luz solar. À tarde as medusas viram-se e nadam de volta para a margem oposta do lago. À noite, descem para a camada intermediária do lago, onde absorvem o nitrogênio que fertiliza suas algas.

[4] "Estava deitado em uma ribanceira ensolarada", escreveu Darwin, discorrendo sobre suas viagens pela Austrália, "refletindo sobre o estranho caráter dos animais desse país, se comparados aos do resto do mundo." Ele estava pensando nos marsupiais, em contraste com os animais placentários; eram tão diferentes, julgava Darwin, que

alguém que descrê de tudo o que está além de sua razão poderia exclamar: "Sem dúvida, isto é trabalho de dois Criadores distintos".

A atenção de Darwin foi atraída a seguir por uma gigantesca formiga-leão em seu cone-armadilha, jogando jatos de areia para o alto, provocando pequenas avalanches para que formigas pequenas escorregassem para dentro de sua armadilha, exatamente como as formigas-leão que ele vira na Europa:

> Teriam dois artífices logrado imaginar um expediente tão primoroso, tão simples e no entanto tão hábil? Isso é impensável. Uma só mão, inegavelmente, trabalhou em todo o universo.

[5] Frances Futterman também descreve sua visão em termos muito positivos:

> Palavras como *acromatopsia* concentram-se apenas naquilo que nos falta. Não dão uma ideia do que possuímos, dos tipos de mundo que apreciamos ou fazemos para nós. Acho o crepúsculo uma hora magnífica — não há contrastes gritantes, meu campo visual expande-se, minha acuidade subitamente melhora. Muitas de minhas melhores experiências ocorreram durante o crepúsculo ou à luz da lua — excursionei por Yosemite em noite de lua cheia, e um daltônico que conheço trabalhava ali como guia noturno; uma de minhas lembranças mais felizes é a de estar deitada entre aquelas gigantescas sequoias, olhando as estrelas.
>
> Quando criança, eu caçava vaga-lumes nas noites quentes de verão e adorava ir ao parque de diversões, com todas as luzes de neon resplandecentes e a casa mal-assombrada às escuras — nunca senti medo ali. Adoro os grandiosos cinemas antigos, com seus interiores ornamentados, e os cinemas ao ar livre. Na época do Natal, gosto de olhar a decoração de pisca-piscas nas janelas das árvores.

[6] As legendas desse cartão-postal de Darwin dão a entender que ele "descobrira" sua teoria sobre os atóis de coral ali em Majuro, embora na verdade a houvesse concebido antes de ter visto um atol. Darwin nunca esteve realmente em Majuro e tampouco em nenhuma das ilhas Marshall ou Carolinas (mas esteve, de fato, no Taiti). Entretanto, em *Coral Reefs* [Recifes de coral], faz uma breve referência a Pohnpei (como Pounypête ou Senyavine) e chega a mencionar Pingelap (pelo nome então usado, Macaskill).

⁷ Ebeye talvez possa ser considerada uma espécie de fim da linha, um fim da linha caracterizado não só pela superpopulação e pela doença desesperadoras, mas pela perda da identidade e da coerência cultural e pela substituição destas por um consumismo frenético, por uma economia do dinheiro. Os processos de colonização ambíguos mostraram seu potencial desde o início — Cook, por exemplo, passando pelo Taiti em 1769, apenas dois anos depois da "descoberta" do local, não pôde evitar, em seus diários, mencionar a possibilidade de a chegada do homem branco trazer a ruína para todas as culturas do Pacífico:

> Corrompemos seus costumes e introduzimos em seu meio desejos e doenças que eles nunca tiveram e que servem apenas para destruir a feliz tranquilidade de que eles e seus ancestrais desfrutavam. Penso com frequência que teria sido melhor para eles se nunca tivéssemos aparecido por ali.

⁸ Pioneiro no emprego da estreptomicina, Bill Peck foi para a Micronésia em 1958 como observador oficial dos testes atômicos nas ilhas Marshall. Foi um dos primeiros a registrar a elevada incidência de câncer da tireoide, leucemia, aborto etc. no período posterior aos testes, mas na época não lhe permitiram publicar suas observações. Em seu livro *A Tidy Universe of Islands* [Um ordenado universo de ilhas], Peck fornece uma vívida descrição da precipitação radiativa ocorrida em Rongelap após a explosão da bomba atômica Bravo, em Bikini:

> A precipitação radiativa teve início de quatro a seis horas após a explosão e se manifestou a princípio como uma névoa indefinida, transformando-se rapidamente em uma poeira branca e fina — tal como a neve, disseram alguns que tinham assistido a filmes em Kwajalein. Jimaco e Tina correram pela aldeia com um bando de crianças mais novas, exultando com o milagre, aos gritos de "Vejam, parecemos um quadro de Natal, brincamos na neve"; e, alegres, mostravam o pó grudento que lhes manchava a pele, enbranquecia os cabelos e cobria o chão de geada.
> Caindo a noite, a precipitação radiativa visível diminuiu, até que finalmente restou apenas um leve brilho anormal no luar. E a coceira. Quase todos se coçavam [...] Pela manhã ainda sentiam coceiras, e vários deles tinham os olhos ardendo. Os flocos estavam encardidos e grudentos devido ao suor, e fracassaram as tentativas de removê-los

com lavagem em água fria. Todos sentiram náuseas leves, e três vomitaram.

[9] A obesidade, às vezes acompanhada de diabetes, afeta a esmagadora maioria das populações do Pacífico. James Neel, no início da década de 60, aventou a hipótese de isso ser causado por um "gene econômico" que poderia ter se desenvolvido a fim de permitir o armazenamento de gordura durante os períodos de carestia. Um gene desse tipo seria altamente adaptativo, postulou Neel, nos povos que vivem em uma economia de subsistência na qual ocorram períodos irregulares de fartura e escassez de alimentos; entretanto, poderia revelar-se uma adaptação letal diante de mudanças para uma dieta regular rica em gorduras, como aconteceu em toda a Oceania depois da Segunda Guerra Mundial. Em Nauru, menos de uma geração após a "ocidentalização", dois terços dos ilhéus são obesos e um terço tem diabetes; proporções semelhantes têm sido observadas em muitas outras ilhas. Os destinos contrastantes dos índios pimas demonstram que é muito perigosa essa conjunção específica de propensão genética e estilo de vida. Os que vivem no Arizona, com uma dieta regular rica em gorduras, têm os índices de obesidade e diabetes mais elevados do mundo, ao passo que os índios pimas do México, geneticamente semelhantes e vivendo da agricultura e da pecuária de subsistência, permanecem esguios e saudáveis.

PINGELAP (pp. 41-67)

[1] Um sentimento semelhante de afinidade pode surgir em um viajante surdo que, tendo cruzado o oceano ou percorrido o mundo, depare com outras pessoas surdas ao chegar. Em 1814, o educador francês Laurent Clerc, que era surdo, foi visitar uma escola para surdos em Londres, e um contemporâneo seu descreveu o fato com estas palavras:

> Tão logo Clerc contemplou aquela visão [das crianças no jantar], seu rosto animou-se: ficou tão comovido quanto ficaria um viajante sensível ao encontrar de súbito, em regiões distantes, uma colônia de compatriotas [...] Clerc aproximou-se delas. Fez sinais, e elas lhe responderam com sinais. Aquela comunicação inesperada causou nelas uma sensação deliciosa, e para nós foi uma cena de expressão e sensibilidade que nos deu a mais sincera satisfação.

E algo parecido aconteceu quando fui com Lowell Handler, um amigo que tem a síndrome de Tourette, a uma remota comunidade menonita ao norte de Alberta, onde uma forma genética dessa doença tornara-se notavelmente comum. A princípio um pouco tenso, e controlando-se ao máximo, Lowell conseguiu suprimir seus tiques; mas depois de alguns minutos deixou escapar um berro estridente — uma das manifestações de sua doença. Todo o mundo se virou para olhar, como sempre acontece. Mas em seguida todos sorriram — eles entendiam —, e alguns chegaram a responder a Lowell com seus próprios tiques e ruídos. Cercado por outros que tinham a síndrome de Tourette, seus irmãos de doença, Lowell sentiu, em muitos aspectos, que enfim havia "chegado em casa" — apelidou o povoado de "Tourettesville", cogitou desposar uma bela menonita com essa doença e viver feliz para sempre.

[2] R. L. Stevenson escreve a respeito dos porcos em seu ensaio sobre a Polinésia, *The South Seas*:

> O porco é o principal alimento animal nas ilhas [...] Muitos ilhéus vivem com seus porcos tal como fazemos com nossos cães; homens e porcos amontoam-se em volta do fogão com igual liberdade; e o porco da ilha é uma criatura ativa, empreendedora e sensata. Descasca seus próprios cocos e (disseram-me) rola-os até o sol para que se rompam. [...] Quando crianças, ensinaram-nos que os porcos não sabem nadar; vi um que pulou do barco, nadou quinhentos metros até a praia e voltou para a casa de seu dono original.

[3] Era surpreendente o fato de tudo em Pingelap ser verde, não só as folhagens das árvores, mas também as frutas — a fruta-pão e o pandano são verdes, assim como muitas variedades de banana. As frutas em tons de vermelho e amarelo vivos — mamão, manga, goiaba — não são nativas da ilha, tendo sido introduzidas pelos europeus só na década de 1820.

J. D. Mollon, eminente estudioso dos mecanismos da visão em cores, observou que os macacos do Velho Mundo "são particularmente atraídos por frutas cor de laranja ou amarelas (em contraste com os pássaros, que preferem as frutas vermelhas ou roxas)". A maioria dos mamíferos (na verdade, a maioria dos vertebrados) desenvolveu um sistema de visão dicromática, baseado na correlação de informações de comprimento de ondas curtas e médias que os ajuda a reconhecer o ambiente, os alimentos, os amigos e os inimigos, bem como a viver em um mundo de cores, ainda que esmaecidas e de um tipo muito limitado. Apenas certos primatas desenvolveram a visão tricromática plena, sendo isto o que lhes possibilita detectar frutas amarelas e vermelhas contra um fundo verde mosqueado; Mollon supõe que a coloração dessas frutas pode, na verdade, ter evoluído com a visão tricromática nos macacos. A visão tricromática ainda lhes permite não só reconhecer as nuances faciais mais sutis de estados emocionais e biológicos, mas também usá-las (o que os macacos fazem, tanto quanto os humanos) para indicar agressão ou exibição sexual.

Os que têm acromatopsia, ou monocromatas de bastonetes (como também são chamados), não possuem nem mesmo o sistema dicromático primordial, que, acredita-se, já teria se desenvolvido no paleozoico. Se os "dicromatas humanos", nas palavras de Mollon, "têm dificuldade especial para distinguir frutas coloridas em meio à folhagem matizada que varia aleatoriamente em luminosidade", seria de esperar que os monocromatas fossem ainda mais inaptos, praticamente incapazes de sobreviver em um mundo no mínimo ordenado para os dicromatas. Mas é nesse aspecto que a adaptação e a compensação podem ter um papel crucial. Esse modo de percepção muito diferente é expresso com clareza por Frances Futterman, que escreveu:

> Quando um novo objeto surgia em minha vida, eu tinha uma experiência sensorial muito pormenorizada com ele. Provava-o com o tato, com o olfato, sentia-lhe a aparência (todos os aspectos visíveis com exceção da cor, naturalmente). Chegava a bater nele ou a lhe dar pancadinhas, ou a fazer qualquer coisa que criasse uma sensação auditiva. Todos os objetos têm características únicas que podem ser experimentadas. Todos podem ser olhados sob luzes diferentes e com diferentes tipos de sombras. Revestimentos opacos, revestimentos brilhantes, texturas, estampas, transparências — eu examinava minuciosamente tudo isso, do meu jeito costumeiro (que se devia à deficiência visual, mas que em minha opinião fornecia-me muito mais impressões multissensoriais sobre as coisas). Que diferenças poderia ter havido se eu estivesse vendo as cores? Poderiam as cores das coisas ter dominado minha experiência, impedindo-me de conhecer tão intimamente as outras qualidades?

[4] John Judd, colega e depois editor de Darwin, contou que Lyell, o mais veemente defensor da teoria dos vulcões submersos,

"ficou tão maravilhado" quando o jovem Darwin falou-lhe sobre sua própria teoria do afundamento, que "se pôs a dançar e a fazer as mais estranhas contorções". Mas fez um alerta a Darwin: "Não se iluda, não lhe darão crédito enquanto você não tiver ficado careca como eu de tanto trabalhar duro e se irritar com a incredulidade do mundo".

[5] O coqueiro, que Stevenson chamou de "a girafa dos vegetais [...] tão gracioso, tão esguio, tão estranho para os olhos europeus", era o bem mais precioso dos polinésios e micronésios, que o levaram consigo para todas as novas ilhas que colonizaram. Melville discorre sobre isso em *Omoo*:

> Os benefícios que ele traz são incalculáveis. Ano após ano, o ilhéu repousa à sua sombra, comendo e bebendo de seus frutos. Faz o teto da choça com suas folhas e trança-as para fazer cestos onde carrega os alimentos. Refresca-se com um leque feito de folhas novas trançadas e protege a cabeça contra o sol usando um chapéu produzido com as folhas. Às vezes ele se veste com a substância semelhante a um tecido que envolve a base dos caules. Os cocos maiores, desbastados e polidos, fazem um belo copo; os menores, fornilhos para cachimbo. As cascas secas acendem o fogo. As fibras são torcidas e transformadas em linhas de pescar e cordas para as canoas. Ele cura os ferimentos com um bálsamo composto do suco da fruta, e com óleo extraído da polpa ele embalsama os corpos dos mortos.
> O nobre tronco, por sua vez, está longe de ser inútil. Serrado em forma de vigas, escora a habitação do ilhéu. Convertido em carvão, cozinha sua comida [...] Ele impele a canoa na água com um remo da mesma madeira, e vai para a guerra com clavas e lanças feitas do mesmo material rijo [...]
> Assim, pode-se dizer que um homem que se limita a jogar um desses frutos no solo obtém para si e para a posteridade um benefício maior e mais certo do que toda uma vida de trabalho árduo em climas menos propícios.

[6] O tipo de divergência que originou a distinção entre os dialetos pingelapês e pohnpeiês ocorreu várias vezes em todas as ilhas dispersas da Micronésia. Nem sempre está claro em que ponto a linha entre dialeto e língua foi cruzada, como expõe E. J. Kahn em *A Reporter in Micronesia*:

> Nas ilhas Marshall fala-se o marshallês, e nas Marianas, o chamorro. Daí por diante, as coisas começam a se complicar. Entre as línguas [...]

existe uma rara, usada pelos 83 habitantes de Sonsorol e os 66 de Tobi, dois minúsculos grupos de ilhéus no território de Palau, mas bem distantes da movimentada estrada palauense. Afirmou-se que os sonsorolenses e tobianos na verdade não possuem uma língua própria, falando meramente um dialeto do palauês, que é a principal língua desse território. O yapês é uma outra língua importante, além de complexa, com treze sons de vogais e 32 consoantes. Os atóis de Ulithi e Woleai, no território de Yap, têm suas próprias línguas, contanto que se considere o woleaiês como tal e não como um dialeto do ulithiês. A língua falada pelos 321 habitantes de um outro atol do território de Yap, Satawal, também pode ser uma língua distinta, embora alguns afirmem que ela constitui simplesmente um dialeto do trukês, a língua principal de Truk.

Sem contar o satawalês, existem pelo menos dez dialetos distintos do trukês, entre eles o puluwatês, o pulapês, o pulusukês e o mortlockês. (Alguns estudiosos asseveram que a língua das ilhas Mortlock, assim chamadas em honra a um explorador do século xviii, é genuinamente uma língua distinta.) No território de Ponape, além do ponapeiês há o kusraiês, e, como a área ponapeiense da Micronésia abrange os dois atóis polinésios, Nukuoro e Kapingamarangi, existe uma língua que é usada nesses lugares — com consideráveis variações dialéticas entre a versão encontrada em cada um. Por fim, alguns linguistas afirmam que as línguas faladas em outros dois grupos de ilhas ponapeienses, Mokil e Pingelap, não constituem, como supõem outros lingüistas, meras variações do ponapeiês usual, mas autênticas línguas individuais denominadas mokilês e pingelapês.

"Alguns micronésios", prossegue ele, "tornaram-se linguistas notavelmente versáteis."

Não podemos deixar de lembrar como os animais e plantas divergem do tronco original, primeiro em variedades e depois em espécies — processo muito intensificado pelas condições únicas das ilhas e, portanto, mais perceptível nas ilhas contíguas de um arquipélago. A evolução cultural e linguística ocorre, é claro, com rapidez muito maior do que a darwiniana, pois passamos o que adquirimos diretamente para a geração seguinte; passamos nossos "mnemes", como diria Richard Semon, e não nossos genes.

[7] Existem dois geradores a querosene em Pingelap: um para iluminar o prédio da administração, o dispensário e mais três ou quatro edificações, e outro para fazer funcionar os aparelhos de videocassete da ilha. Mas o primeiro está avariado há anos e ninguém fez

grandes esforços para consertá-lo ou substituí-lo — as velas e lâmpadas a querosene são muito mais confiáveis. O outro dínamo, porém, é muito bem cuidado, pois assistir a filmes de ação vindos dos Estados Unidos é uma força compulsiva.

[8] William Dampier foi o primeiro europeu a descrever a fruta--pão, que ele viu em Guam em 1688:

A fruta cresce nos galhos como as maçãs; é grande como um pão de 1 penny, enquanto o trigo está a 5 xelins o alqueire; tem forma arredondada e uma casca grossa e dura. Quando madura, a fruta é amarela e tenra, doce e agradável ao paladar. Os nativos de Guam usam-na como pão. Colhem-na quando acaba de crescer, mas ainda verde e rija, e depois assam-na em forno, o que resseca a casca e a enegrece. Porém [...] em seu interior ela é macia, tenra e branca como o miolo de um pão de 1 penny. *Não há sementes nem caroços dentro*, apenas uma substância pura, tal como o pão. Deve ser comida de pronto, pois se guardada por mais de 24 horas torna-se adstringente e asfixiante, embora seja bastante saborosa antes de ficar muito rançosa. A temporada dos frutos dura *oito meses por ano*, e durante esse tempo os nativos não comem nenhum outro substituto do pão.

[9] Muitos pepinos-do-mar possuem espículas afiadíssimas e microscópicas nas paredes do corpo; essas espículas assumem todo tipo de formas — podemos ver gomos, grânulos, elipsoides, barras, raquetes, formas de roda com aros e âncoras. Se as espículas (especialmente aquelas em forma de âncora, que são tão perfeitas e pontudas quanto uma âncora de barco) não forem dissolvidas ou destruídas (o que às vezes requer muitas horas de fervura, ou mesmo dias), podem alojar-se no revestimento intestinal do infeliz que as ingeriu, provocando um sangramento grave mas invisível. Na China, onde o tripango é considerado uma iguaria, esse expediente tem sido usado em assassinatos por muitos séculos.

[10] Irene Maumenee Hussels e seus colegas da Johns Hopkins extraíram amostras de sangue de toda a população de Pingelap e de muitos pingelapenses de Pohnpei e Mokil. Com o auxílio da análise de DNA, esperam que seja possível localizar a anormalidade genética que causa o *maskun*. Se isto for conseguido, será possível então identificar os portadores da doença — mas isto, como salienta Maumenee Hussels, porá em destaque complexas questões éticas e culturais. Pode ocorrer, por exemplo, que essa identificação venha a

prejudicar as chances de casamento ou emprego dos 30% da população que são portadores do gene.

[11] Em 1970, Maumenee Hussels e Morton foram a Pingelap com uma equipe de geneticistas da Universidade do Havaí. Desembarcaram do *Microglory* com equipamentos sofisticados, inclusive um eletrorretinograma para medir a resposta da retina a centelhas de luz. Constataram que a retina das pessoas com *maskun* apresenta respostas normais dos bastonetes e nenhuma resposta dos cones, mas foi só em 1944 que Donald Miller e David Williams, da Universidade de Rochester, descreveram a primeira observação direta de cones retinianos em sujeitos vivos. Desde então, têm usado técnicas emprestadas da astronomia, óticas adaptativas, para possibilitar o diagnóstico por imagem do olho. Esse equipamento ainda não foi usado para examinar os que têm acromatopsia congênita, mas seria interessante fazê-lo, para saber se a ausência de cones ou algum defeito neles pode ser visualizado diretamente.

[12] "O canibalismo", escreveu Stevenson, "é encontrado de ponta a ponta no Pacífico, das Marquesas à Nova Guiné, da Nova Zelândia ao Havaí. [...] Toda a Melanésia parece infectada [...] [mas] na Micronésia, nas Marshall, das quais possuo apenas conhecimentos de turista [...] não pude encontrar vestígio algum."

Mas Stevenson nunca foi às Carolinas, e O'Connell afirma ter realmente presenciado o canibalismo em um dos atóis próximos de Pingelap, Pakin (que ele designa por ilha de Wellington):

> Eu não acreditava, antes de lá ter ido, que os nativos da ilha de Wellington fossem canibais; tive então uma demonstração perante meus próprios olhos. Aquilo parecia ser neles uma paixão ingovernável, sendo as vítimas não apenas cativos, mas presentes dados aos chefes pelos pais, que pareciam considerar uma honra a aceitação de seus filhos para propósito tão horrendo. A ilha de Wellington [...], na verdade, compõe-se de três ilhas limitadas por um recife. Uma delas é habitada; as outras duas são locais desabitados, reivindicados por diferentes chefes, como que para fornecer pretexto para a guerra e para a gratificação de sua pavorosa paixão por carne humana.

[13] A história lendária de Pingelap é contada no *Liamweiwei*, epopeia ou saga que tem sido transmitida a cada geração na forma de recitação ou canto. Na década de 60, apenas o *nahnmwarki* co-

nhecia todos os 161 versos, e, se Jane Hurd não os houvesse transcrito, essa história épica estaria hoje perdida.

Mas um antropólogo, ainda que compreensivo, tende a tratar um canto ou rito nativo como um objeto, e talvez não consiga entender plenamente sua interioridade, seu espírito, a perspectiva daqueles que realmente o entoam. Um antropólogo vê as culturas, gostaríamos de afirmar, como um médico vê seus pacientes. Penetrar em diferentes consciências e culturas, compartilhá-las, exige habilidades além das requeridas para o historiador ou cientista; é preciso possuir capacidades artísticas e poéticas de um tipo especial. Auden, por exemplo, identificava-se com a Islândia (seu prenome, Wystan, era islandês), e um de seus primeiros livros foi *Letters from Iceland* — mas são as habilidades linguísticas e poéticas que fazem de sua versão da Antiga Edda, a grande saga da Islândia, uma recriação tão impressionante do original.

E é isso que confere um valor sem igual ao trabalho de Bill Peck, médico e poeta que passou os últimos 35 anos morando e trabalhando na Micronésia. Quando médico em início de carreira, integrante do Serviço de Saúde Pública dos Estados Unidos, ficou chocado com sua primeira experiência na Micronésia como observador oficial dos testes atômicos e horrorizou-se com o tratamento dispensado aos ilhéus. Mais tarde, como diretor da área de saúde do Território Tutelado das Ilhas do Pacífico (como a Micronésia era então chamada), atraiu médicos ativos e sonhadores (inclusive John Steele e, depois, Greg Dever) para ajudá-lo a desenvolver novos serviços de saúde (hoje em dia o Serviço de Saúde da Micronésia) e treinar enfermeiros nativos para auxiliar os médicos.

Morando em Chuuk no início dos anos 70, adquiriu uma consciência cada vez maior das antigas tradições e mitos dos chuukenses e teve uma "experiência de conversão" ao conhecer o chefe Kintoki Joseph, de Udot. Passou várias semanas com o chefe, ouvindo, gravando. Isto, diz ele, foi

> como descobrir os Manuscritos do Mar Morto ou o Livro dos Mórmons. [...] O chefe Kintoki sentava-se sereno, quase em transe, balançando a cabeça ritmadamente enquanto recordava uma prece ou um cântico. Em seguida, gesticulando, recitava-a dramaticamente em *ittang*, elevando ou diminuindo a voz à medida que a glória, a reverência ou o temor de sua visão assim exigiam. [...] Disse-me o chefe Kin-

M. de Tessan lendo à luz do mar fosforescente.

toki: "Cada vez que recito estes poemas acredito, naquele momento, que sou o antigo profeta que pela primeira vez os revelou".

Desse encontro surgiu uma nova tarefa para Bill: registrar, preservar, recriar para a posteridade as canções e mitos dos chuuks e de todas as culturas micronésias (embora apenas uma fração de seu trabalho tenha sido publicada, o *Chuukese Testament* e *I Speak the beginning*, além de alguns artigos e poemas). Ele é uma voz, uma transparência científica e poética da Micronésia, notável como poucas. Em Rota, onde foi morar e escrever depois de se aposentar (e onde o conheci), é cidadão honorário, o único não chamorro a quem se concedeu essa honra. "Aqui estou", disse ele quando finalmente fui embora, "um velho médico, um velho poeta de 83 anos, traduzindo, preservando as antigas lendas para o futuro — tentando devolver a essa gente algumas das dádivas que eles me concederam."

[14] Pode haver até 30 mil dessas minúsculas criaturas bioluminescentes em nove centímetros cúbicos de água do mar, e muitos observadores registraram o extraordinário brilho dos mares repletos de *Noctiluca*. Charles Frederick Holder, em *Living Lights: a Popular Account of Phosphorescent Animals and Vegetables* [Luzes vivas: um relato popular sobre animais e vegetais fosforescentes], escrito em 1887, menciona que M. de Tessan descreveu as ondas fosforescentes "surgindo como os vívidos clarões do relâmpago", fornecendo luz suficiente para a leitura:

> Elas iluminavam o quarto que eu e meus companheiros ocupávamos [escreveu De Tessan] [...] embora ele se situasse a mais de quatrocentos metros da arrebentação. Cheguei a tentar escrever naquela luz, mas os clarões eram de duração muito curta.

Holder prossegue seu relato sobre aqueles "asteróides vivos":

> Quando uma embarcação singra através da massa desses animais, o efeito é extremamente brilhante. Um capitão americano afirma que quando seu navio cruzava uma zona desses animais no oceano Índico, de quase trinta milhas de extensão, a luz emitida por aquelas miríades de corpos faiscantes [...] eclipsava as estrelas mais brilhantes; a Via Láctea era vista apenas vagamente e, até onde a vista alcançava, a água parecia um vasto e cintilante mar de metal fundido, do mais puro branco. Velas, mastros e cordame projetavam sombras fantásticas por toda parte; fulgores brotavam da proa com o balanço

do navio e grandes ondas de luz viva abriam-se à frente — uma visão fascinante e espantosa [...]
A luz dos *Noctilucae* em pleno vigor é azul-clara; mas, se a água estiver agitada, sua cor é totalmente branca (ou quase), produzindo ricos lampejos prateados salpicados de centelhas de tom verde e azul.

Humboldt também descreveu esse fenômeno, em seu livro *Views of Nature*:

No oceano, anelídeos gelatinosos, mortos e vivos, brilham como estrelas luminosas, convertendo com sua luz fosforescente a superfície verde do oceano em um vasto lençol de fogo. Indelével é a impressão deixada em minha mente por aquelas tranquilas noites tropicais no Pacífico, onde a constelação de Argo está no zênite e o Cruzeiro do Sul declinante derrama sua branda luz planetária pelo etéreo azul do céu, enquanto golfinhos marcam as ondas espumantes com seus sulcos luminosos.

POHNPEI (pp. 68-98)

[1] Embora a história de O'Connell mais pareça uma fantasia, ela condiz com o que Melville vivenciou uma década mais tarde e William Mariner várias décadas antes. Por exemplo, Finau Ulukalala II, o chefe mais poderoso de Tonga, afeiçoou-se muito a Mariner, um jovem marujo inglês que sobrevivera ao massacre de metade de seus companheiros de tripulação em 1806. O chefe designou uma de suas esposas para ser a "mãe" e mestra de Mariner, fez com que lhe ensinassem os costumes da tribo e depois acolheu-o em sua família, dando-lhe o nome de seu filho que morrera. De modo semelhante, quando em 1842 Melville fugiu do navio nas Marquesas e foi parar no vale de Typee, o chefe mais poderoso do vale, Mehevi, adotou-o e lhe deu sua filha Pe'ue (Fayaway) como professora e amante.

A história de Melville, mesmo tendo encantado os leitores, foi de um modo geral considerada uma ficção, embora o próprio Melville sempre insistisse em sua veracidade — um século depois, antropólogos puderam confirmá-la, pois ficara indelevelmente registrada na história oral dos nativos restantes de Typee. O'Connell teve menos dificuldade em conseguir crédito para seu relato, pois retornou aos Estados Unidos coberto de tatuagens da cabeça aos pés; de fato, passou a contar sua história por todo o país, sendo anunciado como "o Irlandês Tatuado".

[2] O modo como populações humanas tiveram "fins misteriosos em mais de uma dúzia de ilhas polinésias" foi investigado por M. I. Weisler, particularmente no que respeita a Pitcairn e Henderson, que se encontram entre as ilhas mais remotas e isoladas do mundo. Ambas foram colonizadas a partir da ilha-mãe, Mangareva, por volta do ano 1000 d.c. Henderson, um atol de coral com pouco solo e sem água doce permanente, não podia sustentar mais de cinquenta pessoas, mas Pitcairn, uma ilha vulcânica, era capaz de abrigar várias centenas. De início, quando essas duas populações mantinham contato entre si e com a colônia em Mangareva e as populações não excediam os recursos disponíveis, foi possível manter um equilíbrio social e ecológico. Mas as populações em expansão, supôs Weisler, desmataram Mangareva e Pitcairn e levaram as aves marinhas e as tartarugas de Herderson quase à extinção. A população de Mangareva sobreviveu, mas "descambou para uma orgia de guerra e canibalismo", nas palavras de Jared Diamond, e perdeu o contato com Henderson e Pitcairn por volta de 1450. Sem o contato físico e cultural com Mangareva, aquelas populações, condenadas, reduziram-se e acabaram desaparecendo por volta de 1600. Diamond faz suposições sobre o que pode ter acontecido naqueles últimos e patéticos anos:

> Provavelmente não restaram para o casamento parceiros potenciais que não violassem os tabus do incesto [...] Variações climáticas em um meio que já mal atendia às necessidades da população devem ter levado os ilhéus à inanição [...] O povo de Henderson talvez tenha [apelado para] o assassinato e canibalismo (como os de Mangareva e da ilha da Páscoa). [...] Os ilhéus podem ter enlouquecido devido à privação social.

Se tivessem conseguido evitar todas essas possibilidades medonhas, salienta Diamond, os ilhéus "teriam enfrentado o problema de que cinquenta pessoas é muito pouco para constituir uma população viável". Mesmo uma sociedade de várias centenas de pessoas, se for isolada, "é insuficiente para impulsionar indefinidamente a cultura humana"; ainda que sobreviva fisicamente, ela se tornará estagnada, sem criatividade, retrógrada e culturalmente "endógama".

Quando menino eu colecionava figurinhas: agradavam-me especialmente as de Pitcairn e a ideia de que aquela ilha remota era povoada por apenas setenta pessoas, todas descendentes dos amotinados do *Bounty*. Mas, evidentemente, os habitantes de Pitcairn hoje têm acesso ao vasto mundo, com comunicações modernas e tráfego frequente de navios e aviões.

[3] Darwin maravilhou-se com a sobrevivência daqueles atóis frágeis:

> Essas ilhas baixas e ocas são desproporcionais ao vasto oceano do qual se erguem abruptamente; e parece prodigioso que essas débeis invasoras não sejam derrubadas pelas poderosas e incansáveis ondas do grandioso oceano a que impropriamente chamam Pacífico.

[4] Cook descobriu vários casos de migrações acidentais, devidas frequentemente aos fortes ventos alísios que sopram para o oeste. Desembarcando em Atiu, encontrou três sobreviventes que haviam sido lançados à praia, vindos do Taiti — distante várias centenas de quilômetros. Tinham iniciado viagem em um grupo de vinte pessoas, tencionando fazer um breve roteiro de poucos quilômetros do Taiti a Raiatéa, mas o vento os impelira para fora da rota. Tais viagens não premeditadas, supôs Cook, poderiam explicar "como os Mares do Sul teriam sido povoados, especialmente as [ilhas] que jazem distantes de algum continente habitado ou umas das outras".

[5] Neste dia associei a Knut as palavras de Montaigne:

> Um homem precisa ter experimentado todas as doenças que espera curar e todos os acidentes e circunstâncias que necessita diagnosticar. [...] Em um homem assim eu confiaria. Pois os demais guiam-nos como a pessoa que pinta o mar, os rochedos e as enseadas sentada à mesa e pilota seu belo navio em perfeita segurança. Jogue-o em meio à coisa real e ele não saberá por onde começar.

[6] Assim como Knut, Frances Futterman adquiriu um enorme catálogo de informações a respeito das cores, suas bases físicas e neurológicas, seu significado e valor para outras pessoas. Ela tem curiosidade pelo significado e valor das cores (e constata que outros daltônicos também se sentem fascinados); isso me impressionou especialmente quando estive em seu escritório em Berkeley, abarrotado de prateleiras com as centenas de volumes que ela acumulou. Muitos deles Frances adquiriu durante os anos em que se dedicou à

educação e reabilitação especial de cegos e deficientes visuais; outros tratam da visão escotópica ou noturna. Em uma das estantes, por exemplo, vi títulos como *O mundo da noite: o fascinante drama da natureza encenado entre o crepúsculo e a aurora*; *A natureza à noite*; *Os recifes de coral à noite*; *Depois que o sol se põe*; *A história dos animais à noite*; *O livro das sombras* (ensaio fotográfico-estético); *Imagens das trevas*; *Olhos noturnos*; *Preto é bonito* (fotos de paisagens em preto e branco). São livros que falam do mundo que ela ama e conhece.

Em outra parede havia diversas prateleiras com livros sobre as cores, esse estranho fenômeno que ela não consegue perceber e não conhece de fato, mas pelo qual sua curiosidade é inesgotável. Alguns eram estudos científicos sobre a física da cor e a fisiologia da visão; outros tratavam dos aspectos linguísticos da cor — *As 750 metáforas da cor mais comuns na vida cotidiana*; *Ver tudo vermelho e estar tudo azul: os termos que usam cor na linguagem cotidiana*. Havia livros sobre a estética e a filosofia da cor, desde tratados antropológicos aos textos de Wittgenstein sobre as cores. Outros, contou-me ela, tinham sido adquiridos simplesmente devido a seus títulos coloridos (*Pintando-me com belas cores: descubra sua beleza natural por meio das cores que lhe dão uma aparência magnífica e fazem você se sentir ótimo*). Havia diversos livros para crianças, com títulos como *Olá, amarelo*; *Formiga e abelha e arco-íris: uma história sobre as cores*, e seu favorito, *Granizos e espinhas de linguado: aventuras em cores*. Ela com frequência os recomendava a crianças com acromatopsia, para que pudessem "aprender" as cores de objetos comuns e a "valência" emocional de diferentes cores — conhecimentos necessários em um mundo de visão colorida.

Frances também tem profundos conhecimentos sobre óculos de sol especiais para pessoas com deficiência visual e nos aconselhou quanto ao tipo de óculos que deveríamos levar para Pingelap. "Ela coligiu e organizou uma quantidade enorme de informações práticas de todo tipo a respeito de auxílios para as pessoas com acromatopsia", observou Knut, "e, embora frise repetidamente que não é cientista, considero-a uma genuína pesquisadora, na verdadeira acepção do termo."

[7] Foi exatamente isso o que aconteceu com Virgil, um homem praticamente cego desde o nascimento com quem Bob e eu traba-

lhamos (o relato deste caso, "Ver e não ver", encontra-se em *Um antropólogo em Marte*). Quando se afirmou que a visão de Virgil talvez pudesse ser restaurada por cirurgia, ele não pôde deixar de ficar fascinado e de se entusiasmar com a possibilidade de ver. Porém, depois da operação, que foi considerada um "sucesso" em termos médicos, a realidade para Virgil mostrou-se desconcertante. Ele construíra seu mundo inteiramente a partir de informações não visuais, e a súbita introdução de estímulos visuais o lançou em um estado de choque e confusão. Virgil foi esmagado pelas novas sensações — sensações visuais —, não conseguindo compreendê-las, dar a elas alguma ordem ou significado. O "dom" da visão perturbou-o profundamente, transtornou um modo de ser, os hábitos e estratégias que o acompanhavam fazia cinquenta anos; assim, cada vez mais ele fechava os olhos ou sentava-se no escuro para isolar-se daquele assustador assalto perceptivo e recobrar o equilíbrio que lhe havia sido tirado com a cirurgia.

Por outro lado, recebi recentemente uma carta fascinante de um homem surdo que na meia-idade recebeu um implante coclear. Embora tivesse muitas dificuldades e passasse por várias situações confusas, análogas às de Virgil (e apesar de os implantes cocleares serem frequentemente acompanhados de muitos problemas), ele hoje em dia pode apreciar canções e harmonias que antes não era capaz de perceber nem imaginar.

[8] Tradicionalmente, pouquíssimos dos ilhéus ingressantes nas faculdades de medicina concluem a pós-graduação, e Greg Dever empenhou-se em criar um currículo condizente com os recursos e necessidades do Pacífico — ele se orgulha muito de sua primeira turma, na qual dois terços dos alunos ingressantes fizeram a pós--graduação, inclusive as primeiras médicas de Pohnpei.

[9] Kahn observa que "à Espanha credita-se principalmente a varíola, à Alemanha, a lepra, à Inglaterra, a disenteria, aos Estados Unidos, as doenças venéreas e ao Japão, a tuberculose". A lepra, de fato, era muito disseminada por todo o Pacífico; até bem recentemente, havia uma colônia de leprosos em Pingelap e, por muitos anos, existiu uma grande colônia de leprosos em Guam, sem falar, obviamente, da famigerada colônia das ilhas havaianas, em Molokai, sobre a qual Jack London escreveu em "The Sheriff of Kona" e "Koolau the Leper".

[10] Melville inclui uma nota de rodapé sobre esse termo em *Omoo*:

Beachcomber: Este é um termo muito em voga entre os navegantes do Pacífico. Aplica-se a certos indivíduos andarilhos que, sem se ligar permanentemente a um navio, embarcam vez por outra em algum baleeiro para uma viagem curta, mas apenas sob a condição de serem desonrosamente dispensados logo da primeira vez em que a âncora tocar o fundo, não importa onde. São, em sua maioria, um bando de irresponsáveis e folgazões casados com o Pacífico e nem por sonho pensam dobrar outra vez o cabo Horn em viagem com destino ao país natal. Por isso, têm má reputação.

[11] Nossas doenças ocidentais têm tido um efeito devastador sobre as populações nativas do Pacífico — praticamente tão devastador quanto os da conquista militar, da exploração comercial e da religião. Jack London, chegando ao vale de Typee 65 anos depois de Melville, encontrou a esplêndida perfeição física descrita por este último quase inteiramente destruída:

E agora [...] o vale de Typee é a morada de algumas dúzias de criaturas desgraçadas, assoladas por lepra, elefantíase e tuberculose.

Imaginando o que teria acontecido a Typee, London fala sobre imunidade e evolução:

Os typeenses não eram só fisicamente magníficos — eles eram puros. Seu ar não continha os bacilos, germes e micróbios doentios que povoam nosso ar. E quando os homens brancos trouxeram em seus navios esses diversos micróbios doentios, os typeenses entraram em colapso e desabaram perante eles. [...]
A seleção natural, porém, explica. Nós, da raça branca, somos os sobreviventes e descendentes dos milhares de gerações de sobreviventes da guerra contra os microrganismos. Sempre que um de nós nascia com uma constituição singularmente suscetível a esses minúsculos inimigos, essa pessoa morria de pronto. Apenas sobreviviam aqueles dentre nós que eram capazes de lhes resistir. Nós, que estamos vivos, somos os imunes, os aptos — os mais bem constituídos para viver em um mundo de microrganismos hostis. Os pobres marquesenses não tinham passado por uma seleção assim. Não eram imunes. E eles, que haviam tomado por hábito comer seus inimigos, passaram a ser comidos por inimigos tão microscópicos que se tornavam invisíveis e contra os quais não era possível uma guerra de dardos e lanças.

[12] Joakim e Valentine apresentavam, em alto grau, o que o naturalista E. O. Wilson designa como "biofilia". Ele define o termo como "uma afinidade inata de seres humanos por outras formas de vida" — afinidade que pode estender-se a um sentimento ecológico, um sentimento pelo hábitat. Howard Gardner, célebre por sua teoria das múltiplas inteligências (matemático-lógica, visual-espacial, cinestética, social etc.), está agora propenso a reconhecer como distinta essa inteligência "biológica". Embora possa ser imensamente desenvolvida em um Darwin ou um Wallace, ela está presente em todos nós, em vários graus. Outras pessoas além dos naturalistas podem ser generosamente dotadas dela, expressando-a em suas vocações ou passatempos: jardineiros, paisagistas, fazendeiros e horticultores, pescadores, cavaleiros, vaqueiros, treinadores de animais, observadores de pássaros. Muitos artistas expressam isso em suas obras — D. H. Lawrence, a meu ver, opera milagres neste aspecto, parecendo conhecer diretamente, por uma espécie de conatureza, o que é ser uma serpente ou um leão-da-montanha, o que significa ser capaz de entrar na alma de outros animais. A biofilia pode ser um dom de família (lembramos dos Hooker, dos Tradescant, dos Forster, dos Bartram etc., famílias em que pai e filho foram botânicos renomados); e pode ser singularmente comum nas pessoas com síndrome de Tourette ou autismo. Não podemos deixar de pensar na possibilidade de ela ter — tal como a habilidade linguística e a inteligência musical — uma nítida base neurológica, que pode ser mais plenamente desenvolvida pela experiência e pela educação, mas que não obstante é inata.

[13] Stevenson discorreu sobre o "poder atrativo" das ilhas do Pacífico em *The South Seas*:

> Poucos homens que chegam às ilhas deixam-nas algum dia; encanecem onde desembarcaram; as sombras das palmeiras e os ventos alísios os refrescam até morrerem, talvez acalentando, mesmo nos últimos instantes, a ideia de uma visita ao lar. [...] Nenhuma parte do mundo exerce o mesmo poder atrativo.

[14] Dois terços da ilha de Cracatoa, originalmente com 9,6 quilômetros de extensão recobertos pela floresta pluvial tropical, desapareceram na fantástica erupção de 1883, mas um fragmento do vulcão do sul resistiu, juntamente com dois vizinhos próximos, Ser-

tung e Panjang. Todos eles foram cobertos por um manto de nove metros de cinza quente, não sobrevivendo "uma só planta, uma só folha de grama, uma só mosca", nas palavras de Ian Thornton. Três anos depois, as samambaias foram as primeiras plantas a recolonizar a ilha. A elas seguiram-se casuarinas, pássaros emigrados da Austrália e um lagarto do gênero *Varanus*.

15 Tanto em termos biológicos como geológicos, as ilhas continentais (por exemplo, Nova Zelândia, Madagascar ou Nova Guiné) são totalmente diferentes das oceânicas. Isso porque as ilhas continentais são pedaços que se afastaram do continente principal, podendo possuir (pelo menos no início) todas as espécies existentes neste último. Evidentemente, depois de se separarem elas se tornam tão isoladas quanto qualquer outra ilha, e seu isolamento (e condições alteradas) podem dar origem ao mais singular processo de formação e variação de espécies, como ocorreu com os inigualáveis primatas de Madagascar ou os pássaros que não voam da Nova Zelândia.

Existem também doenças endêmicas das ilhas, doenças que surgiram ou persistiram devido ao isolamento do local, sendo, portanto, análogas à flora e fauna endêmicas da ilha. Também isto foi percebido há mais de um século por Hirsch, grande epidemiologista alemão; para ele, o estudo dessas doenças constituiria "uma patologia geográfica e histórica" e tal ciência, "em uma forma idealmente completa, forneceria uma história médica da humanidade".

16 São cultivadas em Pohnpei mais de quarenta variedades de bananas, e algumas delas parecem ser exclusivas da ilha. A banana tem uma tendência notável à mutação somática (*sports*, em inglês); algumas delas são desvantajosas, mas outras podem levar a plantas mais resistentes a doenças ou a frutas mais apreciáveis em um aspecto ou outro, o que tem estimulado o cultivo de cerca de quinhentas variedades em todo o mundo.

Os principais *sports* de bananas são considerados espécies (e designados por binômios lineanos), enquanto os *sports* secundários são vistos apenas como variedades (possuindo apenas nomes locais). Mas a diferença, como observa Darwin, é apenas de grau: "Espécies e variações", escreveu em *Origem das espécies*, "fundem-se umas nas outras por uma série imperceptível; e uma série apresenta-se à mente com a ideia de uma verdadeira passagem".

Com o tempo, muitas variedades se diferenciarão o suficiente para se tornarem espécies distintas.

Ocorre que a importação de bananas para as ilhas também nos ensinou algo sobre o ritmo de evolução de espécies simpátricas. Por exemplo, como registrou H. W. Menard, "Cinco novas espécies de mariposas de banana evoluíram no Havaí desde que os polinésios ali introduziram a banana, há cerca de mil anos apenas". Pois as ilhas são regiões que impõem a mudança evolutiva, seja de plantas e animais, seja de insetos e micróbios; nas condições especiais de vida nas ilhas, os lentos processos de mutação e especialização podem ser ampliados e acelerados em um grau espetacular.

J. B. S. Haldane certa vez propôs um modo de quantificar o ritmo de mudança de qualquer variável — o bico de um pássaro, a espiral de uma amonite — conforme sua evolução, sugerindo que uma mudança de 1% a cada milhão de anos fosse denominada um "darwin". A evolução, segundo ele, ocorreria em "milidarwins", Haldane imaginou (como o próprio Darwin) que, com esse ritmo infinitesimal, a evolução nunca poderia realmente ser vista. Mas agora estamos constatando (como relata Jonathan Weiner em *The Beak of the Finch* [O bico do tentilhão]) que a evolução pode ocorrer a um ritmo muito maior quando as pressões da seleção são grandes. Isso foi estudado por Peter e Rosemary Grant, exatamente com as mesmas populações de tentilhões que o próprio Darwin observou na pequena ilha de Dafne Maior, nas Galápagos. Depois de uma seca catastrófica, a população de tentilhões apresentou nítidas mudanças evolutivas (no bico e no tamanho do corpo) em questão de meses, um "ritmo evolutivo", calcula Weiner, de 25 mil darwins.

Não é preciso lidar apenas com circunstâncias raras e catastróficas para ver a evolução em ação. Um belo exemplo disso foi observado recentemente por Martin Cody e Jacob Overton com as sementes de certas margaridas, que são levadas pelo vento até ilhotas na costa oeste do Canadá. Um tufo ou papo mantém a semente no ar, e seu tamanho determina, sendo tudo o mais igual, a distância que a semente poderá percorrer quando soprada pelo vento. Quando as plantas se fixam em uma ilha, os papos tornam-se mais curtos e assim elas ficam menos sujeitas à dispersão. Essas mudanças, assim como as dos tentilhões, foram observadas no decorrer de um ou dois anos.

Porém, o mais espantoso exemplo de evolução muito rápida e de grande porte está relacionado às mais de trezentas espécies de *Cichlidae*, exclusivas do lago Vitória. Estudos de DNA (por Axel Meyer) indicaram que essas espécies divergiram muito recentemente em termos evolutivos, e existem agora claras evidências geológicas de que o próprio lago tem apenas 12 mil anos de idade. Enquanto os tentilhões das Galápagos observados por Darwin desenvolveram-se talvez em vinte espécies diferentes ao longo de 4 milhões de anos, os *Cichlidae* do lago Vitória têm revelado um ritmo de diferenciação da espécie mais de 5 mil vezes maior.

[17] Jack London, em Uaitape, encontrou bora-borenses dançando "com estranhas flores fosforescentes nos cabelos, que pulsavam, esmaeciam e brilhavam à luz da lua".

[18] Paul Theroux apontou o *sakau* (conhecido em muitas ilhas por *kava*) como "a droga mais benigna do mundo". Seu caráter benigno também foi salientado por Cook, ao conhecê-lo da primeira vez em que esteve no Taiti (uma variedade afim de pimenteira da Nova Zelândia hoje em dia é chamada *captaincookia* em sua honra). Embora tenha sido descrito por naturalistas na primeira viagem de Cook, o crédito por sua descoberta em geral é atribuído aos Forster, pai e filho botânicos que acompanharam Cook em sua segunda viagem, e a planta desde então tem sido conhecida pelo nome que eles lhe deram, *Piper methysticum Forst*.

Uma descrição eloquente de seus efeitos foi feita por Lewin em sua obra *Phantastica*; eu a lera anos antes, quando estudante, e sentira curiosidade por experimentá-lo pessoalmente. Tudo é benigno, ressalta Lewin, se não houver exagero:

> Quando a mistura não é demasiado forte, o indivíduo atinge um estado de feliz despreocupação, bem-estar e contentamento, livre de excitação física ou psicológica [...] Quem bebe nunca se torna colérico, desagradável, brigão ou barulhento, como ocorre com quem bebe álcool. [...] Quem bebe permanece senhor de sua consciência e raciocínio. Porém, quando o consumo é excessivo, os membros ficam cansados, os músculos já não parecem responder às ordens e ao controle da mente, o andar torna-se lento e incerto, e o bebedor dá a impressão de estar parcialmente embriagado. Sente necessidade de se deitar. Os olhos enxergam os objetos presentes, mas não conseguem ou não querem identificá-los corretamente. Os ouvidos também

percebem sons sem poder ou querer compreender o que ouvem. Pouco a pouco, os objetos vão parecendo cada vez mais vagos [...] [até que] o bebedor é dominado pela sonolência e finalmente adormece.

Chegando a Pohnpei, todos nós nos surpreendêramos com a extraordinária lentidão dos motoristas e pedestres de Kolonia, mas atribuíramos isso à falta de pressa, a um senso de lazer, de "ritmo de ilha". Mas parte daquela lentidão era claramente psicológica, um retardamento psicomotor induzido pelo *sakau*. O uso e abuso do *sakau* é muito disseminado por ali, embora seus efeitos, de um modo geral, não sejam perigosos. O dr. G. A. Holland menciona ter visto um único acidente ligado ao *sakau* nos seus muitos anos de prática da medicina na Micronésia: um homem idoso tropeçou quando voltava para casa depois de uma festa do *sakau*, caiu e quebrou o pescoço.

Mesmo no século passado já se comentava que o *sakau* era incompatível com o álcool, mas em anos recentes seu uso tem sido muito menos restrito pela tradição, e alguns jovens pohnpeienses passaram a bebê-lo junto com cerveja, o que pode provocar alterações drásticas na pressão sanguínea e até mesmo a morte súbita. Os consumidores crônicos de *sakau*, além disso, podem ficar com a pele áspera e escamosa; vimos diversos pohnpeienses mais velhos com ictiose ou "pele de peixe".

[19] John Updike, em *In the Beauty of the Lillies* [Na beleza dos lírios], "reinverte" a inversão existente na imagem de primeiro plano/plano secundário de Joyce e escreve sobre um "úmido céu negro-azulado e seus cachos de estrelas inatingíveis".

[20] Eu não sabia sobre esses efeitos que ocorrem normalmente depois do *sakau*, mas tivera uma enxaqueca visual de nível inferior nos três dias anteriores; estava vendo pequenas linhas onduladas e padrões desde que desembarcáramos em Pingelap, e o *sakau* parecia ter exacerbado isso. Knut contou-me que às vezes também tinha acessos de enxaqueca, e pensei na possibilidade de um estímulo direto das áreas da cor no cérebro — tal como pode ocorrer em uma enxaqueca visual — ser capaz de evocar a cor mesmo em alguém desprovido da experiência normal da cor. Alguém certa vez perguntou a ele se via os fosfenos de enxaqueca em cores — mas a resposta de Knut foi esta: "Eu não saberia como responder".

[21] Havia em Pingelap, segundo me disseram, um agrupamento de casas próximo à dos Edward — pertenciam todas a famílias de

pessoas com acromatopsia, mas não estava claro se aquelas famílias haviam se agrupado porque eram aparentadas (como praticamente todos em Pingelap o são) ou porque todas tinham em comum o *maskun*.

GUAM (pp. 101-70)

[1] Uma grande epidemia de doença do sono viral, a encefalite letárgica iniciada na Europa no inverno de 1916-7, espalhou-se violentamente por todo o mundo nos anos seguintes, chegando ao fim em meados da década de 20. Muitos pacientes pareceram recuperar-se completamente da doença aguda, mas foram vítimas, anos ou décadas mais tarde, de estranhas (e por vezes progressivas) síndromes pós-encefalíticas. Havia milhares desses pacientes antes da década de 40, e todo neurologista na época possuía uma ideia bem nítida dessas síndromes. Porém, por volta dos anos 60, restavam apenas algumas centenas de pacientes — a maioria deles muito incapacitados e esquecidos em hospitais de doentes crônicos, e o treinamento de neurologistas na época pouco se ocupava deles. Em 1967, quando a levodopa tornou-se disponível para o tratamento do parkinsonismo, existiam, pelo que eu saiba, duas "colônias" ou comunidades de pacientes pós-encefalíticos remanescentes em todo o mundo (no Hospital Beth Abraham, no Bronx, Nova York, e no Hospital Highlands, em Londres).

[2] O breve relatório de Zimmerman, de fato, foi escrito para a Marinha dos Estados Unidos, mas não ficou à disposição do público em geral; sua existência manteve-se praticamente ignorada durante quase uma década. Só em fins da década de 50 esse trabalho foi reconhecido como o primeiro relatório sobre a doença de Guam.

[3] A visita de Hirano a Guam permanece viva em sua memória 35 anos depois — a longa e complicada jornada até ali, o fascínio dele pela ilha, os pacientes que atendeu, as autópsias que fez, as secções microscópicas que preparou. Hirano apresentou seus resultados no encontro anual da Associação Americana de Neuropatologistas em 1961 — o mesmo encontro no qual, três anos depois, Steele, Olszewski e Richardson apresentaram seus resultados sobre a paralisia supranuclear progressiva, outra "nova" doença igual-

mente estranha. Ele se espantou, na ocasião, com o fato de que "as características histológicas e citológicas eram essencialmente semelhantes nas duas" e concluiu, nas observações que fez como debatedor do texto de Steele, Olszewski e Richardson:

> A notável similaridade da resposta dos tecidos nestes dois distúrbios, ocorrendo em duas diferentes localizações geográficas, certamente merece atenção não apenas no sentido clínico e patológico, mas também do ponto de vista de suas características familiares e epidemiológicas.

[4] Freycinet teve a impressão de que, embora as cicadáceas sempre houvessem sido comuns em Guam, só foram usadas como alimento "depois que os espanhóis ensinaram aos nativos como separar sua substância do sumo venenoso que ela continha". Mas esse é um assunto a ser questionado, pois em muitas outras culturas o uso da cicadácea e os conhecimentos sobre o modo de prepará-la e destoxificá-la remontam a tempos pré-históricos, como observa David Jones em *Cycads of the World*:

> Estudos indicam que aborígines australianos haviam desenvolvido a tecnologia para o preparo de alimentos comestíveis provenientes de cicadáceas há pelo menos 13 mil anos. [...] Talvez as cicadáceas tóxicas tenham estado entre as primeiras plantas perigosas domesticadas pelos humanos. [...] Não obstante, dada a presença de toxinas malignas, o uso de partes de cicadáceas como alimento pelo homem é extraordinário. [...] Ainda que as técnicas de preparo sejam relativamente simples [...] existe a possibilidade de erro. É instigante especular sobre o processo de aprendizado por tentativa e erro que deve ter precedido o desenvolvimento bem-sucedido de uma metodologia assim.

[5] Para ser exato, as cicadáceas não têm frutos, pois estes provêm das flores e nenhuma delas tem flores. Mas é natural falar em "frutos", pois as sementes são recobertas por um manto (ou sarcotesta) suculento, de cor viva, que lembra uma ameixa.

[6] Raymond Fosberg passou toda a sua vida profissional estudando plantas e ilhas tropicais. "De um fascínio pelas ilhas na infância", comentou ao discursar numa cerimônia de formatura na Universidade de Guam, em 1985,

> adquirido em mapas, livros de geografia do curso primário e em um livro maravilhoso que li ainda bem novo, intitulado *A Austrália e as*

ilhas do mar, deixei-me atrair para as ilhas na primeira oportunidade. Foi em uma visita do Clube Sierra à ilha de Santa Cruz, próximo à costa da Califórnia. A visão de [sua] beleza [...] nunca me deixou.

Durante a Segunda Guerra Mundial, Fosberg trabalhou nas selvas tropicais da Colômbia, coletando casca de quina para produzir quinino para as tropas combatentes em áreas assoladas pela malária, ajudando a exportar 9 mil toneladas da casca. Depois da guerra dedicou-se às ilhas da Micronésia, catalogando minuciosamente a vida vegetal da região e estudando os efeitos do desenvolvimento humano e da introdução de espécies de fora sobre os vulneráveis hábitats das ilhas, com sua flora e fauna nativas.

[7] Os botânicos reconhecem hoje mais de duzentas espécies de cicadáceas, distribuídas em onze gêneros — o mais novo, *Chigua*, foi descoberto na Colômbia em 1990 por Dennis Stevenson, do New York Botanical Garden.

[8] A *Cycas revoluta* às vezes é chamada de sagueiro (ou sagu-rei) e a *C. circinalis*, de falso sagueiro (ou sagu-rainha). A própria palavra *sagu* é genérica, referindo-se a uma substância amilácea extraída de qualquer vegetal. O sagu propriamente dito (com o qual foram criadas as crianças inglesas de minha geração) é obtido dos troncos de várias palmeiras (em especial do gênero *Metroxylon*), mas também se encontra nos caules de cicadáceas, embora botanicamente sejam muito diferentes. Os troncos masculinos da *C. revoluta* contêm cerca de 50% de amido e os femininos aproximadamente metade disso. Também existe uma boa quantidade de amido em suas sementes — e estas, é claro, são substituídas por outras depois de extraídas, ao passo que a derrubada do tronco mata toda a planta.

Considerações semelhantes aplicam-se à araruta, que, para ser exato, é extraída do rizoma da erva araruta, *Maranta*, mas também pode ser obtida de outras plantas, inclusive a cicadácea *Zamia*. Os índios semínolas da Flórida usavam desde longa data a *Zamia* (ou *koonti*), que crescia na região em estado selvagem, e na década de 1880 estabeleceu-se uma vigorosa indústria capaz de produzir anualmente vinte ou mais toneladas de "araruta da Flórida" para ser usada em alimentos infantis, biscoitos, chocolates e espaguete. A indústria fechou na década de 20, depois de abusar da extração de cicadáceas e quase extingui-las.

⁹ O consumo desse saquê preparado com a *C. revoluta*, observa David Jones,

> é um jogo quase tão mortífero quanto a roleta-russa, pois é levemente venenoso e, de vez em quando, um lote muito forte mata todos que o bebem.
>
> Combina bem com uma refeição de sapo-do-mar ou *fugu*, pode-se pensar.

¹⁰ Georg Rumpf (que a posteridade conheceu como Rumphius), já na casa dos vinte um ardoroso naturalista e botânico, alistou-se na Companhia Holandesa das Índias Orientais e embarcou para a Batávia e as Molucas em 1652. Na década seguinte, viajou muito pelo Sudeste Asiático, passando um bom tempo na costa indiana de Malabar, onde, em 1658, registrou uma nova planta — a primeira cicadácea descrita — que Lineu, um século depois, denominaria *Cycas circinalis* e consideraria o principal "tipo" de cicadácea. Poucos anos depois, Rumphius foi nomeado assistente do governador holandês de Ambon, nas Molucas, onde deu início à sua obra-prima, *Herbarium amboinensis*, descrevendo 1200 espécies de plantas exclusivas do Sudeste Asiático.

Embora vitimado pela cegueira em 1670, prosseguiu ao trabalho, ajudado por assistentes que enxergavam por ele. H. C. D. de Wit, em um discurso feito em 1952 sobre Rumphius no Hortus Botanicus de Amsterdã (em honra ao 250º aniversário da morte do naturalista), descreveu minuciosamente o árduo esforço para a formação do *Herbarium*, obra que consumiu quarenta anos e foi marcada por uma série interminável de reveses, entre eles a morte da esposa e da filha do naturalista:

> Era o dia 17 de fevereiro de 1674. No crepúsculo que se aproximava, a sra. Rumpf e sua filha mais nova saíram para visitar uma amiga chinesa e assistir às celebrações do ano-novo chinês, uma procissão colorida que sairia pelas ruas à noite. Elas viram Rumphius [que já então estava totalmente cego] passeando por ali para tomar um pouco de ar. Alguns minutos depois, um violento terremoto destruiu a maior parte da cidade.
>
> As duas foram mortas por muros que desabaram.

Rumphius retomou o trabalho com o manuscrito, mas em 1687 um incêndio desastroso arrasou a cidade de Ambon, destruindo a biblioteca e todos os papéis de Rumphius. Não se dando por vencido (e ajudado pela determinação e por um talento extraordinário), pôs-se a reescrever o *Herbarium*, e em 1692 os originais dos seis primeiros livros finalmente tomaram o rumo de Amsterdã, perdendo-se entretanto quando o navio que os transportava foi afundado. Felizmente, o governador-geral da Batávia, Camphuys, tomara a precaução de mandar copiar os originais de Rumphius antes de embarcá-los para a Holanda. Rumphius continuou a trabalhar nos últimos seis volumes, mas em 1695 sofreu outro revés, quando 61 ilustrações coloridas foram roubadas de seu escritório na Batávia. Rumphius morreu em 1702, alguns meses depois de concluir o *Herbarium*, mas sua grande obra só veio a ser publicada em meados do século. O trabalho final, apesar de todos esses contratempos, contém quase 1700 páginas de texto e setecentas ilustrações, inclusive meia dúzia de magníficos desenhos de cicadáceas.

[11] Sidney Parkinson, o artista que viajou no *Endeavour* com Cook, descreveu as plantas que encontraram:

> Entre os vegetais, encontramos [...] a *Cycas circinalis*, cujas sementes, torradas, tinham gosto semelhante ao de ervilhas tostadas; mas ela fez adoecerem alguns dos nossos que a comeram; de seu fruto fazem uma espécie de sagu nas Índias Orientais.

A *Cycas circinalis* não existe na Austrália, e as cicadáceas ali encontradas pela tripulação de Cook, supõe David Jones, provavelmente eram a nativa *C. media*.

[12] O latirismo é uma forma de paralisia há muito endêmica em partes da Índia, onde está ligada à ingestão da ervilha-doce, *Lathyrus sativa*; não há mal em comer um pouco desse grão, mas às vezes ele é o único alimento disponível — e então a escolha odiosa passa a ser ficar paralítico ou morrer de fome.

Algo semelhante aconteceu, em certos aspectos, com a "paralisia do gengibre", que acometeu dezenas de milhares de norte-americanos durante a Lei Seca. Impelidos a procurar alguma fonte de álcool, esses infelizes recorreram a um extrato de gengibre da Jamaica (ou *jake*) facilmente encontrável, desconhecendo que ele continha grandes quantidades de um veneno (o qual, descobriu-se depois, era um composto organofosfórico tóxico) que podia levar à paralisia. (Quando estudante, minha pesquisa consistiu em procurar elucidar seu mecanismo de ação, usando galinhas como cobaias.) A paralisia da baía de Minamata evidenciou-se pela primeira vez em meados da década de 50, em aldeias de pescadores japoneses ao redor da baía. As pessoas afetadas tornavam-se de início vacilantes, trêmulas, sofriam vários distúrbios sensoriais, passando depois (nos casos mais graves) a apresentar surdez, cegueira e demência. Havia uma elevada incidência de defeitos congênitos, e os animais domésticos e aves marinhas também pareciam ser afetados. Passou-se a desconfiar dos peixes da região e descobriu-se que, quando estes eram dados aos gatos, realmente provocavam a mesma doença neurológica progressiva e fatal. A pesca foi proibida na baía de Minamata em 1957 e com isso a doença desapareceu. A causa exata continuava um mistério, e foi só no ano seguinte que Douglas McAlpine observou que as características clínicas da doença eram praticamente idênticas às do envenenamento pelo metil mercúrio (que apresentara casos isolados na Inglaterra em fins da década de 30). Foram necessários muitos outros anos até se identificar a fonte da toxina (Kurland, entre outros, participou do processo): uma fábrica na baía estava despejando cloreto mercúrico (que é moderadamente tóxico) nas águas, e este era convertido por microrganismos do lago em metil mercúrio (que é altamente tóxico). Este, por sua vez, era consumido por outros microrganismos, dando início a uma longa escalada na cadeia alimentar até chegar aos peixes e às pessoas.

[13] A possibilidade de o *lytico* ou o *bodig* permanecerem quase estacionários durante anos dessa maneira em nada se assemelha à inexorável progressão da doença de Parkinson clássica ou da ALS, mas uma interrupção aparente do processo patológico foi observada algumas vezes em casos de parkinsonismo pós-encefalítico ou amiotrofia. Por exemplo, uma paciente que atendi, Selma B., imediatamente após a epidemia de encefalite de 1917 passou a apresentar um leve parkinsonismo em um lado do corpo, e seus sintomas permaneceram essencialmente inalterados por mais de 75 anos. Outro paciente, Ralph G., sofreu uma acentuada emaciação em um braço, semelhante à pólio, como parte de uma síndrome pós-encefalítica, mas em cinquenta anos o problema não avançou nem se disseminou. (Este é um dos motivos por que Gajdusek considera as síndromes pós-encefalíticas não como processos mórbidos ativos, mas

como reações de hipersensibilidade.) No entanto, essas suspensões são uma exceção, e o *lytico-bodig*, na grande maioria dos casos, é inexoravelmente progressivo.

[14] Lamentei saber que Darwin, que parece amar e admirar todas as formas de vida, menciona (em *A viagem do Beagle*) "as nojentas e viscosas holotúrias [...] que os *gourmands* chineses tanto apreciam". De fato, os pepinos-do-mar não são estimados. Safford menciona tê-los visto "rastejar como enormes lesmas pardacentas". Jack London, em *The Cruise of the Snark* [O cruzeiro do Snark], descreve-os como "monstruosas lesmas-do-mar" que "exsudam" e "se contorcem" sob seus pés — o único aspecto negativo para ele ao passar rapidamente ("em um êxtase cromático") pelos recifes do Pacífico.

[15] Em sua história da exploração do Pacífico, J. C. Beaglehole menciona três fases: as explorações espanholas do século XVI, "animadas por um fervor misto pela religião e pelo ouro", as viagens holandesas do século XVII, empreendidas por motivos comerciais, e finalmente as viagens inglesas e francesas, dedicadas expressamente à aquisição de conhecimento; a seu ver, entretanto, um espírito de curiosidade e fascínio, tanto quanto de conquista, animou todas as explorações. Sem dúvida isso se aplicou a Antonio Pigafetta, um cavalheiro-voluntário que se pôs a serviço de Fernão de Magalhães, "desejoso de ver as coisas maravilhosas do oceano", e escreveu o melhor relato da viagem. E aplicou-se às viagens holandesas, que levaram naturalistas a partes do mundo nunca antes exploradas — por exemplo, Rumphius e Rheede, viajando para as Índias Orientais Holandesas no século XVII, deram contribuições importantes para o conhecimento biológico (e, especificamente, deixaram-nos as primeiras descrições e ilustrações de cicadáceas e outras plantas até então desconhecidas na Europa). E aplicou-se especialmente a Dampier e Cook, que foram, em certo sentido, precursores dos grandes naturalistas-exploradores do século XIX.

Mas Fernão de Magalhães não conseguiu reputação tão boa. Sua descoberta de Guam, em especial, aconteceu em circunstâncias muito adversas. Seus homens, esfaimados e vitimados pelo escorbuto, obrigados a comer ratos e os couros que impediam o cordame de se desgastar com o atrito, já estavam no mar fazia 98 dias quando finalmente avistaram terra em 6 de março de 1521. Quando ancoraram na baía de Umatac e pisaram na praia, os habitantes roubaram seu esquife e várias miudezas. Magalhães, normalmente um homem moderado, reagiu descontroladamente, de forma monstruosa, mandando para a praia um numeroso grupo de homens que queimaram quarenta ou cinquenta casas e mataram sete chamorros. Batizou Guam (e Rota) de Ladrones, as ilhas dos Ladrões, e tratou os habitantes com crueldade e desprezo. A morte de Magalhães sobreveio pouco tempo depois, nas mãos de um bando de nativos enfurecidos que ele provocara nas Filipinas. Contudo, Magalhães não deve ser julgado inteiramente pelos atos que cometeu nos seus derradeiros meses de vida. Pois sua conduta, até então, fora moderada e exemplar ao lidar com tripulações doentes, coléricas, impacientes e por vezes amotinadas, em sua brilhante descoberta do estreito de Magalhães — e em seu sentimento habitualmente respeitoso em relação aos povos indígenas que encontrou. No entanto, como ocorreu com todos os primeiros exploradores espanhóis e portugueses, uma espécie de violência fervorosa estava embutida em suas ações — Beaglehole denomina-a "uma espécie de arrogância cristã" e supõe que ela dominou Magalhães no final.

Essa arrogância parece ter estado completamente ausente no admirável Pigafetta, que (apesar de se encontrar ferido quando da morte de Magalhães) descreveu toda a viagem — suas maravilhas naturais, os povos que encontraram, o desespero da tripulação e o caráter de Magalhães, com seu heroísmo, sua franqueza, seu pendor místico, seus defeitos fatais — com o discernimento de um naturalista, psicólogo e historiador.

[16] Um quadro medonho da lepra em Guam encontra-se na descrição da viagem de Freycinet feita por Arago:

> Perto de Anigua existem várias casas nas quais são mantidos leprosos de ambos os sexos, sendo sua doença tão maligna que comumente os priva da língua ou de alguns membros; afirma-se que se trata de um mal contagioso. Avistei duas daquelas infelizes criaturas, exibindo à vista os mais horrendos aspectos do sofrimento humano. Estremecemos de horror ao passar perto dessas casas de desolação e desespero. Estou convencido de que, aumentando essas habitações miseráveis, reunindo ali todas as pessoas da ilha gravemente afetadas pela lepra e proibindo todas as comunicações de fora com elas, poderia ser possível eliminar da região essa doença pavorosa que, se não provoca rapidamente a morte do paciente, no mínimo abrevia seus dias e talvez

o leve a amaldiçoá-los. (Por aqui a chamam doença de são Lázaro.) Que cena é ver um recém-nascido de poucos dias de vida repousando placidamente nos braços de uma mulher devorada pela lepra, que imprudentemente o cobre de carícias! No entanto, isso ocorre em quase todas as casas; o governo não impõe obstáculos a isso, e a criança, enquanto toma o leite da mãe, inala junto a morte e a doença.

[17] O caráter excepcional da compreensão e simpatia de Safford evidencia-se na comparação com o relato quase contemporâneo de Antoine-Alfred Marche. Os chamorros, informou Marche,

> não se empenham em nenhum trabalho sério. [...] Os nativos de hoje são inteligentes porém demasiado preguiçosos, arrogantes e desonestos, incapazes de gratidão e, como seus ancestrais, desprovidos de senso moral. [...] Tudo o que é frívolo [...] os atrai [...] sem limite ou decência [...] Podemos encontrar alguns indivíduos que aprenderam a tirar proveito de nossa civilização, mas estes são poucos.

[18] A pequena aldeia de Umatac é estranhamente tranquila, um fim de mundo hoje em dia, embora exista um monumento a Magalhães na periferia da cidade, lembrando o dia memorável na primavera de 1521 em que ele desembarcou em Guam. Para Julia Steele, jornalista e historiadora (e filha de John), a aldeia é um símbolo daquele momento de primeiro contato:

> Quanto mais eu pensava em Umatac, mais gostava de pensar em Umatac, essa cidadezinha tão importante, um suplente secundário impelido para um papel principal no palco da história: o primeiro lugar onde a cultura da ilha e a do Ocidente se entrechocaram, no primeiro dos milhares de conflitos que eclodiriam vezes sem conta por todo o Pacífico e trariam um cataclismo de mudanças nas sociedades das ilhas. Assim como as Índias haviam sido para Magalhães, daquele momento em diante Umatac tornou-se para mim um conceito, um veículo para pensar a respeito do mundo e sua estrutura.

[19] Embora o lago Fena seja o maior reservatório ao nível do solo em Guam, a maior parte da água potável provém de um lençol d'água excepcionalmente vasto que flutua sobre os estratos rochosos de água salgada no extremo norte da ilha. Fena é um lago artificial cujas águas complementam o abastecimento. Corre o boato de que o lago foi construído como uma "instalação extintora" para

interromper uma reação em cadeia na eventualidade de um acidente na área de armazenamento nuclear vizinha.

[20] Analisando retrospectivamente, na opinião de John não está nada claro se esses poucos imigrantes não chamorros tinham o verdadeiro *lytico-bodig*, a ALS ou o parkinsonismo clássicos. Mas alguns de seus filhos, mestiços de chamorro, mais tarde desenvolveram o *lytico-bodig*. E, embora com a tecnologia disponível na década de 50 Kurland não conseguisse levar adiante a hipótese genética, ele e seu colega W. C. Weiderholt hoje em dia estão examinando os filhos dos chamorros californianos para verificar se o *lytico-bodig* manifesta-se em algum deles.

[21] O *kuru*, uma doença neurológica fatal que havia sido endêmica na região durante um século ou mais, podia ser transmitido, descobriu Gajdusek, pela prática ritual de comer o cérebro dos mortos. O agente patológico era uma forma de vírus recém-descoberta, um vírus que se costuma chamar de lento, o qual podia permanecer latente nos tecidos durante anos antes de provocar os verdadeiros sintomas. Tem-se a impressão de que a elucidação do *kuru* talvez não tivesse sido alcançada se não existisse em Gajdusek a combinação de uma curiosidade médica muitíssimo arguta e refinada com um conhecimento profundo e empático sobre as crenças e tradições culturais das tribos nativas da região. Essa combinação de paixões médicas, biológicas e etológicas alicerça quase todo o seu trabalho e o impeliu a estudar insulamentos geográficos no mundo inteiro — não apenas o *kuru* e o *lytico-bodig* na Nova Guiné, mas também o cretinismo com bócio endêmico, a cisticercose com epilepsia epidêmica e o pseudo-hermafroditismo ali encontrados, a distrofia muscular em Nova Bretanha, as deformidades ortopédicas congênitas nas Novas Hébridas, a encefalite de Viliuisk na Sibéria, a febre hemorrágica com síndrome renal na Coreia, as doenças genéticas dos aborígines australianos e muitas outras (durante sua expedição de 1972 no navio de pesquisas *Alpha Helix* ele fez uma breve visita a Pingelap). Além das centenas de artigos técnicos que publicou, Gajdusek tem escrito diários imensamente detalhados nos últimos quarenta anos, nos quais combina a ciência rigorosa de suas pesquisas com evocações vívidas de lugares e pessoas, formando um registro ímpar de toda a vida de trabalho de um dos mais extraordinários médicos naturalistas de nossa época.

²² Uma discussão bastante pormenorizada sobre o desastre ecológico em Guam foi apresentada recentemente por David Quammen em seu livro *The Song of the Dodo: Island Biogeography in an Age of Extinction*. Ele descreve como as populações de pássaros nativos, que haviam sido numerosas e variadas em 1960, foram levadas à beira da extinção pouco mais de vinte anos depois. Ninguém na época tinha ideia do que estava provocando aquilo:

> Para onde tinham ido os pássaros? O que os estava matando? Teriam sido dizimados por uma doença exótica, como no Havaí? Teriam sido envenenados por doses cumulativas de *DDT*? Teriam sido devorados por gatos selvagens, porcos que sobem em árvores e soldados japoneses que não aceitavam se render?

Só em 1986 o "mistério do assassinato ecológico" de Guam foi solucionado, revelando-se como culpada a serpente arborícola comedora de pássaros, *Boiga irregularis*. Ocorrera uma tremenda proliferação dessas cobras, iniciada nas savanas meridionais na década de 50 e atingindo as florestas setentrionais por volta de 1980, correspondendo exatamente à onda de extinção de pássaros. Calculou-se, em meados dos anos 80, que havia 5 mil cobras por quilômetro quadrado, 3 milhões em toda a ilha. Tendo consumido todos os pássaros àquela altura, as cobras voltaram-se para outras presas — cincos, gecos, outros lagartos e até mesmo pequenos mamíferos — e também estes têm apresentado uma diminuição catastrófica. Concomitantemente, vem ocorrendo um grande aumento no número de aranhas de teia esférica (vi suas teias complexas por toda parte), provavelmente em razão da diminuição dos lagartos. Assim, tem-se o início do que os ecologistas denominam uma cascata trófica, o desequilíbrio cada vez maior de um ecossistema antes equilibrado.

²³ Lynn Raulerson falara-me sobre algo ainda mais raro: um imenso licopódio, o *Lycopodium phlegmaria*, antes comum na floresta mas agora quase desaparecido porque a maioria dos espécimes foi arrancada e levada para cultivo como planta doméstica. Esse licopódio e a grande samambaia em forma de fita também são encontrados na Austrália, e Chamberlain, quando procurava cicadáceas por ali, fascinou-se com elas, escrevendo em seu livro *The Living Cycads*, de 1919:

> O imenso *Lycopodium phlegmaria*, a "samambaia de pendão", com agrupamentos de cones lembrando um pendão, e a *Ophioglossum*

pendulum, a "samambaia de fita", eram as características mais interessantes da vegetação epífita das copas das árvores. Se uma árvore contendo tais espécimes tivesse trinta centímetros ou menos de diâmetro, provavelmente os exploradores de matas a cortariam; se fosse maior, eles a escalariam; quando achavam que espécimes atrativos e intactos valiam 3 pence ou mesmo seis, uma escalada de 25 metros não constituía nenhum obstáculo.

[24] Às vezes afirma-se que os pacientes com a doença de Parkinson têm "olhar de réptil" (o termo remonta a Charcot). Não se trata apenas de uma metáfora pitoresca (ou pejorativa); o acesso normal às funções motoras, que dá aos mamíferos sua delicada flexibilidade motora, fica prejudicado no parkinsonismo; isso provoca a alternação de imobilidade extrema com movimentação súbita, quase explosiva, o que lembra alguns répteis.

O próprio Parkinson era paleontólogo além de médico, e seu livro de 1804, *Organic Remains of a Former World*, é um dos principais textos do início da paleontologia. Ficamos imaginando se ele não teria considerado o parkinsonismo em parte como um atavismo, uma reversão, como a exposição pela doença de um modo de funcionamento ancestral, "antediluviano", existente no passado remoto.

Se isto vale ou não para o parkinsonismo, é uma questão em aberto, mas sem dúvida constata-se ocasionalmente a reversão a uma série de comportamentos primitivos (ou a exposição destes) em síndromes pós-encefalíticas e em uma doença rara, a mioclonea branquial ocasionada por lesões no tronco cerebral. Neste caso, ocorrem movimentos rítmicos no palato, nos músculos do ouvido médio e em certos músculos do pescoço — um padrão singular e ininteligível até se perceber que eles constituem os únicos vestígios dos arcos da guelra, a musculatura branquial, nos humanos. A mioclonia branquial, na verdade, é um movimento de guelras nos homens, uma revelação do fato de que dentro de nós ainda trazemos nossos ancestrais peixes, nossos precursores na evolução.

[25] Cerca de cinco anos atrás, John ficou impressionado com o número de pacientes de *lytico-bodig* com paralisias do olhar. Sua colega Terry Cox, neuro-oftalmologista, confirmou isso com exames de vista adicionais, descobrindo que metade daqueles pacientes também apresentava estranhas marcas tortuosas na retina (que não podem ser vistas com um oftalmoscópio comum, apenas com um

oftalmoscópio indireto, escapando, assim, em um exame de vista rotineiro). Tais marcas parecem afetar apenas a camada superior do pigmento retiniano e não provocar sintomas.

"Essa epiteliopatia pigmentar retiniana", disse John, "é exclusiva dos chamorros — nunca foi observada em um imigrante caucasiano nem em filipinos, que vivem aqui desde a década de 40. É rara em pessoas com menos de cinquenta anos — a pessoa mais nova que encontramos com essa afecção nasceu em 1957. Existe em 20% dos chamorros com mais de cinquenta anos, mas em 50% dos que têm *lytico-bodig*. Temos acompanhado pacientes com essa afecção desde o início dos anos 80, e mais de dois terços deles passaram a apresentar sintomas de *lytico-bodig* no decorrer de dez anos.

"A afecção não parece ser progressiva; é mais como uma cicatriz de algum trauma ocorrido no olho muitas décadas antes. Pensamos na possibilidade de ela ser um indicador do *lytico-bodig*, algo que tenha se manifestado ao mesmo tempo em que a doença, embora só agora o estejamos percebendo. Estamos agora tentando descobrir se há alguma manifestação semelhante em pacientes com paralisia supranuclear progressiva ou parkinsonismo pós-encefalítico.

"As marcas lembram um pouco aquelas que são feitas pelas larvas da mosca pica-boi, mas não existem esses insetos em Guam. Talvez as marcas sejam feitas pelas larvas de alguma outra mosca — quem sabe alguma que tenha transmitido um vírus causador do *lytico-bodig*. Ou talvez seja efeito de uma toxina. Não sabemos ainda se isso é ou não exclusivo do *lytico-bodig*, e nem mesmo se é significativo. Mas todas essas coincidências ficam nos espicaçando, e isso é mais uma coisa que me leva a pensar que o *lytico-bodig* poderia ser causado por um organismo, um vírus — transmitido talvez por um parasita inócuo em outros aspectos."

[26] O termo *cynomolgus* significa, na acepção restrita, "que ordenha cães". Os *cynomolgus* eram uma antiga tribo humana da Líbia. Não está claro por que esse nome foi dado a alguns símios (que também são conhecidos como "macacos caranguejeiros"), embora John Clay tenha sugerido como tradução mais adequada a expressão "sugador de cães", pois os macacos, de fato, podem mamar em outros animais.

[27] Na década de 20, um jornal japonês publicou uma notícia sobre a incidência excepcionalmente alta de paralisia bulbar em Saipan, embora não esteja claro se essa afecção pode ter sido uma manifestação do *lytico*. Das quinze pessoas com *lytico-bodig* em Saipan cujos casos foram descritos por Gajdusek *et al.*, todas, exceto duas, haviam nascido antes da Primeira Guerra Mundial, e a mais nova nascera em 1929. Em vários casos, segundo John, os pais daqueles pacientes eram nascidos em Guam ou Rota.

[28] As pesquisas sobre a neurotoxicidade das cicadáceas, um tanto estagnadas desde os anos 60, voltaram a ganhar impulso em vários lugares. Tom Mabry e Delia Brownson, da Universidade do Texas, em Austin, estão pesquisando a relação entre cicadáceas e *lytico-bodig*, observando os efeitos das supostas neurotoxinas de Guam em preparações de células cerebrais de ratos. E Alan Seawright, do Centro Nacional de Pesquisas sobre Toxicidade Ambiental (australiano), tem investigado os efeitos do MAM e do BMAA em animais de laboratório.

[29] Zhang e seus colegas, reexaminando a variação geográfica do *lytico-bodig* em Guam ao longo de um período de vinte anos, confirmaram a correlação muito estreita entre os níveis locais de cicasina e a doença. Mas essas "correlações", salientam eles, por mais estreitas que sejam, não implicam necessariamente uma relação simples de causa e efeito. Embora existam formas raras da doença de Alzheimer, da doença de Parkinson e da ALS que seguem um padrão mendeliano simples, tais formas são exceção e não regra. As doenças de Alzheimer e Parkinson e a ALS comuns, ao que parece, são distúrbios complexos nos quais a verdadeira expressão da doença depende de vários fatores genéticos e ambientais. De fato, estamos agora descobrindo, como ressalta Spencer, que essas interações gene-ambiente estão presentes em muitas outras afecções. Por exemplo, descobriu-se agora que um efeito colateral raro mas terrível da estreptomicina — a qual foi introduzida para o tratamento da tuberculose, mas provocava uma total e irremediável surdez nervosa em alguns pacientes — depende da presença de um defeito no DNA mitocondrial que só dá sinal de existência quando se administra a estreptomicina.

Vários distúrbios, às vezes de família mas desprovidos dos padrões usuais de herança mendeliana, podem surgir, de modo semelhante, devido a mutações no DNA mitocondrial. Isso parece valer para uma síndrome rara na qual a surdez combina-se a diabetes, nefropatia, fotomioclonia e degeneração cerebral (essa síndrome, ou uma outra muito semelhante, foi originalmente descrita em 1964 por Herrmann, Aguilar e Sacks). O DNA mitocondrial é transmitido apenas pela mãe, e Wiederhold e outros cogitaram a possibilidade de que essa mutação mitocondrial tenha surgido no período crítico entre 1670 e 1710 — quando os homens chamorros foram praticamente exterminados e a população se reduziu, de fato, a algumas centenas de mulheres — e se disseminado nas gerações subsequentes, sobretudo em determinadas famílias. Tal mutação pode ter sensibilizado as pessoas nas quais ocorreu, de maneira que, nestas pessoas, certos agentes ambientais de outro modo benignos teriam sido capazes de desencadear os processos degenerativos fatais do *lytico-bodig*.

ROTA (pp. 171-89)

[1] Marie Stopes nasceu em Londres, em 1880; demonstrou uma curiosidade insaciável e dotes científicos quando adolescente e, apesar da forte oposição (semelhante à que na época retardou o ingresso de mulheres na medicina), conseguiu frequentar o University College, onde ganhou uma medalha de ouro e um diploma com louvor e distinção em botânica. Sua paixão pela paleobotânica já estava em curso na época, e, depois de concluir a pós-graduação, ela foi para o Instituto Botânico de Munique, onde era a única mulher entre quinhentos estudantes. Suas pesquisas sobre óvulos de cicadáceas deram-lhe o PhD em botânica, o primeiro já concedido a uma mulher.
Em 1905 Stopes obteve o doutorado em ciência na Universidade de Londres, a mais nova doutora em ciência do país. No ano seguinte, enquanto trabalhava em uma alentada obra em dois volumes para o Museu Britânico, *Cretaceous flora*, publicou também *The Study of Plant Life for Young People* [O estudo da vida das plantas para jovens], um livro encantador que mostrava os dons literários da autora e sua compreensão da imaginação dos jovens, tanto quanto seus conhecimentos de botânica. Ela continuou a publicar muitos

textos científicos e, em 1910, lançou mais um livro para leigos, *Ancient Plants*. Outros textos, romances e poemas também estavam germinando em sua mente na época, e, em *A Journal from Japan*, ela deu uma pungente forma ficcional a seu amor dolorosamente frustrado por um eminente botânico japonês.

Àquela altura, outros interesses concorriam com a botânica. Stopes escreveu uma carta ao *The Times* defendendo o voto feminino e tornou-se cada vez mais consciente do quanto as mulheres precisavam se libertar nos campos sexual, político e profissional. De 1914 em diante, embora ocorresse uma sobreposição com a paleobotânica durante alguns anos, o trabalho de Stopes voltou-se essencialmente para o amor e a sexualidade humana. Foi a primeira a escrever a respeito das relações sexuais de um modo prático, fazendo-o com a mesma lucidez e exatidão que demonstrava ao descrever a fertilização dos óvulos de cicadáceas — mas também com uma ternura que antecipava as obras de D. H. Lawrence. Seus livros *Married Love* [Amor no casamento] (1918), *A Letter to Working Mothers* [Carta às mães trabalhadoras] (1919) e *Radiant Motherhood* [Maternidade radiantes] (1920) foram muito populares na época; ninguém falava com tanta ênfase e autoridade.

Mais tarde, Stopes conheceu Margaret Sanger, a grande pioneira norte-americana do controle da natalidade, tornando-se sua principal defensora na Inglaterra. *Contraception, its Theory, History and Practice* foi publicado em 1923 e levou à abertura de clínicas Marie Stopes em Londres e outros lugares. Sua voz, sua mensagem, não tiveram grande acolhida depois da Segunda Guerra Mundial: o nome de Marie Stopes, antes reconhecido de imediato por qualquer pessoa, praticamente caiu no esquecimento. Contudo, mesmo em idade avançada, seus interesses paleobotânicos nunca a abandonaram; as bolas de carvão foram na verdade seu primeiro amor, ela costumava dizer.

[2] A revolução copernicana dos séculos XVI e XVII, que revelou a imensidão do espaço, desferiu um fortíssimo golpe no sentimento de que o homem era o centro do universo; ninguém foi mais pungente que Pascal na expressão desse fato: "Todo o mundo visível não passa de um pontinho invisível", lamentou; o homem viu-se então "perdido neste canto remoto da Natureza", encerrado na "minúscula

célula em que se abriga". E Kepler mencionou um "horror oculto e secreto", um sentimento de estar "perdido" na infinidade do espaço.

O século XVIII, com sua atenção minuciosa às rochas, fósseis e processos geológicos, alteraria radicalmente também o senso temporal do homem (como particularmente salientaram Rossi, Gould e McPhee). O tempo evolutivo, geológico, profundo não era um conceito que ocorria de modo fácil ou natural à mente humana e, uma vez concebido, despertou medo e resistência.

Era reconfortante o sentimento de que a Terra havia sido feita para o homem e a história coeva deste, de que o passado devia ser medido em escala humana — não mais do que algumas vintenas de gerações até o primeiro homem, Adão. Mas agora a cronologia bíblica da Terra fora enormemente estendida, tornara-se um período de éons. Assim, enquanto o arcebispo Usher calculara que o mundo havia sido criado em 4004 a.c., quando Buffon apresentou sua visão secular da natureza — com o homem aparecendo apenas na mais recente de sete eras — supôs uma idade sem precedentes para a Terra, 75 mil anos. Reservadamente, aumentou essa escala temporal quarenta vezes — o número original em seu manuscrito era 3 milhões de anos —, e fez isso (como observa Rossi) por julgar que o número maior seria incompreensível para seus contemporâneos, dando a eles um sentimento por demais atemorizante do "abismo escuro" do tempo. Menos de cinquenta anos depois Playfair escreveria que, fitando uma inconformidade geológica muito antiga, "a mente parecia ter vertigens por olhar tão longe no abismo do tempo".

Quando Kant, em 1755, publicou a *Teoria dos céus* — sua visão do surgimento e evolução de nebulosas —, intuiu que "milhões de anos e séculos" haviam sido necessários para se chegar ao estado atual e viu a criação como algo eterno e imanente. Com isto, nas palavras de Buffon, "a mão de Deus" foi eliminada da cosmologia, e a idade do universo foi aumentada enormemente. "Os homens, na época de Hooke, tinham um passado de 6 mil anos", como escreve Rossi, mas "os da época de Kant tinham consciência de um passado de milhões de anos."

No entanto, os milhões de Kant ainda eram muito teóricos, ainda não alicerçados com firmeza na geologia, em conhecimentos concretos sobre a Terra. A percepção de um vasto tempo geológico repleto de eventos terrestres sobreviria apenas no século seguinte, quando Lyell, nos *Principles of Geology*, conseguiu chegar a uma visão que reunia tanto a imensidão quanto a lentidão da mudança geológica, impondo à consciência a ideia de estratos cada vez mais antigos, remontando a centenas de milhões de anos. O primeiro volume de Lyell foi publicado em 1830, e Darwin levou-o consigo no *Beagle*. A visão de tempo profundo de Lyell foi um pré-requisito para a visão de Darwin também, pois os processos de evolução quase glacialmente lentos dos animais do período cambriano até o presente requeriam, calculou Darwin, pelo menos 300 milhões de anos.

Stephen Jay Gould, escrevendo sobre nossas concepções de tempo em *Time's Arrow, Time's Cycle* [Seta do tempo, ciclo do tempo], começa citando a famosa afirmação de Freud segundo a qual a humanidade tem de tolerar da ciência "dois grandes ultrajes a seu ingênuo amor-próprio: a revolução copernicana e a darwiniana. A estas Freud acrescentou ("em um dos pronunciamentos menos modestos de toda a história", como salienta Gould) sua própria revolução, a freudiana. Mas ele omite da lista, observa Gould, um dos passos mais importantes: a descoberta do tempo profundo, o elo necessário entre as revoluções copernicana e darwiniana. Gould fala da dificuldade que temos até hoje em "suportar com bravura o quarto golpe, o freudiano", em ter uma ideia real, orgânica (sob a conceitual ou metafórica), da realidade do tempo profundo. E no entanto essa revolução, a seu ver, pode ter sido a mais radical de todas.

É o tempo profundo que possibilita o movimento cego da evolução, a aglutinação e ajustamento de efeitos diminutos ao longo dos éons. É o tempo profundo que introduz uma nova visão da natureza, que, mesmo destituída do *fiat* divino, do milagroso e providencial, ainda assim não deixa de ser sublime a seu próprio modo. "Existe grandiosidade nesta visão da vida", escreveu Darwin na célebre sentença final de *Origem das espécies*,

> no fato de que, enquanto o planeta prosseguiu em sua órbita consoante a lei imutável da gravidade, a partir de um princípio tão simples formas infinitas, as mais belas e mais fascinantes, evoluíram e continuam evoluindo.

[3] Karl Niklas especula sobre o tema:

> Podemos imaginar o comprimento dos gigantescos rizomas que ancoravam a *Calamites* ao solo. Interligadas por essas raízes subterrâneas,

centenas de árvores *Calamites* compunham verdadeiramente um só organismo, talvez as maiores coisas vivas da história da Terra.

Quando estive na Austrália, vi uma floresta de faias antárticas que se dizia remontar à última era glacial e, com 24 mil anos de idade, ser o mais velho organismo sobre a Terra. Era considerada um organismo único porque todas as árvores estavam interligadas e haviam se propagado por estolhos e ramos até formar uma estrutura vegetal de muitos troncos e raízes. Recentemente foi encontrado em Michigan um gigantesco tapete subterrâneo de fungo, o *Armillaria bulbosa*, cobrindo doze hectares e pesando mais de cem toneladas. Os filamentos subterrâneos do tapete de Michigan são todos geneticamente homogêneos, e por isso ele foi considerado o maior organismo vivo na Terra.

Toda a concepção do que constitui um organismo ou um indivíduo torna-se vaga em casos assim, de um modo que raramente ocorre no reino animal (exceto em situações especiais, como a das colônias de pólipos de coral); esta questão foi explorada por Stephen Jay Gould em *Dinosaur in a Haystack* [Dinossauro no monte de feno].

[4] Embora às vezes assemelhem-se na aparência, samambaias, palmeiras e cicadáceas não são aparentadas e provêm de grupos vegetais muito diferentes. De fato, várias de suas características "comuns" evoluíram de modo absolutamente independente. Darwin fascinava-se com esses exemplos de evolução convergente nos quais a seleção natural, atuando em épocas distintas, de maneira distinta e em circunstâncias distintas, podia chegar a formas análogas de resolver o mesmo problema.

Mesmo uma característica tão essencial como a madeira, ressaltou Niklas, surgiu independentemente em numerosas famílias vegetais diferentes, sempre que houve necessidade de um material leve e rígido para sustentar uma forma de árvore ereta. Assim, as árvores de cavalinhas e de licopódios, as cicadáceas, pinheiros e carvalhos chegaram, todas, a mecanismos diferentes para a formação da madeira, ao passo que as árvores de samambaias e as palmeiras, que não possuem madeira verdadeira, desenvolveram outros modos de se reforçar, usando tecidos de caules flexíveis porém fibrosos ou raízes exteriores para sustentar seus ramos. As cicadáceas produzem uma madeira mais mole, não tão forte, mas também reforçam os troncos com uma sólida base de folhas, o que lhes dá sua aparência de couraça. Outros grupos, como o *Sphenophyllales* (há muito extinto), desenvolveram uma madeira densa sem jamais assumir a forma arborescente.

Também encontramos evolução convergente no reino animal, com a evolução separada dos olhos, por exemplo, em muitos filos diferentes — nas medusas, nos vermes, nos crustáceos e insetos, nas vieiras, nas sibas e em outros cefalópodes, bem como em vertebrados. Todos esses olhos diferem bastante na estrutura, tanto quanto na origem, e não obstante todos dependem da operação dos mesmos genes básicos. O estudo dos genes PAX codificadores de olhos e de outros genes como os homeobox, que determinam a morfogênese dos corpos e órgãos, está revelando, de um modo mais radical e profundo do que se poderia ter suspeitado, a unidade fundamental de todas as formas de vida. Richard Dawkins recentemente apresentou uma discussão excelente sobre o desenvolvimento dos olhos em especial, em seu livro *Climbing Mount Improbable* [A escalada do monte Improvável].

[5] Sir Robert Schomburg descreveu seu grande entusiasmo ao encontrar a vitória-régia:

> Foi em 1º de janeiro de 1837, enquanto nos havíamos com as dificuldades que, de várias formas, a Natureza interpôs para deter nosso avanço pelo rio Berbice, que chegamos a um trecho onde o rio se expandia e formava uma bacia sem correnteza. Algo do outro lado da bacia atraiu-me a atenção; não consegui imaginar o que poderia ser, mas, instando a tripulação a aumentar o ritmo dos remos, logo nos aproximamos do objeto que despertara minha curiosidade — e vejam! Um prodígio vegetal! Todos os desastres foram esquecidos; eu era botânico, e me senti recompensado. Havia folhas gigantescas flutuando na água, medindo cerca de um metro e meio de um lado a outro, niveladas, com bordas profundas, verde-claras em cima e de um carmesim vivo embaixo; ao mesmo tempo, em harmonia com aquela folhagem espantosa, vi flores luxuriantes, cada qual composta de numerosas pétalas que variavam em matizes alternados do branco puro ao rosa-claro e escuro.

E eu ficaria sabendo depois que, no tanque da vitória-régia, debaixo de suas folhas gigantescas, residia um animal estranho, uma pequena medusa de nome *Craspedacusta*. Descoberta em 1880, foi considerada a primeira medusa de água doce (embora posteriormente se percebesse que ela era a forma medusoide de um hidrozoário, o *Limnocodium*). Durante muitos anos a *Craspedacusta* foi encontrada apenas em ambientes artificiais — tanques em jardins botânicos —, mas hoje em dia tem sido vista em diversos lagos, inclusive o lago Fena, em Guam.

[6] Um de meus livros favoritos, pertencente a uma série encantadora ("Britain in Pictures") publicada durante a Segunda Guerra Mundial, era o *British Botanists*, de John Gilmour. Esse autor apresenta uma descrição particularmente vívida e tocante de Joseph Hooker, como grande explorador e pesquisador botânico e filho do renomado botânico William Jackson Hooker (que, depois dos anos em que lecionou em Glasgow, tornou-se o primeiro diretor de Kew Gardens) — e, sobretudo, de seu relacionamento com Darwin, que lhe escreveu: "Você é a única alma viva de quem tenho constantemente recebido simpatia". Gilmour prossegue:

> Desde a época em que [Hooker] dormia com as provas de *A viagem do Beagle* debaixo do travesseiro para lê-las assim que acordasse até o dia em que ajudou a carregar o ataúde de Darwin à sua última morada na Abadia, [ele] foi o confidente mais íntimo e mais frequente de Darwin. Foi a Hooker que Darwin, em 1844, enviou o primeiro vislumbre da teoria da seleção natural, e, quinze anos mais tarde, Hooker foi seu primeiro adepto. Em 1858, quando Darwin recebeu, certa manhã, um ensaio de Alfred Russel Wallace expondo uma teoria da seleção natural idêntica à que ele estava prestes a publicar, foi Hooker — impondo-se ao quixotesco desejo de Darwin de renunciar à sua indubitável precedência sobre Wallace — quem providenciou a célebre comunicação dupla da teoria a ser lida na Sociedade Lineana. E, no centenário do nascimento de Darwin, em 1909, Hooker, então com 92 anos, uma figura alta ainda cheia de vigor, esteve presente em Cambridge para prestar homenagem ao amigo que ele tanto ajudara.

> Porém, independentemente de seu papel na história do darwinismo, sir Joseph Hooker destaca-se entre seus contemporâneos como botânico sistemático, geógrafo e explorador de plantas.

> "Poucos conheceram, ou virão a conhecer, as plantas como ele as conhecia", escreveu o professor Bower. Os anos da juventude, passou-os em Glasgow, enquanto seu pai lecionava. A casa, onde estava em formação o herbário e a biblioteca que constituiriam depois a base das coleções de Kew, ficava próxima ao jardim botânico, e ele provavelmente vivia e respirava botânica de manhã à noite. O intenso amor pelas plantas adquirido em Glasgow dominou sua vida.

[7] Philip Henry Gosse, em seu guia (anônimo) de 1856, *Wanderings through the Conservatories at Kew* [Passeios pelas estufas de Kew], descreve as cicadáceas:

> Agrupadas no extremo sudeste da estufa, da qual ocupam uma área considerável, vemos um grupo de plantas dotadas de um caráter comum, não obstante as diversas designações botânicas que lemos nos letreiros. Com suas folhas pinuladas e arqueadas, irradiando do topo de um caule colunar, lembram um pouco as palmeiras e também as samambaias arborescentes, porém não possuem a graça imponente de uma nem a delicada elegância da outra, enquanto a rigidez excessiva, bem como a tendência de suas folhas a formar pontas espinhosas, dão a elas um aspecto repulsivo.

Um ano depois, em seu bizarro livro *Omphalos* — publicado apenas dois anos antes de *Origem das espécies* —, Gosse, que além de naturalista brilhante era também um fundamentalista religioso, procurou conciliar a existência de fósseis (que pareciam testemunhar eras passadas) com a crença em um ato da Criação único e instantâneo. Em sua teoria do "procronismo", aventou a ideia de que toda a crosta terrestre, incluindo a carga de fósseis vegetais e animais, fora criada em um mesmo instante por Deus e tinha apenas uma aparência de passado, inexistindo, porém, um verdadeiro passado a ela relacionado: assim, jamais haviam existido as formas vivas correspondentes aos fósseis. Do mesmo modo que Adão fora criado simultaneamente como homem jovem (nunca como criança, nunca nascido, sem cordão umbilical, embora ainda assim com um umbigo, um *ônfalo*), argumentou Gosse, também a cicadácea, repleta de cicatrizes de folhas, aparentemente com centenas de anos de idade, podia ser recém-criada.

Fazendo um passeio imaginário pela Terra apenas uma hora depois da Criação, ele convida o leitor a contemplar o panorama de animais e plantas:

> Gostaria que olhasse esta *Encephalartos*. Uma planta horrenda ela é, uma espécie de caricatura das elegantes palmeiras, mais ou menos como se um fundidor houvesse esboçado um coqueiro em ferro fundido. Do caule espesso, grosseiro e rígido saltam uma dúzia de folhas arqueadas, cercadas por folhinhas afiadas em forma de espada, mas com a rigidez do chifre, de um tom cinzento, todas ásperas e repulsivas em demasia. No meio dessa coroa rígida assenta-se o fruto, como

uma pinha imensa. [...] Não seria uma conjetura despropositada supor que essa grande planta cicadácea tenha setecentos ou oitocentos anos de idade [...] Mas não, também esta acabou de ser criada!

Essa concepção extraordinária — não se pode chamá-la de hipótese, pois não pode, em princípio, ser provada nem refutada — conseguiu a proeza de granjear o escárnio tanto de paleontólogos como de teólogos.

[8] Em seu guia de Kew, Gosse inclui uma observação extravagante sobre a *Cibotium* ali existente:

[É] uma singular produção vegetal, da qual, sob o nome de Cordeiro da Cítia, contam-se muitas histórias fabulosas. Dizia-se, entre outras coisas, que era meio animal, meio vegetal e tinha o poder de devorar todas as demais plantas em sua proximidade. Ela na realidade não passa do tronco caído e peludo de uma samambaia denominada *Cibotium barometz*, que, por sua posição procumbente e aparência desgrenhada, assemelha-se um pouco a um animal agachado.

[9] Não se pode olhar para as cicadáceas de Kew ou do Hortus sem pensar também em sua fragilidade, na extinção que sempre ameaça espécies que são especiais e raras. Dei-me conta disto particularmente nos jardins Kirstenbosch, na Cidade do Cabo, onde vivem mais de cinquenta espécies da cicadácea africana *Encephalartos*. Algumas delas são comuns; outras, raras. Uma é única, pois provém de uma só planta (masculina), a *E. woodii*, descoberta pelo dr. Medley Wood em 1895. Embora mudas da original houvessem sido cultivadas (propagadas assexuadamente e, portanto, clones da original), nenhuma outra árvore dessa espécie, masculina ou feminina, jamais foi encontrada — e, ao menos que exista alguma feminina desconhecida, a *E. woodii* nunca polinizará ou se acasalará: será a última de seu tipo no planeta.

Vendo o magnífico espécime solitário em Kirstenbosch, sem letreiro e protegido por uma cerca de ferro para desencorajar pilhagens, lembrei-me da história de Ishi, o último de sua tribo. Eu estava vendo ali uma cicadácea Ishi, o que me levou a pensar que, centenas de milhões de anos atrás, o número de licopódios arborescentes, e cavalinhas arborescentes e samambaias de sementes, um dia tão grande, deve ter diminuído a um grau crítico até restar apenas uma centena, apenas uma dúzia, apenas um exemplar e, finalmente, um

Encephalartos.

dia, nenhum — apenas a triste e comprimida lembrança conservada no carvão.

(Uma outra cicadácea única, uma Ishi fêmea, a *Cycas multipinnata*, foi encontrada recentemente no jardim de um templo na China; desconhece-se a existência de outros espécimes. Ela é retratada, com outras, em uma série de selos postais emitida em maio de 1996, homenageando as espécies de cicadáceas nativas da China.)

[10] Na porção setentrional de Guam existe uma floresta tropical seca, dominada por cicadáceas; em Rota, a floresta de cicadáceas é mais úmida, "intermediária", embora não uma verdadeira floresta

pluvial como a que se vê em Pohnpei. Em anos recentes temos assistido à destruição das florestas únicas de Rota em uma escala assustadora, especialmente devido à construção de campos de golfe japoneses. Encontramos um exemplo disso quando caminhávamos pela mata — gigantescas máquinas de terraplenagem dilacerando a terra, exterminando uma área de centenas de hectares. Existem hoje três campos de golfe na ilha, e há planos para outros. Essa derrubada de mata virgem provoca uma avalanche de solo acídico sobre os recifes abaixo, matando o coral que sustenta todo o ambiente dos recifes. E pode fragmentar a mata em áreas demasiado pequenas para se sustentarem sozinhas, de modo que em poucas décadas haverá o colapso de todo o ecossistema, flora e fauna juntas.

[11] Chamberlain, em *The Living Cycads*, descreveu como calculou a idade de uma *Dioön edule*, que atinge a maturidade (na floresta) por volta dos cinquenta anos e depois ganha uma nova coroa de folhas a cada dois anos em média. Contando o número de escamas de folhas no caule e dividindo pelo número de folhas produzidas a cada ano, chegou à idade da árvore. Ele descreveu um belo espécime que, por esse critério, tinha 970 anos de idade, apesar de sua altura ser inferior a um metro e meio. Chamberlain cogitou inclusive a possibilidade de algumas cicadáceas aproximarem-se em idade das sequoias.

[12] Os cones das cicadáceas variam em tipo, forma e tamanho: os grandes cones da *Lepizodamia peroffskyana* e da *Encephalartos transvenosus* podem pesar mais de 45 quilos; os cones das *Zamias* menores, não mais de trinta miligramas. Mas todas elas apresentam, na organização das escamas dos cones, intrincados padrões geométricos semelhantes às espirais ou hélices em forma de saca-rolhas que vemos nas pinhas, a disposição das folhas em caules cilíndricos ou os florícolos espiralados do girassol. O estudo desses padrões, sua filotaxia, tem fascinado botânicos e matemáticos durante séculos, não só porque as próprias espirais são logarítmicas, mas porque existem várias hélices acessórias (ou parasíticas) apontando para a direção oposta, e esses dois conjuntos de hélices ocorrem em uma razão fixa entre si. Assim, tanto nos cones de cicadáceas como nas pinhas, quase sempre podemos ver espirais em cinco ou oito fileiras, e, se expressarmos como frações o número de parasíticas, encontramos uma série de 2/1, 3/2, 5/3, 8/5, 13/8, 21/13, 34/21 e assim por diante. Essa série, batizada em honra ao matemático

Fibonacci, do século XIII, corresponde a uma fração contínua que converge para 1618, o equivalente numérico da divisão áurea.

    Tais padrões provavelmente representam apenas um modo ótimo de organizar juntas as folhas ou escamas e evitar a sobreposição das mesmas (e não, como pensavam Goethe e outros, algum arquétipo ou ideal místico), mas são um encanto para os olhos e um estímulo para a mente. A filotaxia fascinava o reverendo J. S. Henslow (professor de botânica em Cambridge e mestre de Darwin), que a discutiu e ilustrou em seus *Principles of Descriptive and Physiological Botany*; ela é examinada minuciosamente em um livro singular (e muito apreciado), *On Growth and Form* [Crescimento e forma], de D'Arcy Thompson. Conta-se que a descoberta dos logaritmos por Napier, no início do século XVII, foi estimulada pela contemplação do crescimento de cavalinhas, e o grande botânico Nehemiah Grew, ainda naquele século, observou que "da contemplação das plantas os homens podem ser convidados pela primeira vez à investigação matemática".

Essa ideia de determinação matemática (ou coerções) da natureza, particularmente da forma e crescimento orgânicos, destituída de idealismo ou idiossincrasia, é hoje muito pronunciada, em especial com o desenvolvimento da teoria do caos e da complexidade em décadas recentes. Agora que os fractais são, por assim dizer, parte de nossa consciência, nós os vemos por toda parte — nas montanhas, paisagens, flocos de neve, enxaquecas, mas sobretudo no mundo vegetal —, assim como Napier, quatro séculos atrás, viu logaritmos em seu jardim e Fibonacci, há sete séculos, encontrou a divisão áurea em todo lugar.

[13] As formas das plantas atraíam constantemente a atenção de Goethe — devemos a ele a própria palavra *morfologia*. Ele não tinha noção da evolução, mas de uma espécie de cálculo lógico ou morfológico pelo qual todos os vegetais superiores poderiam ser derivados de um tipo primordial simples, um vegetal ancestral hipotético que ele denominou *Ur-pflanze*. (Essa ideia ocorreu-lhe, como registrou, quando fitava uma palmeira no horto de Pádua; a "palmeira de Goethe", como hoje é chamada, ainda vive ali, em uma estufa própria.) Sua *Ur-pflanze* hipotética possuía folhas que podiam metamorfosear-se em pétalas e sépalas, estames e anteras, todas as partes complexas das flores. Se Goethe tivesse se ocupado das plantas sem flores, não pude deixar de cogitar, talvez tivesse escolhido a *Psilotum* como sua *Ur-pflanze*.

Alexander von Humboldt, grande amigo de Goethe, adotou a teoria goethiana da metamorfose em seu livro *Fisiognomonia das plantas* (de fato, ele amplia a concepção de Goethe e insinua a ideia de uma força organizadora cósmica, universal, atuando não apenas sobre as plantas mas também sobre as formas das rochas e minerais, bem como sobre as formas das montanhas e outros aspectos naturais). A fisionomia do reino vegetal, argumenta, "é determinada principalmente por dezesseis formas de vegetais". Uma delas — uma forma ramificada sem folhas — associa, segundo ele, vegetais tão diversos como as *Casuarinas* (plantas com flores), a *Ephedra* (uma gimnosperma primitiva) e a *Equisetum* (uma cavalinha). Humboldt era um excelente botânico prático e avaliava com perfeição as diferenças botânicas entre essas plantas, mas estava procurando, como Goethe, um princípio ortogonal para a biologia, para todas as ciências específicas — um princípio geral de morfogênese ou coerções morfológicas.

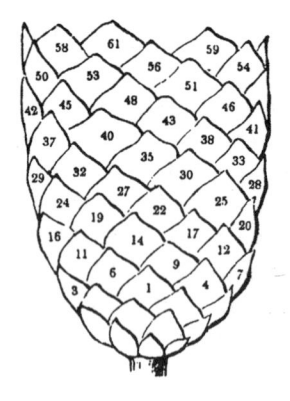

O desenvolvimento arboriforme dos vegetais origina-se não segundo algum arquétipo primordial, mas como o modo geométrico mais simples de maximizar a razão entre a área da superfície e o volume e, portanto, a área disponível para a fotossíntese. Considerações econômicas semelhantes podem aplicar-se a muitas formas biológicas, como os dendritos ramificados de células nervosas ou o desenvolvimento arboriforme da "árvore" respiratória. Assim, uma *Ur-pflanze* como a *Psilotum*, livre de folhas ou outras complicações, é um exemplo, um diagrama de uma das estruturas mais básicas da natureza.

(Mais recentemente, uma analogia específica da teoria de Goethe, delineando o modo como todos os vegetais superiores podem ter derivado morfologicamente de psilófitas primitivas, foi proposta por W. Zimmerman em sua teoria dos *telomes*; uma analogia geral da morfologia de Goethe pode ser encontrada em algumas teorias atuais sobre auto-organização, complexidade e morfogênese universal.)

[14] Essa sensação de transporte para o passado remoto apoderou-se de Safford ao ver as florestas de cicadáceas de Guam: seus "troncos cilíndricos marcados por cicatrizes, as folhas rígidas, pinuladas e brilhantes", escreveu ele, sugeriam "imagens ideais das florestas do período carbonífero".

Sensação muito semelhante é mencionada por John Mickel ao escrever sobre as cavalinhas:

> Andar entre elas é uma espécie de experiência de ficção científica. Recordo bem a primeira vez em que deparei com exemplares de cavalinha gigante no México. Tive a sensação de que encontrara o caminho de volta para uma floresta do carbonífero e quase achei que veria dinossauros surgirem no meio das cavalinhas.

Mesmo uma caminhada pelas ruas de Nova York pode evocar o paleozoico: uma das árvores mais comuns ali (aparentemente capaz de resistir muito bem à poluição) é a ginkgoácea, *Ginkgo biloba*, única sobrevivente pouco alterada desde as gingkófitas do permiano. Mas a ginkgoácea existe agora só como forma cultivada, não sendo mais encontrada em estado natural.

Em *Origem das espécies*, Darwin introduziu o termo "fóssil vivo" para designar organismos primitivos que podiam ser considerados relíquias do passado — membros de grupos outrora muito disseminados, mas hoje em dia extremamente reduzidos e presentes apenas em ambientes bastante isolados e restritos (nos quais "a competição [...] deve ter sido menos intensa que em outras partes"). As ginkgoáceas, por exemplo, foram muito comuns no passado — eram uma espécie dominante no noroeste do Pacífico antes da grande inundação de Spokane há 15 milhões de anos —, mas hoje restringem-se a uma única espécie, encontrada apenas na forma cultivada e em uma pequena região da China. A descoberta mais espetacular de um "fóssil vivo" desse tipo no século xx foi a de um peixe, o celacanto *Latimeria*, em 1938; mais recente, uma outra abalou o mundo botânico: foi a descoberta, em 1994, de uma gimnosperma que se julgava extinta havia muito tempo, o pinheiro

Wollemi, na Austrália. (Ainda espero, em alguma parte irracional e romântica de mim mesmo, que um gigantesco licopódio ou cavalinha venha a aparecer um dia.)

Mas enquanto a *Latimeria chalumnae* é uma espécie única, que só consegue sobreviver nas condições especiais das ilhas Comoros, as cicadáceas (embora não sejam mais a flora predominante, como no mesozoico) ainda apresentam mais de duzentas espécies e continuam a crescer bem em uma grande variedade de ecoclimas, de modo que não podem ser chamadas de "fósseis vivos".

[15] A inesperada adaptação dos caranguejos à alimentação de cocos fascinou Darwin, que descreveu esses animais em *A viagem do Beagle*:

Já aludi anteriormente a um caranguejo que se alimenta de cocos; ele é muito comum em todas as partes de terra firme e cresce até um tamanho monstruoso, tendo parentesco próximo ou sendo idêntico ao Birgos latro. O par de patas frontal termina em quelas fortíssimas e pesadas, e o último par é dotado de quelas muito mais fracas e estreitas. À primeira vista, pareceria impossível um caranguejo abrir um coco resistente protegido pela casca, mas o sr. Liesk garante-me que já viu isso acontecer várias vezes. O caranguejo começa lacerando a casca, fibra por fibra, e sempre a partir do local onde se situam os três olhos; quando essa etapa é concluída, o caranguejo começa a golpear com suas patas pesadas sobre um dos olhos, até fazer uma abertura. Em seguida, virando o corpo, com a ajuda do par de quelas posteriores, mais estreitas, extrai a substância albuminosa branca. A meu ver, esse é o mais curioso exemplo de instinto de que já tive notícia, e também de adaptação, no plano da estrutura, entre dois objetos aparentemente tão remotos um do outro no esquema da natureza quanto um caranguejo e um coqueiro. [...]
Alguns autores afirmaram que o Birgos sobe nos coqueiros com o propósito de surrupiar os cocos. Duvido muito dessa possibilidade; porém, com o pandano, a tarefa seria bem mais fácil. O sr. Liesk contou-me que nessas ilhas o Birgos vive apenas dos cocos que caem no chão.

(Na verdade, os caranguejos dos coqueiros realmente sobem em coqueiros altos e cortam os cocos com suas quelas potentes.)

[16] Afirmava-se que as cicadáceas eram polinizadas pelo vento, como as samambaias e coníferas, embora autores antigos (inclusive Chamberlain) ocasionalmente se surpreendessem com a presença

de certos insetos no interior ou nas proximidades dos cones masculinos na época da polinização. Em 1980, Knut Norstog e Dennis Stevenson, trabalhando no Fairchild Tropical Garden, em Miami, ficaram intrigados com o fato de muitas cicadáceas transplantadas para lá não produzirem sementes férteis, muito embora plantas masculinas e femininas saudáveis houvessem sido plantadas a uma distância de apenas um ou dois metros, ao passo que a *Zamia* nativa era bastante fértil. Descobriram que larvas de caruncho alimentavam-se dos cones masculinos da *Zamia*, emergindo cobertos de pólen como insetos adultos, depois de perfurar os microsporófilos. Poderia ser esse o modo como eram polinizados os cones femininos?

Stevenson e Norstog, juntamente com outros pesquisadores (Karl Niklas, Priscilla Fawcet e Andrew Vovides), confirmaram pormenorizadamente essa hipótese. Observaram que os carunchos alimentam-se e se acasalam do lado de fora do cone masculino e depois penetram nele, continuando a se alimentar não do pólen, mas das bases dos microsporófilos. Os ovos são postos no interior dos microsporófilos, onde também são incubadas as larvas, e os carunchos adultos finalmente saem abrindo um buraco através das extremidades dos esporofilos. Alguns desses carunchos vão para os cones femininos, que emitem calor e aroma especiais quando prontos para a polinização, mas os carunchos não podem alimentar-se ali, pois os cones femininos são tóxicos para os insetos. Rastejando para o interior do cone feminino através de rachaduras estreitas, os carunchos são despojados do pólen que traziam e, não havendo razão para ficarem mais tempo, retornam aos cones masculinos.

Assim, a cicadácea depende dos carunchos para a polinização, e os carunchos, dos cones da cicadácea para calor e abrigo — um não pode sobreviver sem o outro. Essa relação íntima entre insetos e cicadáceas, essa coevolução, é o mais primitivo sistema de polinização conhecido e provavelmente remonta ao paleozoico, muito antes da evolução de plantas com flores, com seus odores e cores que atraem os insetos.

(Vários insetos podem polinizar cicadáceas, a maioria besouros e carunchos, embora uma espécie de *Cycas* seja polinizada por uma abelha — é agradável pensar na possibilidade de existência de um delicioso mel de cicadácea.)

[17] Não podemos pensar nessas primorosas adaptações sem sentir que as cicadáceas são excelentes, a seu modo, e que não tem sentido considerá-las vegetais "primitivos" ou "inferiores", abaixo, na escala da vida, das plantas com flores, "superiores". Temos uma sensação quase irresistível de avanço ou progresso evolutivo constante (culminando, é claro, no "mais elevado" produto da natureza — nós), mas não há provas dessa tendência, de algum progresso ou propósito global na própria natureza. Existe apenas, como o próprio Darwin sempre ressaltou, a adaptação a condições locais.

Ninguém escreveu com mais sagacidade e erudição acerca de nossas ilusões sobre o progresso na natureza de que Stephen Jay Gould, especialmente em seu recente livro, *Full House: the Spread of Excellence from Plato to Darwin*. Tais ilusões, escreve ele, conduzem-nos a uma falsa iconografia do mundo, de modo que vemos a Era das Samambaias sucedida pela Era das Gimnospermas e depois pela presente Era das Plantas com Flores, como se as primeiras formas de vida houvessem deixado de existir. Mas, embora muitas das primeiras espécies tenham sido substituídas, outras continuam a sobreviver como formas de vida altamente bem-sucedidas, adaptáveis, como ocorre com as samambaias e as gimnospermas, que ocupam todos os nichos, da floresta pluvial ao deserto. Se é que estamos na era de alguma coisa, salienta Gould, com certeza é na Era das Bactérias — e nela temos estado nos últimos 3 bilhões de anos.

Não podemos olhar para uma única linhagem, seja de cavalos, seja de hominídeos, a chegar a conclusões sobre evolução ou progresso, como demonstra Gould. Devemos observar o quadro total da vida na Terra, de cada espécie, e então veremos que não é o progresso que caracteriza a natureza, e sim a inovação e a diversidade infinitas, um sem-número de adaptações e formas diferentes, nenhuma devendo ser considerada "superior" ou "inferior".

[18] Darwin foi o primeiro a afirmar que a dispersão de sementes pela água do mar podia ser um meio importante para a distribuição delas; ele realizou experimentos verificando a capacidade das sementes para flutuar e sobreviver à água salgada. Muitas sementes, como descobriu, precisavam secar primeiro, mas depois eram capazes de flutuar por períodos notavelmente longos: avelãs secas, por exemplo, flutuaram por noventa dias e depois germinaram quando plantadas. Comparando esses períodos com o ritmo das correntes marí-

timas, Darwin julgou que jornadas oceânicas de mil milhas podiam ser comuns para muitas sementes, mesmo se não possuíssem uma camada de flutuação especial (como as sementes de cicadáceas). "Plantas com sementes ou frutos grandes", concluiu, "em geral têm um raio de alcance restrito [e] não poderiam ser transportadas por outro meio." A madeira flutuante, observou ele, poderia às vezes servir de transporte pelo mar, e talvez também os icebergs. Darwin especulou que os Açores tinham sido "em parte plantados com sementes levadas pelo gelo" durante a era glacial. Existe entretanto uma forma de transporte oceânico, sugere Lynn Raulerson, que Darwin não levou em consideração (mas que o teria fascinado, caso tivesse lhe ocorrido): as balsas de pedra-pomes, lançadas no oceano pelas erupções vulcânicas. Elas podem flutuar durante anos, fornecendo transporte não só para sementes grandes, mas também para plantas e animais. Afirma-se que uma grande balsa de pedra-pomes, estendendo-se pelo horizonte e levando coqueiros e outras plantas, foi vista nas proximidades de Kosrae três anos depois da explosão de Cracatoa.

Evidentemente, não basta as sementes chegarem: é preciso que encontrem condições favoráveis para a colonização. "Como deve ser pequena a chance de uma semente cair em solo propício e chegar à maturidade!", exclamou Darwin. As Marianas do Norte — Pagan, Agrihan, Alamagan, Anatahan, Asuncion, Maug e Uracas — sem dúvida recebem a visita de sementes de cicadáceas, mas são por demais instáveis, são excessivamente vulcânicas para lhes permitir sobreviver e estabelecer uma colônia viável.

[19] A história e a denominação das cicadáceas oceânicas é ao mesmo tempo pitoresca e confusa. Pigafetta, navegando com Magalhães, muito provavelmente observou as cicadáceas de Guam e Rota; porém, se o fez, suas descrições são demasiado vagas para podermos ter certeza disso. Em primeiro lugar, é preciso conhecimentos botânicos ou taxionômicos para distinguir as cicadáceas das palmeiras circundantes. Foi só no século seguinte que surgiram tais conhecimentos, e eles apareceram, numa espécie de sincronia, com dois homens, Rheede e Rumphius, cujas vidas e interesses correram paralelos em muitos aspectos. Ambos eram altos funcionários da Companhia das Índias Orientais Holandesas. Foi Rumphius quem primeiro descreveu uma cicadácea, na costa de Malabar, em 1658. Foi Rheede, seu jovem contemporâneo, que se tornou governador de

Malabar e publicou o *Hortus Indicus Malabaricus* na década de 1680 (depois de o manuscrito de um *Hortus Malabaricus* escrito por Rumphius ser destruído em um incêndio). As cicadáceas de Rumphius e Rheede foram consideradas as mesmas, sendo ambas denominadas *Cycas circinalis* por Lineu. Quando o botânico francês Louis du Petit-Thouars identificou uma cicadácea na costa oriental da África em 1804, foi natural que a denominasse *C. circinalis* também, embora ela viesse a ser reconhecida como uma espécie distinta e rebatizada de *C. thouarsii* um quarto de século mais tarde.

Em anos recentes tem havido um empenho em reexaminar a taxionomia das cicadáceas do Pacífico, tarefa que se torna particularmente complicada, como observa Ken Hill, devido "à sucessiva recolonização de áreas por formas geneticamente distintas [...] facilitada pela dispersão aquática de sementes flutuantes".

A maioria dos botânicos hoje tende a restringir o nome *C. circinalis* à alta cicadácea indiana (que figurou originalmente no *Hortus* de Rheede), a qual cresce longe do litoral e não possui sementes flutuantes. Esta, pelo menos, é a formulação de Hill; ele julga que as cicadáceas do Pacífico ocidental pertencem ao complexo *C. rumphii* e que a cicadácea das Marianas, por ele denominada *C. micronesica*, é uma espécie única nesse complexo. David de Laubenfels, um taxiólogo de cicadáceas de Siracusa, concorda em que a *C. circinalis* é encontrada apenas na Índia e no Sri Lanka, mas acredita que a cicadácea de Guam pertence a uma espécie nomeada anteriormente, a *C. celebica*. Entretanto, como a cicadácea de Guam tem sido chamada de *C. circinalis* por dois séculos, a probabilidade é que continue a ser designada assim e que apenas os botânicos insistam em usar seu nome "correto".

[20] As florestas aborígines, florestas de cicadáceas, parecem suscitar sentimentos de espanto e reverência, sentimentos religiosos ou místicos, em todas as culturas. Bruce Chatwin descreve o vale das Cicadáceas, na Austrália, como "um lugar de imensa importância" em alguns versos de canções aborígines, um lugar sagrado onde alguns aborígines fazem sua peregrinação final antes da morte. Uma cena assim, de encontros finais e mortes sob as cicadáceas ("como magníficas samambaias arborescentes"), compõe o final de *The Songlines* [O rastro dos cantos].

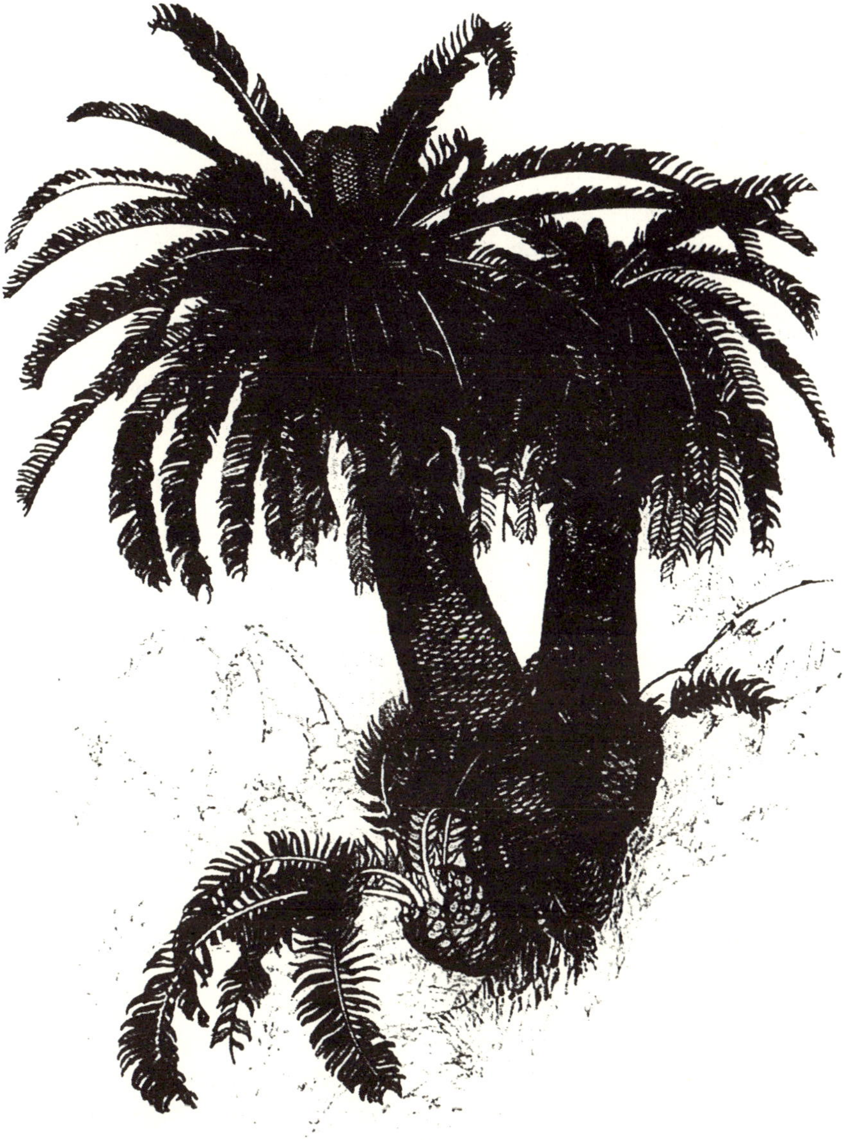

[21] A expressão "tempo profundo" foi criada por John McPhee, que, em *Basin and Range*, menciona que as pessoas mais constantemente preocupadas com o tempo profundo — os geólogos — podem assimilar a noção desse tempo em sua mais íntima existência intelectual e emocional. McPhee cita as seguintes palavras de um geólogo: "Você começa sintonizando a mente com uma escala temporal que é a escala temporal do planeta. Para mim, isso agora é quase inconsciente, e é uma espécie de companheirismo com a Terra".

Porém, mesmo para aqueles entre nós que não são geólogos ou paleontólogos profissionais, contemplar samambaias, ginkgoáceas e cicadáceas, formas de vida cujos padrões básicos foram conservados por períodos muitíssimo longos, também deve alterar nossos sentimentos mais íntimos, nosso inconsciente, e criar uma perspectiva transformada e transcendente.

ARTIGOS EM PUBLICAÇÕES PERIÓDICAS

Ahlskog, J. E.; Waring, S. C.; Kurland, L. T.; Petersen, R. C.; Moyer, T. P.; Harmsen, W. S.; Maraganore, D. M.; O'Brien, P. C.; Esteban-Santillan, C.; Bush, V. "Guamanian neurodegenerative disease: investigation of the calcium metabolism/heavy metal hypothesis". *Neurology*, v. 45, pp. 1340-4, julho de 1995.

Anderson, F. H.; Richardson Jr., E. P.; Okazaki, H.; Brody, J. A. "Neurofibrilary degeneration on Guam: frequency in Chamorros and non Chamorros with no known neurological disease". *Brain*, v. 102, pp. 65-77, 1979.

Bailey-Wilson, J. E.; Plato, C. C.; Elston, R. C.; Garruto, R. M. "Potential role of an additive genetic component in the cause of amyotrophic lateral sclerosis and parkinsonism-dementia in the Western Pacific". *American Journal of Medical Genetics*, v. 45, pp. 68-76, 1993.

Bell, E. A.; Vega, A.; Nunn, P. B. "A neurotoxic amino acid in seeds of *Cycas circinalis*". Em: Whiting, M. G. (ed.). *Toxicity of cycads: implications for neurodegenerative diseases and cancer. Transcripts of four cycads conferences.* Nova York: Third World Medical Research Foundations, 1988.

Brody, J. A.; Hussels, I.; Brink, E.; Torres, J. "Hereditary blindness among Pingelapese people of eastern Caroline islands". *Lancet*, junho de 1970, pp. 1253-7.

Carr, R. E.; Morton, N. E.; Siegel, I. M. "Achromatopsia in Pingelap islanders". *American Journal of Ophtalmology*, v. 72, n. 4, pp. 746-56, outubro de 1971.

Chen, L. "Neurofibrilary change on Guam". *Archives of Neurology*, v. 38, pp. 16-8, janeiro de 1981.

Cody, M.; Overton, J. "Short-term evolution of reduced dispersal in island plant populations". *Journal of Ecology*, v. 84, pp. 53-62, 1996.

Cox, T. A.; McDarby, J. V.; Lavine, L.; Steele, John; Calne, D. B. "A retinopathy on Guam with high prevalence in lytico-bodig". *Ophtalmology*, v. 96, n. 12, pp. 1731-5, dezembro de 1989.

Crapper McLachan, D.; McLachlan, C.; Krishnan, B.; Krishnan, S.; Dalton, A.; Steele, J. "Aluminum and calcium in Guam, Palau and Jamaica: implications for amyotrophic lateral sclerosis and parkinsonism--dementia syndromes on Guam. *Environmental Geochemistry and Health*, v. 11, n. 2, pp. 45-53, 1989.

Cuzner, A. T. "Arrowroot, cassava and koonti". *Journal of the American Medical Assoc.*, v. 1, pp. 366-9, 1889.

De Laubenfels, D. J. "Cycadacées". Em: Humbert, H.; Leroy, J.-F. (eds.). *Flora de Madagascar et des Comores. Gymnosperms*. Paris: Musée National d'Histoire Naturelle, 1978.

Diamond, J. M. "Daisy gives an evolutionary answer". *Nature*, v. 380, pp. 103-4, março de 1996.

_____. "The last people alive". *Nature*, v. 370, pp. 331-2, agosto de 1994.

Duncan, M. W.; Steele, John C.; Kopin, I. J.; Markey, S. P. "2-Amino-3 (methylamino)-propanoic acid (BMAA) in cycad flour: an unlikely cause of amyotrophic lateral sclerosis and parkinsonism-dementia on Guam". *Neurology*, v. 40, pp. 767-72, maio de 1990.

Feigenbaum, A.; Bergeron, C.; Richardson, R.; Wherret, J.; Robinson, B.; Weksberg, R. "Premature atherosclerosis with photomyoclonic epilepsy, deafness, diabetes mellitus, nephropaty, and neurodegenerative sorder in two brothers: a new syndrome?". *American Journal of Medical Genetics*, v. 49, pp. 118-24, 1994.

Futterman, F. *Congenital achromatopsia: a guide for professionals*. Berkeley: Resources for Limited Vision, 1995.

Gajdusek, D. C. "Cycad toxicity not the cause of high-incidence amyotrophic lateral sclerosis/parkinsonism-dementia on Guam, Kii peninsula of Japan, or in West New Guinea". Em: Hudson, Arthur J. (ed.). *Amyotrophic lateral sclerosis: concepts in pathogenesis and ethiology*. Toronto: University of Toronto Press, 1987.

Gajdusek, D. C. "Foci of motor neuron disease in high incidence in isolated populations of East Asia and the Western Pacific". Em: Rowland, L. P. (ed.). *Human motor neuron diseases*, pp. 363-93. Nova York: Raven Press, 1982.

_____. "Motor-neuron disease in natives of New Guinea". *New England Journal of Medicine*, v. 268, pp. 474-6, 1963.

_____. "Rediscovery of persistent high incidence amyotrophic lateral sclerosis/parkinsonism-dementia in West New Guinea (Irian Jaya, Indonesia)". *Sections of the 1993 Journal of D. Carleton Gajdusek*, pp. 489-544. Bethesda: National Institutes of Health, 1996.

Gajdusek, D. C.; Salazar, A. M. "Amyotrophic lateral sclerosis and parkinsonian syndromes in high incidence among the Auyu and Jakai people of West New Guinea". *Neurology*, v. 32, n. 2, pp. 107-26, fevereiro de 1982.

Garruto, R. M. "Early environment, long latency and slow progression of late onset neurodegenerative disorders". Em: Ulijaszek, S. J.; Henry, C. J. K. (eds.). *Long term consequences of early environments*. Cambridge: Cambridge University Press, no prelo.

Garruto, R. M.; Yanagihara, R.; Gajdusek, C. D. "Cycads and amyotrophic lateral sclerosis/parkinsonism dementia". Letter to the editor, *Lancet*, v. 1079, novembro de 1988.

Geddes, J. F.; Hughes, A. J.; Lees, A. J.; Daniel, S. E. "Pathological overlap in cases of parkinsonism associated with neurofibrillary tangles". *Brain*, v. 116, pp. 281-302, 1993.

Gibbs, W. Wayt. "Gaining on fat". *Scientific American*, v. 8, pp. 88-94, agosto de 1996.

Hachinski, V. C.; Porchawka, J.; Steele, J. C. "Visual symptoms in the migraine syndrome". *Neurology*, v. 23, pp. 570-9, 1973.

Haldane, J. B. S. "Suggestions as to quantitative measurement of rates of evolution". *Evolution*, v. 3, pp. 51-6, março de 1949.

Hansen, E. "Clinical aspects of achromatopsia". Em: Hess, R. F.; Sharpe, L. T.; Nordby, K. (eds.). *Night vision: basic, clinical and applied aspects*. Cambridge: Cambridge University Press, 1990.

Herrmann Jr., C.; Aguilar, M. J.; Sacks, O. "Hereditary photomyoclonus associated with diabetes mellitus, deafness, nephropathy, and cerebral disfunction". *Neurology*, v. 14, n. 3, pp. 212-21, 1964.

Higashi, K. "Unique inheritance of streptomycin-induced deafness". *Clinical Genetics*, v. 35, n. 6, pp. 433-6, 1989.

Hill, K. D. "The *Cycas rumphii* (Cycadaceae) in New Guinea and the Western Pacific". *Australian Systematic Botany*, v. 7, pp. 543-67, 1994.

Hirano, A.; Kurland, L.; Krooth, R. S.; Lessel, S. "Parkinsonism-dementia complex, an endemic disease of the island of Guam. I: clinical features". *Brain*, v. 84, parte IV, pp. 642-61, 1961.

Hirano, A.; Malamud, N.; Kurland, L. T. "Parkinsonism-dementia complex, an endemic disease on the island of Guam. II: pathological features". *Brain*, v. 84, pp. 662-79, 1961.

Hubbuch, Chuck. "A queen sago by any other name". *Garden News*, Fairchild Tropical Garden, Miami, janeiro de 1996.

Hudson, A. J.; Rice, G. P. A. "Similarities of Guamanian ALS/PD to post-encephalitic parkinsonism/ALS: possible viral cause". *The Canadian*

Journal of Neurological Sciences, v. 17, n. 4, pp. 427-33, novembro de 1990.

Hughes, Abbie. "Seeing cones in living eyes". Nature, v. 380, pp. 393-4, 4 de abril de 1996.

Hussels, I. E.; Morton, N. E. "Pingelap and Mokil atols: achromatopsia". American Journal of Human Genetics, v. 24, pp. 304-7, 1972.

Jacobs, G. H.; Neitz, M.; Degan, J.F.; Neitz, J. "Trichromatic color vision in New World monkeys". Letter to the editor, Nature, v. 385, pp. 156--8, julho de 1996.

Johnson, T. C.; Scholz, C. A.; Talbot, M. R.; Keltz, K.; Ricketts, R. D.; Ngobi, G.; Beuning, K.; Ssemmanda, I.; Gill, J. W. "Late Pleistocene desiccation of Lake Victoria and rapid evolution of cichlid fishes". Science, v. 273, pp. 1091-3, 23 de agosto de 1996.

Kauffman, Stuart. "Evolving evolvability". Nature, v. 382, pp. 309-10, 25 de julho de 1996.

Kisby, G. E.; Ellison, M.; Spencer, P. S. "Content of the neurotoxins cycasin and BMAA in cycad flour prepared by Guam Chamorros". Neurology, v. 42, n. 7, pp. 1336-40, 1992.

Kisby, G. E.; Ross, S. M.; Spencer, P. S.; Gold, B. G.; Nunn, P. B.; Roy, D. N. "Cycasin and BMAA: candidate neurotoxins for Western Pacific amyotrophic lateral sclerosis/parkinsonism-dementia complex". Neurodegeneration, v. 1, pp. 73-82, 1992.

Kurland, L. T. "Geographic isolates: their role in neuroepidemiology". Advances in Neurology, v. 19, pp. 69-82, 1978.

_____. "Cycas circinalis as an etiologic risk factor in amyotrophic lateral sclerosis and other neurodegenerative diseases on Guam". Em: Stevenson, D. W.; Norstog, K. J. (eds.). Proceedings of CYCAD 90, The Second International Conference on Cycad Biology, pp. 29-36. Milton, Austrália: Palm & Cycad Societies of Australia, Ltd.; junho de 1993.

Lebot, V.; Cabalion, P. "Les kavas de Vanuatu: cultivars de Piper methysticum Forst". Trad. R. M. Benyon, R. Wane e G. Kaboha. Noumea, Nova Caledônia: South Pacific Commission, 1988.

McGeer, P. L.; Schwab, C.; McGeer, E. G.; Steele, J. C. "The amyotrophic lateral sclerosis/parkinsonism-dementia complex of Guam: pathology and pedigrees". Canadian Journal of Neurological Sciences, no prelo.

Miller, D. T.; Williams, D. R.; Morris, M. G.; Liang, J. "Images of cone photoreceptors in the living human eye". Vision Research, v. 36, n. 8, pp. 1067-79, 1996.

Mollon, J. D. "'Tho' she kneel'd in that place where they grew...': the uses and origins of primate colour vision". *Journal of Experimental Biology*, v. 146, pp. 21-38, 1989.

Monmaney, T. "This obscure malady". *The New Yorker*, 29 de outubro de 1990, pp. 85-113.

Morton, N. E.; Lew, R.; Hussels, I. E.; Little, G. F. "Pingelap and Mokil atolls: historical genetics". *American Journal of Human Genetics*, v. 24, n. 3, pp. 277-89, 1972.

Mulder, D. W.; Kurland, L. T.; Iriarte, L. L. G. "Neurological diseases on the island of Guam". *U. S. Armed Forces Medical Journal*, v. 5, n. 12, pp. 1724-39, dezembro de 1954.

Niklas, Karl. "How to build a tree". *Natural History*, v. 2, pp. 49-52, 1996.

Nordby, Knut. "Vision in a complet achromat: a personal account". Em: Hess, R. F.; Sharpe, L. T.; Nordby, K. (eds.). *Night vision: basic, clinical and applied aspects*. Cambridge: Cambridge University Press, 1990.

Norstog, K. "Cycads and the origin of insect pollination". *American Scientist*, v. 75, pp. 270-9, maio-junho de 1987.

Norstog, K.; Fawcet, P. K. S.; Vovides, A. P. "Beetle pollination of two species of *Zamia*: evolutionary and ecological considerations". Em: Venkatachala, B. S.; Dilcher, David L.; Maheshwari, H. K. (eds.). *Essays in evolutionary plant biology*. Lucknow: Birbal Sahni Institute of Palaeobotany, 1992.

Norstog, K.; Stevenson, D. W.; Niklas, K. J. "The role of beetles in the pollination of *Zamia furfuracea*. L. fil. (Zamiaceae)". *Biotropica*, v. 18, n. 4, pp. 300-6, 1986.

Norton, S. A.; Ruze, P. "Kava dermopathy". *Journal of the American Academy of Dermatology*, v. 31, n. 1, pp. 89-97, julho de 1994.

Proceedings: "Toxicity of cycads: implications for neurodegenerative diseases and cancer". Em: Whiting, M. G. (ed.). *Transcripts of four cycad conferences* (1ª, 2ª, 4ª, 5ª). Nova York: Third World Medical Research Foundation, 1988.

_____. "Third conference on the toxicity of cycads". *Federation Proceedings*, v. 23, n. 6, parte I.; pp. 1336-88, novembro-dezembro de 1964.

_____. "Sixth international cycad conference". *Federation Proceedings*, v. 31, n. 5, pp. 1465-546, setembro-outubro de 1972.

Raynor, B. "Resource management in upland forests of Pohnpei: past practices and future possibilities". *ISLA: A Journal of Micronesian Studies*, v. 2, n. 1, pp. 47-66, estação das chuvas, 1994.

Sacks, O. "The divine curse: Tourette's syndrome among a Mennonite family". *Life*, setembro de 1988, pp. 93-102.

Sacks, O. "Coelacanth dated". Letter to the editor, *Nature*, v. 273, pp. 463, 9 de fevereiro de 1995.
Sacks, O.; Wasserman, R. "The case of the colorblind painter". *New York Review of Books*, 19 de novembro de 1987.
Sharpe, L. T.; Nordby, K. "Total colorblindness: an introduction". Em: Hess, R. F.; Sharpe, L. T.; Nordby, K. (eds.). *Night vision: basic, clinical and applied aspects*. Cambridge: Cambridge University Press, 1990.
Small, John K. "Seminole bread — the conti". *Journal of the New York Botanical Garden*, v. 22, pp. 121-37, 1921.
Spencer, Peter S. "Are neurotoxins driving us crazy? Planetary observations on the cause of neurodegenerative diseases of old age". Em: Russell, R. W.; Flattau, P. E.; Pope, A. M. (eds.). *Behavioral measures of neurotoxicity: report of a symposium*. Washington, DC: National Academy Press, 1990.
_____. "Guam ALS/parkinsonism dementia: a long-latency neurotoxic disorder caused by 'slow toxin(s)' in food?". *Canadian Journal of Neurologic Sciences*, v. 14, n. 3, pp. 347-57, agosto de 1987.
Spencer, P. S.; Kisby, G. E. "Slow toxins and Western Pacific amyotrophic lateral sclerosis". Em: Smith, R. A. (ed.). *Handbook of amyotrophic lateral sclerosis*. Nova York: Marcel Dekker, 1992.
Spencer, P. S.; Schaumburg, H. H. "Lathyrism: a neurotoxic disease". *Neurobehavioral Toxicology*, v. 5, pp. 625-9, 1983.
Spencer, P. S.; Allen, R. G.; Kisby, G. E.; Ludolph, A. C. "Excitotoxic disorders". *Science*, v. 248, pp. 144, 1990.
Spencer, P. S.; Kisby, G. E.; Ludolph, A. C. "Slow toxins, biologic markers, and long-latency neurodegenerative disease in the Western Pacific region". *Neurology*, v. 41, pp. 62-6, 1991.
Spencer, P. S.; Nunn, P. B.; Hugon, J.; Ludolph, A.; Roy, D. N. "Motorneurone disease on Guam: possible role of a food neurotoxin". Letter to the editor, *Lancet*, v. 1, pp. 965, abril de 1986.
Spencer, P. S.; Palmer, V. S.; Herman, A.; Asmedi, A. "Cycad use and motor neurone disease in Irian Jaya". *Lancet*, v. 2, pp. 1273-4, 1987.
Steele, John C. "Guam seaweed poisoning: common marine toxins". *Micronesica*, v. 26, n. 1, pp. 11-8, junho de 1993.
_____. "Historical notes". *Journal of Neural Transmission*, v. 42, pp. 3-14, 1994.
_____. "Micronesia: health status and neurological diseases". Em: Chen, K. M.; Y., Yoshiro (eds.). *Amyotrophic lateral sclerosis in Asia and Oceania*. Taiwan: National Taiwan University Press, 1984.
Steele, J. C.; Quinata-Guzman, T. "The Chamorro diet: an unlikely cause

of neurofibrillary degeneration on Guam". Em: Rose, F. C.; Norris, F. H. (eds.). *ALS: New advances in toxicology and epidemiology*, pp. 79-87. Londres: Smith-Gordon, 1990.

Steele, J. C. "Observations about amytrophic lateral sclerosis and the parkinsonism-dementia complex of Guam with regard to epidemiology and etiology". *The Canadian Journal of Neurological Sciences*, v. 14, n. 3, pp. 358-62, agosto de 1987.

Steele, J. C.; Richardson, C. J.; Olszewski, J. "Progressive supranuclear palsy. A heterogeneous degeneration involving the brain stem, basal ganglia and cerebellum with vertical gaze palsy and pseudobulbar palsy, nuchal dystonia and dementia". *Archives of Neurology*, v. 10, pp. 333-59, abril de 1964.

Steele, Julia. "Umatac". *Pacifica*, v. 5, n. 1, pp. 20-7, primavera de 1996.

Stopes, Marie C. "On the double nature of cycadean integument". *Annals of Botany*, v. 19, n. 76, pp. 561-6, outubro de 1905.

Weisler, M. I. "The settlement of marginal Polynesia: new evidence from Henderson island". *Journal of Field Archaeology*, v. 21, pp. 83-102, 1994.

Whiting, M. G. "Toxicity of cycads". *Economic Botany*, v. 17, pp. 270-95, 1963.

Whiting, M. G. "Food practices in ALS foci in Japan, the Marianas, and New Guinea". *Fed Proc*, v. 23, pp. 1343-5, 1964.

Yanagihara, R. T.; Garruto, R. M.; Gajdusek, D. C. "Epidemiological surveillance of amyotrophic lateral sclerosis and parkinsonism-dementia in the Commonwealth of the Northern Mariana islands". *Annals of Neurology*, v. 13, n. 1, pp. 79-86, janeiro de 1983.

Yase, Y. "The pathogenesis of amyotrophic lateral sclerosis". *Lancet*, v. 2, pp. 292-5, 1972.

Yoon, C. K. "Lake Victoria's lightning-fast origin of species". *The New York Times*, C1-4, 27 de agosto de 1996.

Zhang, Z. X.; Anderson, D. W.; Mantel, N.; Roman, G. C. "Motor neuron disease on Guam: geographic and familial occurrence, 1956-85". *Acta Neurologica Scandinavica*, v. 94, n. 1, pp. 51-9, julho de 1996.

Zimmerman, H. M. "Monthly report to medical officer in command". *USN Medical Research Unit*, n. 2, junho de 1945.

Zimmerman, W. "Main results of the 'telome theory'". *The paleobotanist*, Birbal Sahni Memorial Volume, pp. 456-70, 1952.

BIBLIOGRAFIA

Allen, Mea. *The Hookers of Kew 1785-1911*. Londres: Michael Joseph, 1967.

_____. *The Tradescants*. Londres: Michael Joseph, 1964.

Arago, J. *Narrative of a voyage round the world in the Uranie and Physicienne corvettes, commanded by Captain Freycinet. 1823*. Reimpressão, Bibliotheca Australiana, v. 45; Amsterdã: N. Israel e Nova York: Da Capo Press, 1971.

Ashby, Gene. *Pohnpei: an island argosy*. Ed. rev. Rainy Day Press, P. O. Box 574, Kolonia, Pohnpei F. S. M., 96941; ou 1147 East 26th Avenue, Eugene, Oregon 97403.

_____. *Some things of value...: Micronesian customs and beliefs*. 1975. Alunos do Community College of Micronesia. Ed. rev. Kolonia, Pohnpei, e Eugene, Oregon: Rainy Day Press, 1993.

Barbour, Nancy. *Palau*. San Francisco: Full Court Press, 1990.

Beaglehole, J. C. *The exploration of the Pacific*. 1934. Reimpressão, 3ª ed. Stanford: Stanford University Press, 1966.

Bell, Alexander Graham. *Memoir upon the formation of a deaf variety of the human race*. New Haven: National Academy of Science, 1883.

Bornham, Chris H. *Welwitschia: paradox of a parched paradise*. Cidade do Cabo: C. Struik, 1978.

Botting, Douglas. *Humboldt and the cosmos*. Londres: Sphere Books, 1973.

Bower, F. O. *The origin of a land flora*. Londres: Macmillan, 1908.

Browne, Janet. *Voyaging: Charles Darwin*, v. 1. Nova York: Alfred A. Knopf, 1995.

Cahill, K. M.; O'Brien, W. *Tropical medicine: a clinical text*. Londres: Heinemann Medical Books, 1990.

Carr, D. J. (ed.). *Sydney Parkinson: artist of Cook's Endeavour voyage*. Canberra: Australian National University Press, 1983.

Chamberlain, Charles Joseph. *The living cycads*. 1919. Reimpressão, Nova York: Hafner, 1965.

Chatwin, Bruce. *The songlines*. Nova York: Viking Penguin, 1987.

Cook, James. *The explorations of Captain James Cook in the Pacific: as told by selections of his own journals, 1768-1779*. Nova York: Dover, 1971.

Crawford, Peter. *Nomads of the wind: a natural history of Polynesia*. Londres: BBC Books, 1993.

Critchley, McDonald. *Sir William Gowers, 1845-1915: a biographical appreciation*. Londres: William Heinemann, 1949.

Dampier, William. *A Nova voyage round the world. 1697*. Londres: Adam and Charles Black, 1937.

Darwin, Charles. *The autobiography of Charles Darwin (1809-1882), with original omissions restored*. Nora Barlow (ed.). Londres: William Collins, 1958.

_____. *The voyage of the Beagle*. 1839. Ed. rev. 1860. Reimpressão, Leonard Engel (ed.). Nova York: Doubleday, 1962.

_____. *On the structure and distribution of coral reefs. [1842]*; *Geological observations of the volcanic islands [1844] and parts of South America: visited during the voyage of H. M. S. Beagle [1846]*. John W. Judd (ed.). Londres: Ward, Lock and Co., 1890.

_____. *On the origin of species by means of natural selection*. 1859. Londres: Everyman's Library, J. M. Dent & Sons, 1951.

_____. *Diary of the voyage of H. M. S. Beagle*. Cartas e cadernos não publicados. Nora Barlow (ed.). Nova York: Philosophical Library, 1946.

Dawkins, Richard. *Climbing mount Improbable*. Londres: Viking, 1996.

De Pineda, Antonio. *Descripciones de la isla de Cocos (islas Marianas)*. 1792. Marjorie G. Driver (ed.). Guam: Micronesian Area Research Center, 1990.

Dibblin, Jane. *Day of two suns: U. S. nuclear testing and the Pacific islanders*. Nova York: Nova Amsterdã, 1988.

Edelman, Gerald M. *Bright air, brilliant fire: on the matter of the mind*. Nova York: Basic Books, 1992.

Eldredge, Niles. *Dominion: can nature and culture co-exist?* Nova York: Holt, 1995.

Farrell, Don A. *The pictorial history of Guam*. 3 v., v. 1, *The americanization: 1898-1918*; v. 2, *The sacrifice: 1919-1943.*; v. 3, *Liberation-1944*. Tamuning, Guam: Micronesian Productions, 1984-91.

Figuier, Louis. *Earth before deluge*. 4ª ed. rev., 1865.

Freycinet, Louis-Claude de Saulces de. *Voyage autour du monde*. 13 v. Paris: Pillet Aine, 1839.

Gilmour, John. *British botanists*. Londres: William Collins, 1944.

Le Gobien, Charles, S. J. *Histoire des isles Marianes, nouvellement converties à la religion chrétienne*; & de la mort glorieuse des premiers missionaires qui y ont prêché la foy. 2ª ed. Paris: Nicolas Pepie, 1701.

Goethe, Johann Wolfgang. *The metamorphosis of plants* (1790). Em: *Goethe's botanical writings*. Reimpressão, Bertha Mueller (trad. e ed.). Woolbridge, Connecticut: Ox Bow Press, 1989.

Goode, Douglas. *Cycads of Africa*. Cidade do Cabo: Struik Winchester, 1989.

Gosse, Philip Henry. *Omphalos: an attempt to untie the geological knot*. Londres: John van Voorst, 1857.

[Gosse, Philip Henry]. *Wanderings through the conservatories at Kew*. Londres: Society for Promoting Christian Knowledge, 1856.

Gould, Stephen Jay. *Dinosaur in a haystack: reflections in Natural History*. Nova York: Harmony Books, 1995.

_____. *Full house: the spread of excellence from Plato to Darwin*. Nova York: Harmony Books, 1996.

_____. *Time's arrow, time's cycle*. Cambridge: Harvard University Press, 1987.

Grimble, Arthur. *A pattern of islands*. Londres: John Murray, 1952.

Groce, Nora Ellen. *Everyone here spoke sign language: hereditary deafness on Martha's Vineyard*. Cambridge: Harvard University Press, 1985.

Henslow, J. S. *The principles of descriptive and physiological botany*. Londres: Longman, Rees, Orme, Brown & Green; and John Taylor, 1835.

Hess, R. F.; Sharpe, L. T.; Nordby, K. (eds.). *Night vision: basic, clinical and applied aspects*. Cambridge: Cambridge University Press, 1990.

Hirsch, A. *A handbook of geographical and historical pathology*. Londres: Nova Sydenham Society, 1883.

Holder, Charles Frederick. *Living lights: a popular account of phosphorescent animals and vegetables*. Londres: Sampson Low, Marston & Co., 1887.

Holland, G. A. *Micronesia: a paradise lost? A surgeon's diary of work and travels in Oceania, the joys and the pains*. Montreal: 1993.

Hough, Richard. *Captain James Cook*. Londres: Hodder & Stoughton, 1994.

Humboldt, Alexander von. *Personal narrative of travels to the equinoctial* regions of America during the years 1799-1804. Londres: George Routledge, 1852.

_____. Views of nature: our contemplations on the sublime phenomena of creation. 1807. Londres: Henry G. Bohn, 1850.

Hurd, Jane N. A history and some traditions of Pingelap, an atoll in the Eastern Caroline islands. University of Hawaii, tese de mestrado não publicada, 1977.

Isely, Duane. One hundred and one botanists. Ames, Iowa: Iowa State University Press, 1994.

Jones, David L. Cycads of the world. Washington, DC: Smithsonian Institution Press, 1993.

Kahn Jr., E. J. A reporter in Micronesia. Nova York: W. W. Norton, 1966.

Kauffman, Stuart. At home in the universe: the search for the laws of self-organization and complexity. Oxford: Oxford University Press, 1995.

Kroeber, T.; Kroeber, A. Ishi in two worlds: a biography of the last wild Indian in North America. Berkeley: University of California Press, 1961.

Langston, J. W.; Palfreman, J. The case of the frozen addicts. Nova York: Pantheon, 1995.

Lessard, W. O. The complete book of bananas. Miami: W. O. Lessard, 19201 SW 248th Street, Homestead, Florida 33031, 1992.

Lévi-Strauss, Claude. The savage mind. Chicago: University of Chicago Press, 1968.

Lewin, Louis. Phantastica: narcotic and stimulating drugs — Their use and abuse. 1931. Reimpressão, Londres: Routledge & Kegan Paul, 1964.

_____. Über Piper methysticum (kawakawa). Berlim: A. Hirschwald, 1886.

London, Jack. The cruise of the Snark: a Pacific voyage. 1911. Reimpressão, Londres: Kegan Paul International, 1986.

_____. The house of pride and other tales of Hawaii. Nova York: Macmillan, 1912.

Lyell, Charles. Principles of geology. 3 v. Londres: John Murray, 1830-33.

Marche, Antoine-Alfred. The Mariana islands. Robert D. Craig (ed.). Ilhas Marianas: Micronesian Area Research Center, 1982.

Mariner, William. An account of the natives of the Tonga islands in the South Pacific Ocean. 2 v. Edimburgo: Constable, 1827.

McPhee, John. Basin & Range. Nova York: Farrar, Straus & Giroux, 1980.

Melville, Herman. Journals, 1849-1860. Em: Horsford, H. C.; Horth, L.

(eds.). *The writings of Herman Melville*. v. 15. Evanston e Chicago: Northwestern University Press e The Novaberry Library, 1989.

_____. *Omoo*. 1847. Evanston e Chicago: Northwestern University Press e The Newberry Library, 1968 (*The writings of Herman Melville*, v. 2).

_____. *Typee*. 1846. Evanston e Chicago: Northwestern University Press e The Newberry Library, 1968 (*The writings of Herman Melville*, v. 1).

Melville, Herman. *The Encantadas*. 1856. Em: *Shorter novels of Herman Melville*. Nova York: Liveright, 1978.

Menard, H. W. *Islands*. Nova York: Scientific American Books, 1986.

Merlin, M.; Jano, D.; Raynor, W.; Keene, T.; Juvik, J.; Sebastian, B. *Tuhke en Pohnpei: plants of Pohnpei*. Honolulu: Environment and Policy Institute, East-West Center, 1992.

Mickel, J.; Fiore, E. *The home gardener's book of ferns*. Nova York: Holt, Rinehart and Winston, 1979.

O'Connell, James F. *A residence of eleven years in Nova Holland and the Caroline islands: being the adventures of James F. O'Connell. Edited from his verbal narration*. Boston: B. B. Mussey, 1836. Reimpressão, Canberra: Australian National University Press, 1971.

Orliac, C.; Orliac, M. *Easter island: mystery of the stone giants*. 1988. Nova York: Harry N. Abrams, 1995.

Peck, W. M. *A tidy universe of islands*. Honolulu: Mutual Publishing, 1996.

_____. *I speak the beginning: anthology of surviving poetry of the Northern Mariana islands*. Saipan, Northern Mariana Islands, 96950: Commonwealth Council for Arts and Culture, 1982.

Pigafetta, Antonio. *Magellan's voyage around the world by Antonio Pigafetta: three contemporary accounts*. Charles E. Nowell (ed.). Evanston, Illinois: Northwestern University Press, 1962.

Prusinkiewicz, P.; Lindenmayer, A. *The algorithmic beauty of plants*. Nova York: Springer Verlag, 1990.

Quammen, David. *The song of the dodo: island biogeography in an age of extinctions*. Nova York: Scribner, 1996.

Raulerson, L.; Rinehart, A. *Ferns and orchids of the Mariana islands*. Guam: Raulerson & Rinehart, P.O. Box 428, Agana, Guam 96910, 1992.

_____. *Trees and shrubs of the Northern Mariana islands*. Coastal Resources Management, Office of the Governor, Saipan, Northern Mariana Islands 96950, 1991.

Raup, David M. *Extinction: bad genes or bad luck?* Introd. de Stephen Jay Gould. Nova York: W. W. Norton, 1992.

Rheede tot Draakestein, Hendrik A. van. *Hortus Indicus Malabaricus.* Amsterdã: J. v. Someren & J. v. Arnold Syen, 1682.

Rogers, Robert F. *Destiny's landfall: a history of Guam.* Honolulu: University of Hawai'i Press, 1995.

Rose, June. *Marie Stopes and the sexual revolution.* Londres e Boston: Faber and Faber, 1992.

Rossi, Paolo. *The dark abyss of time: the history of the Earth and the history of nations from Hooke to Vico.* Chicago: University of Chicago Press, 1984.

Rudwick, Martin J. S. *Scenes from deep time.* Chicago: University of Chicago Press, 1992.

Rumphius, Georg Everhard. *Herbarium Amboinensis.* Amsterdã: J. Burmann, 1741.

Sacks, Oliver. *An anthropologist on Mars.* Nova York: Alfred A. Knopf, 1995.

_____. *Awakenings.* 1973. Ed. rev. Nova York: HarperCollins, 1990.

_____. *Migraine.* 1970. Ed. rev. Berkeley: University of California Press, 1992.

Safford, William Edwin. *The useful plants of the island of Guam.* Contributions from United States National Herbarium, v. 9. Washington, DC: Smithsonian Institution, 1905.

Scott, Dukinfield Henry. *Studies in fossil botany.* Londres: Adam & Charles Black, 1900.

Semon, Richard. *The mneme.* 1904. Londres: Allen & Unwin, 1921.

Simmons, James C. *Castaways in paradise: the incredible adventures of true-life Robinson Crusoes.* Dobbs Ferry, NY: Sheridan House, 1993.

Slaughter, Thomas P. *The natures of John and William Bartram.* Nova York: Alfred A. Knopf, 1996.

Stanley, David. *Micronesia handbook: guide to the Caroline, Gilbert, Ma--riana, and Marshall islands.* Chico, Califórnia: Moon Publications, 1992.

_____. *South Pacific Handbook.* 5ª ed. Chico, Califórnia: Moon Publications, 1994.

Stevenson, Dennis (ed.). *Memoirs of the Nova York Botanical Garden, vol. 57: the biology, structure and systematics of the Cycadales.* Symposium Cycad 87, Beaulieu-sur-Mer, França, 17-22 de abril. Nova York: New York Botanical Garden, 1987.

Stevenson, Robert Louis. *In the South Seas: the Marquesas, Paumotus and Gilbert Islands.* 1900. Reimpressão, Londres: Kegan Paul Internacional, 1986.

Stopes, Marie C. *Ancient plants*: being a simple account of the past vegeta-

tion of the Earth and of the recent important discoveries made in this realm of nature study. Londres: Blackie, 1910.

Theroux, Paul. *The happy isles of Oceania: paddling the Pacific*. Nova York: Ballantine, 1993.

Thompson, D'Arcy Wentworth. *On growth and form*. 1917. 2 v. Reimpressão, Cambridge: Cambridge University Press, 1959.

Thomson, Keith S. *Living fossil: the story of the Coelacanth*. Nova York: W. W. Norton, 1991.

Thornton, Ian. *Krakatau: the destruction and reassembly of an island ecossystem*. Cambridge: Harvard University Press, 1996.

Turrill, W. B. *Joseph Dalton Hooker: botanist, explorer, and administrator*. Londres: Thomas Nelson and Sons, 1963 (British Men of Sciences Series).

Unger, Franz. *Primitive world*. 1858.

Von Economo, Constantin. *Encephalitis Lethargica: its sequelae and treatment*. 1917. Reimpressão, Oxford: Oxford University Press, 1931.

Wallace, Alfred Russel. *Island life, or the phenomena and causes of insular faunas and floras including a revision and attempted solution of the problem of geological climates*. 1880. 3ª ed. Londres: Macmillan, 1902.

_____. *The Malay archipelago: the land of the orangutan and the birds of paradise, a narrative of travel with studies of man and nature*. 1869. 10ª ed. Nova York: Macmillan, 1906.

Warming, E. *A handbook of systematic botany*. 1895. Londres: Swan Sonnenschein, 1904; Nova York: Macmillan, 1904.

Weiner, Jonathan. *The beak of the finch: a story of evolution in our time*. Nova York: Alfred A. Knopf, 1994.

White, Mary E. *The nature of hidden worlds*. Balgowlah, Austrália: Reed Books, 1990.

_____. *The Greening of Gondwana*. Balgowlah, Austrália: Reed Books, 1986.

Wieland, G. R. *American fossil cycads*. Washington, DC: Carnegie Institution of Washington, 2 v., v. 1, 1906; vol. 2, 1916.

Wilson, Edward O. *Biophilia*. Cambridge: Harvard University Press, 1984.

_____. *The biophilia hypothesis*. Washington, DC: Island Press, 1993.

_____. *Naturalist*. Washington, DC: Island Press, 1993.

LISTA DE ILUSTRAÇÕES

Mapa do Pacífico, *14-5*
Mapa de Pohnpei e Pingelap, *66-7*
Mapa de Guam, *100*
Cycas com ramificação irregular, em *Ancient Plants*, de Stopes, *2*
Samambaia arborescente de climas tropicais, em *Botany*, de Henslow, *20*
Ilha vulcânica alta e atol de coral, *46-7*
Ruínas de Nan Madol, por Stephen Wiltshire, *70-1*
Vista de Umatac no início do século xix, *104*
Cycas circinalis masculina com cone, em *Herbarium Amboi-nense*, de Rumphius, 1741, *122*
Cycas circinalis feminina com megasporófilos em desenvolvimento, em *Hortus Indicus Malabaricus*, de Rheede, 1682, *123*
Licopódios gigantes de uma floresta devoniana, em *Primitive World*, de Unger, *172*
Floresta carbonífera com *Lepidodendra* e *Calamites*, em *Earth before the Deluge*, de Figuier, *174*
Psilotum, ou "samambaia-vassourinha", em *Origin of a Land Flora*, de Bower, *180*
Arvoredo de *Cycas circinalis*, em *Systematic Botany*, de Warming, *187*
Dragoeiro de Humboldt, *193*
Leitura à luz do mar fosforescente, em *Living Lights*, de Holder, *204*
A "horrenda" *Encephalartos* de Gosse, de seu livro *Omphalos*, *240*
Selos comemorativos da China mostrando espécies nativas de cicadáceas, inclusive a última *Cycas multipinnata* viva de que se tem conhecimento, por Zeng Xiaolian, *242*
Filotaxia de um cone de abeto, por Henslow, *244*
Encephalartos woodi, a cicadácea Ishi, em *Cycads of Africa*, de Douglas Goode, *251*

ÍNDICE REMISSIVO

abelhas, 105, 248
acromatopsia
  acuidade na, 24, 28, 30, 49, 52-6, 77, 80, 96, 194
  adquirida (cerebral), 21-2
  auxílios visuais para, 27-9, 41, 43, 53, 57-8, 77, 81, 83, 97-8, 210
  base genética da, 22-3, 48-9, 52, 57, 62, 75-7, 82, 201-2
  campo visual, 28, 194
  comparação com a fotografia, 22, 29
  compensação cognitiva da, 26, 29, 33, 78, 96, 198, 209
  comunidades de daltônicos, 22-7, 42-4, 76-80, 96-8, 217
  cones e bastonetes na, 28, 56, 202
  cultura e linguagem da, 21, 25-6
  e aversão à luz intensa, 24, 27-8, 43, 49, 51-3, 56-8, 83-4, 96
  e cor
    aquisição súbita da, 79
    "combinação", 55-7
    compreensão da, 21-2, 33, 78
    curiosidade sobre, 33, 209-10
    evocação cerebral da, 216-7
    sensação de estar faltando, 21-2, 24-5, 29, 57, 79, 198
  e educação e emprego, 52-4, 57, 77-80, 202
  e prazer com o mundo visual, 29, 33, 69, 72, 194, 198
  em Pingelap, 24, 106, 201-2, 218
  em Pohnpei. *Ver* Mand
  esportes, 51-4
  fonte de iluminação, 45, 56, 198
  fóvea na, 28
  isolamento social, 51-4, 79-80, 82, 84, 97-8, 218
  leitura. *Ver* acromatopsia: acuidade
  mal-entendidos quanto à, 57, 77
  miopia e, 56
  mitos sobre a origem, 57, 62-3, 79, 97
  nistagmo, 24, 27-30, 56
  percepção de profundidade na, 22, 29
  prevalência da, 21, 24, 49, 76
  reconhecimento médico da, 82-3
  retiniana, 22, 28
  semicerrar os olhos, 24, 27-8, 43, 49, 52, 56-8, 81, 83, 97
  sensibilidade a intensidade luminosa, tom, contraste, padrão, textura, 22, 29, 33, 44-5, 54-7, 69, 96, 194, 198
  sensibilidade auditiva na, 74, 78, 80
  sensibilidade motora na, 22, 29, 33, 96
  temporária, 21
  testes para, 55-6, 76
  Ver também retina: visão escotópica
adaptação à colonização, 87-8
adaptação ao escuro. *Ver* visão escotópica
adaptação biológica, 82, 196, 211, 246
Aepyornis, ilha, 20

Agana, Guam, 103, 119, 131-2, 138, 148, 152, 154, 167
Agat, Guam, 107, 110, 125
Aguilar, M. J., 231
aiais, 21
álcool, ingestão de, 85, 92, 217
algas, 181, 193
alimentos, escassez aguda de, 48, 60, 118, 121, 196, 208
ALS (*amyotrophic lateral sclerosis*), 101, 107, 131, 135, 223, 226, 231
alucinação, 23, 94, 179. Ver também sakau
alumínio. Ver toxinas
Alzheimer, doença de, 107, 145-6, 157, 165, 231. Ver também lytico--bodig: demência
amebíase, 83
análise de DNA
  mitocondrial, 231
  na acromatopsia, 201
  no *lytico-bodig*, 164
  reação à cicasina, 162-4
Anderson, Frank, 154, 161
Ant, atol, 41
Arago, Jacques, 225
aranhas, 179
araruta, 220
arco-íris, 72
armas biológicas, 31-2
armas nucleares, testes e armazenamento, 31-2, 35, 162, 195, 205, 211
Armillaria bulbosa (tapete de fungos), 235
arqueologia, ruínas do Pacífico, 68
árvores aromáticas, 92
assistência médica, recursos no Pacífico, 49, 54, 60, 82-3, 132-3, 156, 205, 211
astronomia. Ver navegação celeste
atavismos evolutivos, 229, 247
Atiu, 208
atóis, 32, 34, 39-42
  formação dos, 45-8, 61, 194, 198
  fragilidade dos, 45, 75, 208-9

Auden, W. H., 203
Austrália, 21, 119, 193, 219, 228, 235, 246
autismo, 213
auto-organização, 245
aves
  em Guam, 149-50, 227-8
  marinhas, 207
  migratórias, 31
  aviões, aterrissagem, 30, 32-3, 37, 39, 42, 103

Babeldaop, 69
bananas, 36, 44-5, 58, 197, 214
Banco de Cérebros Parkinsonianos, 145
Barbour, Nancy, 192
Barrigada, monte, 139
Bartram, John e William, 213
basalto, formações colunares de, 72, 95
bastonetes retinianos, 28, 56, 202. Ver também visão escotópica
beachcombers, 85-6
Beaglehole, J. C., 223-4
Bell, Alexander Graham, sobre a surdez, 23
Bennettitales, 172, 175
Bikini, atol, 35, 195
biofilia, 10, 88, 171-90, 212-3
bioluminiscência. Ver luminosidade
BMAA e BOAA (aminoácidos), 147, 158-63, 187, 230
bodig. Ver *lytico-bodig*
Bonabee, 26, 68
Bora-Bora, 215
botânicos, 88-92, 212, 214, 219-20, 224-5, 232, 237-8, 243-6, 250-1
Botany Bay, 121
Bougainville, L. A., 19, 69
Bounty, 208
Bower, F. O., 238
braile, 80
Brownson, Delia, 230
Buffon, G. L. L., 233-4

Calamites (cavalinhas gigantes), 173-4, 235-6

cambriano, período, 234
cangurus, 21
canibalismo, 59, 68, 202, 208
canoas, 27, 51, 63, 69, 73, 91, 199
caos, teoria do, 243
caranguejos, 33, 69, 181-2, 189, 247
dos coqueiros, 181, 246-7
límulos, 188-9
carbonífero, período, 245
carcinógenos, 91, 147, 162
carnes enlatadas. *Ver* Spam
Carolinas, ilhas, 26-7, 49, 75, 82, 86-7, 106, 185, 194. *Ver também* Pingelap
carvão, 174, 199, 233, 241
cascata trófica. *Ver* colapso ecológico
Casuarinas, 213, 244
catarata, 60
cavalinha gigante. *Ver Calamites*
cefalópodes, 77, 85, 181, 236
cegos, comunidade de, 22-3, 80
cegueira, recuperação da, 210
celacanto, 246
células retinianas. *Ver* cones, 201-2
cemitérios, 105, 168-9
Chamberlain, C. J., 228, 241, 247
chamorros, 101, 103
  atitude perante a doença, 111-7, 134-7, 139-40
  atitude perante médicos ocidentais, 133
  conceito de privacidade, 136
  conquista e ocupação pelo Ocidente, 129-32
  conversão ao cristianismo, 129
  cultura, 107, 115, 118, 128-32, 177, 182
  descrição do período pré-conquista, 128, 135, 227
  epidemias entre os, 129
  língua, 38, 128, 130, 177, 199-200
  na Califórnia, 141
Charcot, J. M., 228
Chatwin, Bruce, 251
Chen, Kwang-Ming, 157

Chen, Leung, 154, 161
China, 241, 246
Chuuk (Truk), 62, 75, 103, 200, 203, 205
cicadáceas
  adaptabilidade, 175-8, 183-7, 249-50
  antiguidade, 114, 172, 174-6, 183, 238-9, 245-6, 248
  bulbilhos, 178, 184
  comparadas a palmeiras, 115, 174, 235-6
  cones, 174-5, 179, 182, 243, 247-8
  confusão na identificação de, 186, 250
  consumidas como comida ou bebida, 116-21, 124, 183, 218-22. *Ver também fadang*
  coroas de folhas, 178, 239, 241
  cultivo, 179
  de Espinosa, 176
  dinossauros e, 174, 176, 178, 184, 245
  dispersão de, 184-6, 249-50
  escamas de folhas, 178-9, 183, 238, 241-3
  florestas de, 104, 114, 175-81, 245, 250-1
  gêneros e espécies de, 219
  Chigua, 219
  Cycas, 102, 186
  Cycas celebica, 251
  Cycas circinalis, 104, 118, 120, 182, 185, 186, 220, 222, 250, 251
  Cycas Dioön, 103, 241
  Cycas media, 222
  Cycas micronesica, 186, 250
  Cycas multipinnata, 241
  Cycas revoluta, 104, 120, 219-20
  Cycas rumphii, 120, 185-6, 250
  Cycas thouarsii, 185, 250
  Encephalartos longifolius, 176
  Encephalartos septimus, 120
  Encephalartos transvenosus, 242
  Encephalartos woodi, 240
  Lepizodamia peroffskyana, 242
  Macrozamia communis, 121
  Stangeria, 103
  Zamia, 103, 120, 176, 186, 220, 242, 247

híbridos, 186
idade, 178, 243, 248
insetos e, 247-8
jurássicas, 174
litorâneas, 185-6, 250
lytico-bodig e, 102, 118, 121, 124
madeira, 236
nomenclatura, 185-7, 250
primeiras descrições de, 118, 220-2, 250-1
raízes em forma de "curral", 184
regeneração após incêndios, 121, 136, 184
reprodução e propagação, 178-9, 182-5, 232, 247
sementes, 119, 175, 183-4, 189, 220, 222, 249-50
tamanho, 182, 241
toxinas das, 102, 120-1, 124, 183-4, 230-1. *Ver também* toxinas vegetais
uso medicinal, 119, 158
vale das, 251
Ver também lytico-bodig: hipótese das cicadáceas
cicasina, 147, 162-3, 230
ciência ocidental e conhecimento tradicional, 88-9
City Island, 188
Clay, John, 230
Clerc, Laurent, 196
Clínica Mayo, 108, 155
cobrautes (blecautes), 149
cobras arborícolas, 149-50, 227
cocos, 58, 86, 93, 181, 197
Cody, Martin, 215
colapso ecológico, 227, 241
colonização (biológica) de novas ilhas, 81-2, 89-90, 184-5, 213-5
colonização do Pacífico
adaptação à, 88
e doenças infecciosas, 85, 129, 211-4
e pressões populacionais, 75, 207-8
por ocidentais, 30, 32, 34-6, 62-3, 75, 85-9, 106, 128-9, 195, 208, 223, 225

por povos oceânicos, 38, 39, 41, 48-9, 60-1, 64, 68, 93, 214-5
Ver também Guam
Comoro, ilhas, 185, 246
complexidade, teoria da, 243
cones retinianos, 28, 56, 202
Cook, capitão James, 19, 69, 191, 215-6, 224
e cicadáceas, 120, 221-2
sobre atóis, 45-6
sobre colonização, 195, 208
copra (polpa de coco), 58, 86
coqueiros, 33-4, 44, 48, 199, 249. *Ver também* palmeiras
cor
como portadora de significado e metáfora, 26, 78, 197-8, 209
construção no cérebro, 21
evolução da cor e visão em cores, 81, 197-8
coral, recifes de, 34, 51, 63, 95, 137-8. *Ver também* atóis
Cordaites, 174-5
coreia de Huntington, 164
Corpo da Paz, 82
Cox, Terry, 229
Cracatoa, 213, 249
Craig, Ulla, 166
Crapper McLachlan, Donald, 157
criacionismo (procronismo), 238-9
cultura do Pacífico
megalítica, 69
pós-contato, 86-7, 194-5
tradicional, 48, 60-1, 68-9, 72-4, 77, 202-3, 205
cynomolgus, macacos, 158, 230

daltonismo
comum (parcial), 22, 26
total. *Ver* acromatopsia
Dampier, William, 51, 201, 224
Daniel, Sue, 145
"darwin" (ritmo de evolução), 214-5
Darwin, Charles, 33, 68, 234-6, 246
e Alexander von Humboldt, 192

e Joseph Hooker, 237
sobre a dispersão de sementes, 90, 183, 249
sobre a segunda criação, 20, 193-4
sobre a *Welwitschia*, 175
sobre cangurus, 21
sobre caranguejos dos coqueiros, 246-7
sobre evolução, 90, 234-6, 248
sobre formação de atóis e ilhas oceânicas, 46-7, 89, 193, 198, 208
sobre formação e diversificação de espécies, 89, 108, 214-5
sobre holotúrias, 223
Dawkins, Richard, 236
De Laubenfels, David, 250
De Tessan, M., 205
De Wit, H. C. D., 221
Dededo, Guam, 125, 136, 153
degeneração neurofibrilar, 154-5, 160-1, 165
desaferenciação, 94
Dever, Greg, 82, 133, 203, 211
diabetes, 231
Diamond, Jared, 208
dieta micronésia, 36, 58-9, 83, 120-1, 196. *Ver também* cicadáceas: consumidas como comida e bebida
Dinamarca. *Ver* Fur
dinossauros, 174, 176, 178, 184, 245
dioramas, 173-4, 181
diversidade linguística, 38, 199-200
divisão áurea, 243
doença de Parkinson, 107, 226, 228-9, 231. *Ver também lytico-bodig*
doenças infecciosas, 85, 129, 211, 213
Doyle, Arthur Conan, 19
Du Petit-Thouars, Louis, 250
Dragão da Sorte, 36
dragoeiro, 21, 191-2

Ebeye, 35, 37, 195
economia das ilhas, 35-6, 44, 54, 58-9, 86-7, 195
ecossistemas em Pohnpei, 88

Edelman, Gerald M., 9
Edward, Entis e família, 52-4, 79, 96, 217
eletricidade, 50, 54, 149
encefalite letárgica. *Ver lytico-bodig*: parkinsonismo
Eniwetak, atol, 35, 47
enxaquecas
 e cor, 21, 217
 visuais, 21, 50, 106, 217
Ephedra, 244
epífitas, 91, 151, 177, 180
epiteliopatia pigmentar retiniana, 229
Equisetum, 244
Era das Bactérias, 249
erosão da mata, 92, 241
ervilha-doce. *Ver* neurolatirismo
esclerose amiotrófica lateral. *Ver* ALS
espécies
 endêmicas, 90-1, 214
 introdução de, em um novo hábitat, 149, 197, 214-5, 219, 227
 processo de formação e diferenciação de, 89, 185-6, 215-6
espículas em holotúrias, 201
estrelas, 29-30, 38-9, 64, 93-6, 194, 205, 217
estrelas-do-mar, 127
evolução, 90, 176, 189, 192-3, 212, 214
 como "progresso", 248-9
 convergente, 236
 cultural e linguística, 200
 grandiosidade da, 189, 214, 234-5
 no isolamento, 90, 192, 212, 214
 ritmo de, 189, 214-5, 235-6
 Ver também tempo profundo
excitotoxinas, 158, 162
exploradores europeus, 19, 45-6, 104, 113, 117, 128, 223-5
extinção, 150, 176, 207, 220, 227, 239, 246

fadang (farinha de cicadácea), 103, 116-7, 119, 121, 124, 159-60, 167
 destoxificação, 117-8, 119-21, 160, 218

faias antárticas, 235
farmacognosia, 88-9, 176-7, 219
Fawcet, Priscilla, 247
Federação dos Estados da Micronésia, 84
federico. Ver *fadang*
Fibonacci, série de, 243
fícus (árvore), 151
Fidji, 119, 185
Filipinas, 102, 224
filotaxia, 243
Finau Ulukalala II, 206
fixação visual. Ver acromatopsia: nistagmo
floresta anã, 91
floresta Delamere, 172
floresta nebulosa, 39
floresta pluvial, 88, 90, 213
destruição da, 241
fluorescência, 91. Ver também luminosidade
formiga-leão, 194
Forsters, J. G. (pai e filho botânicos), 213, 216
Fosberg, F. R., 119, 219
fosfato, minas de, 62
fosforescência. Ver luminosidade
fósseis. Ver paleobotânica
fotomioclonia, 231
fóvea, 28
fractais, 180, 243
frangos, 167
Freud, Sigmund, 234
Freycinet, L. H., 117, 218, 225
fruta-pão, 34, 36, 44, 48, 50-1, 58, 197, 201
fugu, 148, 220
fungos (em Rota), 179
Fur, 24, 26, 79, 169
furacões, 32. Ver também tufões
Futterman, Frances, 24, 97-8, 194, 198, 209

Gajdusek, Carleton, 147, 155-63, 223, 226-7, 230
Galápagos, ilhas, 20-1, 68, 90, 188, 215
gansos, Roma salva por, 91
Gardner, Howard, 212
Gauguin, Paul, 105
genes
econômicos, 196. Ver também análise de DNA
homeobox, 236
genocídio, 129-31, 231
geometria das plantas, 242, 245
Gilbert, ilhas (Kiribati), 106
Gilmour, John, 237
ginkgoáceas, 246, 251
ginkos, 171
Goethe, J. W., 181, 243-5
golfe, campos de, 35, 37, 241
Gosse, Philip Henry, 238-9
Gould, Stephen Jay, 234-5, 248-9
Gowers, W. R., 11
Grant, Rosemary e Peter, 215
Grew, Nehemiah, 243
Grimble, Arthur, 105-6
Groce, Nora Ellen, 23
Guam, 24, 81-2, 87
americanização. Ver Guam: ocidentalização
colônia de leprosos em, 212
crescimento populacional, 131-2
despovoamento de, 113, 128-30, 225
história de, 105, 113, 128-33, 224-5
ocidentalização, 108, 115, 130-3
ocupação americana de, 87, 130-3
ocupação espanhola de, 105, 114, 128-31
ocupação japonesa de, 115, 121, 131
presença militar em, 131-2, 137-8, 154, 167
turismo japonês em, 103, 131, 148
Ver também chamorros: *lytico-bodig*
guano, 31
Guerra Hispano-Americana, 87, 130
Guiana, 175
Guzman, Tomasa, 159-60

Haldane, J. B. S., 214
Handler, Lowell, 197

Havaí, 27, 31-4, 119, 214, 227
Henderson, ilha, 207-8
Henslow, J. S., 243
Herrmann, C., 231
hibisco, casca de, 92
Hirano, Asao, 110, 154, 218
Hirsch, A., 214
história oral, 61, 202, 205-6
Hodges, William, 191
Holder, Charles Frederick, 205
Holland, G. A., 216
holotúrias, 34, 52, 127-8, 201, 223
Hooke, Robert, 234
Hooker, Joseph, 175, 213, 237
Hooker, William Jackson, 213, 237-8
Humboldt, Alexander von, 20, 191-2, 206, 244
Hurd, Jane, 61-2, 203
Hussels, Irene Maumenee, 62, 201-2

Ibsen, Henrik, 152
ictiose e sakau, 217
igreja católica, em Pohnpei, 86-7, 92
igreja congregacionalista, em Pingelap, 52, 60, 92
ilha da Páscoa, 19, 69, 191, 208
ilhas (aspectos naturais das)
  ecologia e ecossistemas, 81, 88-91, 227
  formação das, 45-8, 89, 213-4
  formas únicas de vida, 20, 191
  fragilidade das, 48, 59, 73, 75, 207-10
  introdução de novas espécies em, 89, 149-50, 214-6, 228
  isolamento das, 19, 30, 64, 89-90, 208, 214-5, 227
  mamíferos, 81-2
  oceânicas, 45-6, 89-90
  processo de formação e diferenciação de espécies em, 89-91
  vulcânicas, 39, 46-8, 89-90, 106, 193, 198, 213, 249-50
  Ver também atóis; coral, recifes de
ilhas (habitação humana de)
  e fragilidade social, 73, 207-9

economia moderna, 35-6, 54, 58-9, 86-7, 195
economia tradicional, 44, 54
migração entre, 38-9, 75-6, 208
romantismo das, 10, 19, 21, 26, 40, 42, 105-7, 206, 208, 213, 219
ilhas de daltônicos, 24-5, 27, 50, 79-80, 96-8, 169. *Ver também* Rede de Acromatopsia; Pingelap
ilhas vulcânicas, 39, 46-7, 75, 89-90, 106, 207
implantes cocleares, 211
Índia
  cicadáceas na, 185, 222, 250
  neurolatirismo na, 124, 222-3
Índias Orientais Holandesas, 220, 224, 250
inhame, 44, 118, 128
Internet, 98
Irian Jaya, 155, 159, 161
Isaac, Delihda, 49-50, 54, 60
Ishi, o último de sua tribo, 241
Ishihara, teste de, para acromatopsia, 57
"Island Hopper" ("Gafanhoto das Ilhas"), 30-2, 34, 103
Islândia, 203
isolados geográficos, 108. *Ver também* ilhas de daltônicos

James, James, 44, 51-4, 63
jardins botânicos, 176, 219, 239, 243-5, 244
  Fairchild Tropical Garden, 247
  Hortus Botanicus (Amsterdã), 176, 221, 239
  National Botanic Garden, Kirstenbosh (Cidade do Cabo), 239
  New York Botanical Garden, 219
  Orto Botanico (Pádua), 244
  Royal Botanic Gardens (Kew), 10, 174, 238-9
  Ver também Kew Gardens
Johnston, ilha, 30-2
Jonathan I. *Ver* pintor daltônico
Jones, David, 186, 218, 220, 222

Joyce, James, 94
jurássico, período, 19, 103, 181

Kahn, E. J., 88, 199, 211
Kant, Immanuel, 30, 234
Kapingamarangi, atol, 41, 200
kava. *Ver* sakau
Keck, Verena, 164
Kepler, Johannes, 233
Kew Gardens, 10, 174-5, 237-9
Kii, península, 147, 155-6, 159, 161
Kimura, Kiyoshi, 147
Kintoki, chefe Joseph, de Udot, 203
Kisby, Glen, 163
Kolonia (Pohnpei), 69, 75-6, 80-2, 84-5, 87-8, 216
koonti, 220
Korn, Eric, 10, 26
Kosrae, 69, 90-1, 200, 249
Kurland, Leonard, 108-10, 113, 117-8, 121, 134, 146, 148, 155, 158, 162-3, 166, 168, 222, 226
kuru, 147, 226
Kwajalein, atol, 34-5, 37-40, 137, 195

La Pérouse, expedição de, 120
Ladrones, ilhas, 224
lago Fena, 136, 226, 237
lago Vitória, 215
lagunas, 32, 34-5, 37, 41-2, 45
Lamlam, monte, 104
laranjas, 81
Latimeria, 246
latirismo, 124, 222
Lawrence, D. H., 212, 232
Lees, Andrew, 145
lêmures, 21
lentes de aumento. *Ver* acromatopsia: auxílios visuais
lepra, 83, 129, 211-2, 225
Lévi-Strauss, Claude, 89
levodopa, 102, 111, 142-3, 218
Lewin, Louis, 216
licopódio, pó de, 91, 228

licopódios gigantes (*Lepidodendra*), 171, 173. *Ver também* samambaias e afins
Lineu (Carl Linnaeus), 220
linguagem de sinais, 23
liquens, 51, 181
Little Sisters of the Poor, 140
London, Jack, 211-2, 215, 223
lóris, 21
luar. *Ver* visão escotópica
luminosidade
  e daltonismo, 198
  em flores, 215
  em fungos, 179
  em glóbulos, 95
  em peixes, 64-5, 91
  em samambaias, 91, 179
  na água do mar, 64-5, 205-6
luneta, 28-9, 38, 53, 57. *Ver também* acromatopsia: auxílios visuais para
Lyell, Charles, 46, 192, 198, 234
lytico-bodig
  aceitação do, 111
  avanço rápido do, 116, 125-6, 136
  bodig, 101, 110, 139-41
  casos não progressivos, 126, 223
  catatonia no, 111
  causas hipotéticas
    cicadáceas, 121, 124, 146-8, 154, 158-63, 232
    genéticas, 162-4, 227
    minerais, 155-7
    míticas, 168
    multifatorial, 164-6, 232
    toxina de gene, 162
    viral, 109, 114, 145, 161-3, 230
  como chave para as doenças neurodegenerativas, 107, 145, 165
  como doenças separadas, 101, 109-10, 164
  demência no, 102, 109, 156, 167
  em emigrantes chamorros, 114, 140, 226

em não chamorros, 114, 141, 156, 226
epidemiologia do, 107, 113, 140, 144-8, 154-6, 159-61, 229
história das pesquisas sobre, 101, 107-10, 113-4, 121, 124, 133, 144-8, 154, 156-66
idade do início, 112, 134, 145-6, 155, 229
latência, 114, 124, 141-2, 154, 159-61
lytico, 101, 108-9, 134-6, 139-40
marcador genético do, 164
marcadores retinais, 229
modelos animais de, 158-61, 230
neuropatologia do, 110, 144-5, 154-5, 160, 165, 218
pacientes com
  Antonia (demência), 112-3
  Comissário (*bodig*), 115-7
  Estella (*bodig*), 110-2
  Euphrasia (*bodig*), 141-4
  Felipe (múltiplas formas), 166-8
  Jesus (*bodig*), 152-4
  José (*bodig*), 110-2
  Juan (tremor), 125-6
  Roque (*lytico*), 136-7
  Tomasa (*lytico*), 133-7
paralisia supranuclear progressiva (PSP), 106, 145, 156-7, 165, 168, 218
parkinsonismo e, 102, 109-10, 115-6, 142-3, 145, 165, 218, 223, 228-9, 231
predisposição familiar para, 108-9, 112-3, 152, 163, 167—9, 226, 229
prevalência, 105, 107, 109, 156-7, 160
primeiros informes sobre, 131
relação entre casos de *lytico* e *bodig*, mudança na, 146
tiques, 110-1
toxinas de peixe e, 148-9
tratamento do, 165
variabilidade dos sintomas, 102, 109, 125, 157

Mabry, Tom, 230
macacos (*cynomolgus*), 159
Macaskill, ilha. *Ver* Pingelap
Madagascar, 21, 213
madeira
  evolução da, 236
  usos da, 51, 91, 199, 236
Magalhães, Fernão de, 19, 104, 128-9, 224-6, 250
Majuro, atol, 32-4, 36, 40, 106, 194
Malabar, 220, 250
Mand (Pohnpei), 75-9, 81, 96-7, 200
manganês, e doença de Parkinson, 102
Mangareva, ilha, 207-8
Marche, Antoine-Alfred, 130, 225
Marianas, ilhas. *Ver* Guam
Marianas do Norte, ilhas, 249
Mariner, William, 206
Marquesas, ilhas, 20, 202, 206
marranos, 86
Marshall, ilhas, 32, 34-6, 38, 106, 148, 185, 194-5, 199, 202
Martha's Vineyard, ilha, 23, 169
Marvell, Andrew, 81
maskun. *Ver* acromatopsia
McAlpine, Douglas, 222
McGeer, Patrick, 165
McPhee, John, 233, 251
medicina
  popular e tradicional, 88, 143, 153-4, 177
  rural, 106-7, 124-5, 167
medusa, 192-3, 236
Craspedacusta, 237
Melville, Herman, 20, 40, 68, 85-6, 188, 199, 206, 211
Melville, ilha de, 119
memória, como reconstrução, 10
Menard, H. W., 214
Mendiola, Beata, 177-9, 183, 185, 189
Mendiola, Tommy, 177-9, 181-3, 187, 189
menonitas e síndrome de Tourette, 60, 197
Merizo, 103, 125-6, 153

Mesenieng. *Ver* Kolonia
mesozoico, período, 178
Meyer, Axel, 215
Mickel, John, 245
Microglory (barco), 41, 202
Micronesia handbook, 30-1, 150
migração, entre ilhas, 38-9, 75-6, 208
militar, presença no Pacífico
   em Guam, 103, 131-2, 137-8, 154, 167
   em Kwajalein, 34, 37
   na ilha Johnston, 30-2
Miller, Donald, 202
Miller, Jonathan, 10
Minamata, paralisia da baía de, 124, 155, 222
mioclonia branquial, 229
missionários no Pacífico, 36, 60, 62, 86, 88-9, 117, 128
mitologia, 61-3, 73, 77, 88, 203, 205
mnemes, 200
Mollon, J. D., 197
Molokai, 211
Molucas, 185, 220
Montaigne, M. E., 209
morcegos, 82, 90, 150, 185
morfogênese, dos vegetais, 181, 238, 241, 243
Mortlock, ilhas, 75, 200
Morton, Newton, 62, 202
mosca pica-boi, 230
MPTP, e parkinsonismo, 102
Mulder, Donald, 108-9, 113, 163, 166
múltiplas inteligências e biofilia, 212
Museu de História Natural, Londres, 173
musgos, 11, 91, 177, 181
Mwoakil, atol (Mokil), 41-2, 75, 86, 200-1

Nan Madol, 68-9, 72-5, 93, 95
natação, 19, 34, 51-2, 81, 127, 138
National Institutes of Health, 79, 108, 155
Nauru, 63, 87, 196

navegação celeste, 64
navegadores, primeiros polinésios, 19, 38-9, 64, 93, 214
Neel, James, 196
nefropatia, 231
neurocicadismo em animais, 121, 124, 161
neurolatirismo, 124, 222
neurologia, e botânica, 10
neurônio motor, doença do. *Ver* ALS
neurotoxinas. *Ver* toxinas
Night vision (Hess, Sharpe, Nordby), 24-5
Niklas, Karl, 235-6, 247
Noctiluca, 64, 205-6
Nordby, Britt, 55, 80
Nordby, Knut, 25, 31, 38, 44, 50-1, 64, 72, 74, 80-1, 83, 93, 95-7, 209-10, 217
   "revelado" como origem do *maskun*, 63, 79
   acuidade auditiva, 74
   acuidade visual, 27-30
   afinidade com outros daltônicos, 42-4, 52-3, 55-8, 76, 82
   conhecimento indireto das cores, 33, 78
   infância, 77-80
Norstog, Knut, 247
Nova Guiné, 147, 185, 202, 213, 227. *Ver também* Irian Jaya
Nova Zelândia, 21, 98, 202, 213, 215
Nukuoro, atol, 41, 200

O'Connell, James F., 26, 68, 73-5, 85, 202, 206
obesidade, gene da, 196
ocidentalização, 36, 83, 107, 195-6, 201
óculos de sol, 27-8, 30, 41, 43, 55, 57-8, 76, 210
Okahiro, May, 93
ornitorrinco vegetal, 175
Oroluk, atol, 41, 75
orquídeas, 90
ouriços-do-mar, 127
Overton, Jacob, 215

Pakin, atol, 41, 202
Palau, ilhas, 69, 82, 91, 103, 185, 189, 192-3, 200
paleobotânica, 171-4, 232-3
paleontologia, 228, 238-9
paleozoico, período, 173-5, 198, 245
"palmeira de Goethe", 244
palmeiras, 47, 54, 69, 91, 95, 235. *Ver também* coqueiros
Palmer, Valerie, 159
pandanos, 42, 59, 151, 176, 181
pântanos primevos, 172-4
papaia, 58
papel carbono, como tintura, 54
paraíso, 39, 43, 172, 188. *Ver também* ilhas (habitação humana das): romantismo
paralisia
    bulbar, 137, 230
    do gengibre, 222
paralisia supranuclear progressiva (PSP). *Ver lytico-bodig*
Parkinson, James, 228
Parkinson, Sidney, 221
parkinsonismo
    atavismos no, 229
    em cavalos, 121
    Ver também lytico-bodig: parkinsonismo e
Pascal, Blaise, 233
Peck, Bill, 195, 203
pedra-pomes, balsas de, 249
peixes
    Cichlidae, ritmo evolutivo dos, 215
    comestíveis, 36, 42, 48, 58
    de recifes, 127
    voadores, 63, 64
    Ver também toxinas: de peixes
pepinos-do-mar, 34, 52, 128, 201, 223
permiano, período, 246
pesca, 35
como ocupação de daltônicos, 52, 63
pescadores noturnos, 63-5, 95
Pigafetta, Antonio, 128, 224-5
pimas, índios, 196

Pingelap, 24-7, 41-65, 83, 86, 92, 95-7, 194, 196-7, 199-202
    canto em, 60-1
    costumes de sepultamento em, 51
    cultura de daltônicos em, 54, 80
    cultura religiosa, 60-3
    dieta em, 48, 51, 58-60
    educação e emprego em, 53
    emigração de. *Ver* Mand, Pohnpei
    encontros de ocidentais com, 45-7
    geografia e geologia de, 41, 45-8
    história oral e mitologia, 48, 61-3, 202, 205
    igreja congregacionalista em, 52, 60, 86, 92
    incidência de acromatopsia, 23-4, 49, 56
    lepra em, 212
    nahnmwarkis, 44, 48, 61-2, 89
    origens da acromatopsia, 48, 61-3
    pesca noturna em, 63-4, 96
    Ver também acromatopsia
pinhas, 243
pintor daltônico, 21, 27
Pitcairn, ilha, 207, 209
Playfair, John, 234
Pleasant, ilha, 68
poesia micronésia, 205
Pohnpei
    atóis-satélites, 41, 75-6
    colonização de, 75
    costumes e cultura, 68-9, 72-3, 77, 92
    daltônicos em. *Ver* Mand
    educação, 77, 211
    encontros de ocidentais com, 68, 85-8, 194
    flora, 89-92, 118
    linguagem, 48, 68, 97, 199
    pré-contato, história do período, 69, 72-3
    trabalho forçado em, 62, 87
    Ver também Kolonia
poliquetas, 127
poluição, 30-2, 34, 127-8, 246
população

pressões da superpopulação, 35, 75
viabilidade de populações pequenas, 209
porcos, 44, 49, 51, 197
potos, 21
primeiras plantas terrestres, 180, 181
primitivo, caráter sublime do, 171-6, 188, 251
príons, 165-6
proconismo, 238-9
Programa de Treinamento de Oficiais Médicos da Bacia do Pacífico, 82, 212
Próspero, ilha de, 61
psilófitas e *Psilotum*, 180, 245

Quammen, David, 227
quina, casca de, e malária, 219

radiatividade. *Ver* armas nucleares, testes e armazenamento
Raulerson, Lynn, 150-1, 228, 249
Raynor, Bill, 88-92
recifes. *Ver* coral, recifes de
recursos médicos. *Ver* assistência médica: recursos no Pacífico
Rede de Acromatopsia, 98
religião, 36, 60, 86, 89, 92, 129, 188, 224, 238, 251
retina, 56
revolução copernicana, 233, 235
Rheede tot Draakestein, H. A., 120, 224, 250
Rinehart, Agnes, 150
rizomas, 172, 186, 220, 235
Robert, Jacob, 79
Roberto, Phil, 133, 137-8, 140
Rongelap, atol, 35, 195
Rossi, Paolo, 233
Rota, 177
    emigração de chamorros para, 129-30
    florestas de cicádeas, 103, 118, 159, 177-82, 184-6, 188

Rumphius, Georg, 120, 220-1, 224, 250
sagu, 119, 219-20, 222. *Ver também* fadang
sagueiros. *Ver* cicadáceas
Saipan, 159, 230
Salomão, ilhas, 185
samambaias e afins
    Angiopteris evecta, 91
    antiguidade das, 172
    arborescentes (*Cibotium*, *Cyathea* etc.), 91, 175-6, 236, 238, 241, 251
    colônias de, após erupções vulcânicas, 213
    Davallia, 151
    de Guam, 150-1
    de Pohnpei, 90-1
    em forma de cordão (*Vittaria*), 151
    em forma de fitas (*Ophioglossum pendulum*), 151, 228
    em forma de ninho de pássaro, 90-1, 151
    ensiformes (*Nephrolepis biserrata*), 151
    epífitas, 151, 177, 228
    Equisetum, 244
    Humata heterophylla, 152
    licopódios (samambaias de pendão), 91, 228
    Lycopodium phlegmaria, 228
    membranosas (*Trichomanes*), 91, 151
    paleozoicas, 171
    pilhagem de, 228
    Polypodium, 151
    psilófitas (samambaias em forma de vassourinha), 180-1, 245
    Pyrrosia, 151
    recordações sobre, 171
    resistência das, 213
Sapwahfik, atol (Ngatik), 41, 75
saquê, de cicadácea, 120, 220
sarampo, 83, 86, 129
saúde, problemas no Pacífico, 36, 83-5, 132, 195-6, 231

Schaumburg, Herb, 158
Schomburg, Robert, 236-7
Seawright, Alan, 230
segunda criação, 20, 193-4
Segunda Guerra Mundial, 31, 36, 38, 108, 131-2, 138, 141, 150, 165, 171-3, 219, 233, 237
selos
   da China, 241
   de Pitcairn, 208
sementes, dispersão de, 90, 183, 185-6
semínolas, índios, 220
Semon, Richard, 200
Senyavin, ilhas. *Ver* Pohnpei
Serviço de Saúde da Micronésia, 203
Seychelles, ilhas, 185
siba. *Ver* cefalópodes
siluriano, período, 180-1, 188
simbiose, 184
síndromes pós-encefalíticas. *Ver lytico--bodig*: parkinsonismo e
Sociedade Americana das Samambaias, 150
Sokehs, 72, 75, 84, 87
Spam, 36-7, 58-9, 85
Spencer, Peter, 158-64, 166, 231
Sphenophyllales, 172, 236
Spokane, inundação de, 246
St. Dominic's, hospital, 139-43
Steele, John, 24, 101, 170, 203, 218, 229
   biografia, 104-7
   com pacientes, 110-3, 115-7, 124-6, 133-7, 139-44, 152-4, 156, 166-8
Steele, Julia, 225
Steele-Richardson-Olszewski, síndrome de. *Ver lytico-bodig*: paralisia supranuclear progressiva
Stevenson, Dennis William, 219, 247
Stevenson, Robert Louis, 20, 197, 199, 202, 213
Stopes, Marie, 171, 173, 231-3
Sumay, Guam, 132, 137-8
surdez
   e comunidade, 23, 169, 196, 211
   e estreptomicina, 231
   e implantes cocleares, 211

sushi, 148-9

Taiti, 40, 68, 194-5, 208-9, 215
Talafofo, 114, 125
taro, 36, 51, 58-60, 118
Tasman, 19
Tasmânia, 26
tatuagem, 68, 207
tecelagem, por daltônicos, 54
telecomunicações, 84
telomes, 245
tempo geológico. *Ver* tempo profundo
tempo profundo, 171-2, 189, 233-6, 251
Tenerife, 21, 191-2
tentilhões, de Darwin, 215
terapia musical, para o *bodig*, 113, 154
terremotos, 221
Theroux, Paul, 59, 215
Thompson, D'Arcy, 243
Thornton, Ian, 213
Tinian, 69, 160
Tonga, 206
topinambos, 171
Tourette, síndrome de, 60, 197, 213
toxinas
   de minerais, 102, 121, 124, 155, 222
   de peixe, 127, 148-9, 201
   de plantas, 91, 102, 119, 124, 179, 220, 222, 248
   neurotoxinas, 121, 148
   Ver também BMAA e BOAA
Tradescant, John, pai, e John, filho, 213
tremor essencial, ou benigno, 125
tubarões, 128
tuberculose, 83, 129, 211-2, 231
tufões, 48-9, 59, 62, 75, 118, 178
Typee, vale, 20, 86, 206, 211-2

Ube, 106
Umatac, 103-4
   baía de, 104, 225
   desembarque de Magalhães em, 225
   lytico-bodig em, 107-8, 157, 163, 168-9
Universidade de Guam, 44, 54, 219

Universidade de Rochester, 202
Universidade do Havaí, 62, 82, 202
Updike, John, 217
Ur-pflanze, de Goethe, 181, 244-5
Ussher, arcebispo, 233

Van der Velde, Alma, 126
varíola, 86, 129, 211
versos de canções aborígines, 251
visão escotópica, 28-9, 39, 55, 63-4, 194, 209
visão noturna. *Ver* visão escotópica
visão tricromática, 198
vitamina A, deficiência de, 83
vitória-régia, 174, 236-7
Von Economo, Constantin, 141
Vovides, Andrew, 247
vulcanismo, 89-90, 193, 213, 249

Wallace, Alfred Russel, 20, 89, 108, 212, 238
Wasscrman, Bob, 26, 29, 33-4, 42, 45, 50, 55-8, 60, 69, 81-2, 94, 96, 210
Wasserman, Eric, 27

Weiner, Jonathan, 215
Weisler, M. I., 207
Wells, H. G., 20, 22-3
Welwitschia mirabilis, 175
Whiting, Marjorie, 118-21, 146
Wight, ilha de, 19
Williams, David, 202
Wilson, E. O., 212
Wittgenstein, Ludwig, 58, 210
Wollemi, pinheiro, 246
Wood, Medley, 240

Yap, 88, 103, 185, 189, 200
Yase, Yoshiro, 147, 155-8
Yigo, Guam, 118
Yona, Guam, 125, 152
Yosemite, 194

Zhang, Z. X., 230
ziguezague de zâmia. *Ver* neurocicadismo em animais
Zimmerman, Harry, 107, 110, 156, 218
Zimmerman, W., 245
zoysia, 34

1ª EDIÇÃO [1997] 3 reimpressões

ESTA OBRA FOI COMPOSTA PELA SPRESS EM TIMES E IMPRESSA PELA PROL EDITORA
GRÁFICA EM OFSETE SOBRE PAPEL PÓLEN SOFT DA SUZANO PAPEL E CELULOSE PARA
A EDITORA SCHWARCZ EM JUNHO DE 2017.

FSC
www.fsc.org
MISTO
Papel produzido
a partir de
fontes responsáveis
FSC® C012418

A marca FSC® é a garantia de que a madeira utilizada na fabricação do papel deste livro provém de florestas que foram gerenciadas de maneira ambientalmente correta, socialmente justa e economicamente viável, além de outras fontes de origem controlada.